JN260664

政策開発の手法と実践

パートナーシップ　ネーミングライツ　シティセールス　サステナブル都市　……

― 自治体シンクタンク「戸田市政策研究所」の可能性 ―

牧瀬　稔
戸田市政策研究所　編著

東京法令出版

はじめに

　市政運営に携わっておりますと、地方自治体をとりまく環境が日に日に厳しさを増しているのを実感します。今、地方自治体には自身の責任と判断で進むべき方向を決する姿勢が、より強く求められるようになりました。すべての自治体は、お預かりした大切な税金を有効かつ効率的に使い、拡大する行政需要にどのように対応するか、それぞれの地域に合わせ、知恵を絞りながら行政運営を進めております。まちの将来像をビジョンとして明確に描き進むべき方向を示し、地域の様々な方々と共にまちづくりに取り組む、そのような時代であります。

　戸田市は、人口が12万人強で、首都圏にあり、都心より20km圏に位置する交通利便性の高い都市です。日本の人口は2005年をピークに減少が始まり、社会全体の活力の低下が憂慮されておりますが、現在の戸田市は人口増加が続き、平均年齢も若い活気あるまちです。しかし、社会全体の人口トレンドから鑑みれば、早晩、高齢化と人口減少の問題に直面することを想定しなればなりません。人口減少社会にあって、既に自治体間では、他との"差"をつけることで、自らの自治体を選んでもらう、人口の争奪が始まっております。これは、担税力のある世代を取り込むことで、それぞれが都市の活力を維持しようとする動きといえます。

　この"都市間競争の時代"にあっては、地域の状況に沿った施策を展開し、現在、そして未来の市民から「戸田に住んでよかった、住み続けたい。」と満足をいただくとともに、外からも「戸田に移り住みたい。」と評価されるまちをつくり上げなければなりません。それがまちの活力を維持することにつながるのです。そのためにも、広い視野から現状分析を行い、将来・未来を予測することで戸田市に起こり得る課題を明らかにし、それらに的確に対応するための準備を、早急に開始することが重要となります。

　それを担う組織として、2008年4月「戸田市政策研究所」を設置しました。設置にあたりましては、多くの先進自治体に学ばせていただきました。その過程において、新たに設置する戸田市の研究所では、研究成果をいかに迅速に政

策・施策化し市政に反映するか、これが大きな課題となるだろうと考えました。そこで、課題に対し広い視点から分野横断的に取り組むことができる、部局に属さない市長直轄の、副市長を所長とした、小回りが利く小さな組織としてスタートすることとしました。

　まだ研究所は動き出したばかりであり、意図した研究成果の政策・施策化については、ご報告できる成果は出ておりません。研究活動が進み、戸田市の行政運営に不可欠な組織となるためには、もう少し時間が必要なのかもしれません。

　しかし、このたび、研究所の政策形成アドバイザーである、牧瀬稔先生のご協力をいただき出版という形で成果報告をする機会を得ることができました。活動の中間報告という位置付けではございますが、お読みになる皆様にとって何かの参考となることを期待しております。あわせて、活動内容について率直なご意見をいただくことができれば幸いでございます。

　2009年2月

　　　　　　　　　　　　　　　　　　　　　戸田市長　神保　国男

目次

● はじめに

第Ⅰ部　政策開発の具体的手法

第1章　政策形成能力が問われる時代 …………………… 1
　1　政策形成能力とは何か ……………………………… 3
　2　政策形成サイクルの概要 …………………………… 9
　3　自治体間Ｍ＆Ａの時代の突入 ……………………… 16

第2章　政策形成能力を確認する9のテスト …………… 27
　テスト1　かつて日本企業の多くは「終身雇用」を採用していたのか ……………………………………………… 32
　テスト2　年末は物騒であり、犯罪が多発しているのか … 35
　テスト3　少年犯罪は多発化しているのか ………………… 38
　テスト4　少年犯罪が低年齢化しているのか ……………… 41
　テスト5　少年犯罪は凶悪化の傾向が強まっているのか … 43
　テスト6　子どもの連れ去り、殺害事件が多いのか ……… 45
　テスト7　日本は非婚化が顕著なのか（進んでいるのか） … 47
　テスト8　本当に小学生の半数は週2時間以上もインターネット利用しているのか ……………………………… 50
　テスト9　地方環境税の導入は、地方自治体の税収に効果があるのか ………………………………………………… 50

第3章　政策開発を進める9のヒント …………………… 53
　ヒント1　グラフの目盛に注意する ………………………… 53
　ヒント2　「基準年」を疑う ………………………………… 55
　ヒント3　データ収集のサイト ……………………………… 57
　ヒント4　検索サイトによるデータ収集 …………………… 59
　ヒント5　演繹と機能の2つのアプローチ ………………… 64
　ヒント6　レトリックで強調する …………………………… 65

ヒント 7	母集団に注目する……………………………………68
ヒント 8	設問に注目する………………………………………70
ヒント 9	選択肢に注目する……………………………………72

第4章　文章作成の15のポイント……………………………75

ポイント 1	その文章　自己満足じゃ　ないですか……………76
ポイント 2	書き出しは　7パターンで　「はじめよう」……78
ポイント 3	考えて　あなたの特徴　何ですか……………………80
ポイント 4	構成は　「転」を除いて　起承結………………82
ポイント 5	読んでいて　飽きない文章　リズミカル………85
ポイント 6	イチ・ニ・サン！　結論サン（3）点　もってくる………86
ポイント 7	「…が」の中に　いろんな意味が　まじってる……87
ポイント 8	一文は　100字以内が　望ましい………………89
ポイント 9	接続詞　うまく使って　流れよし………………93
ポイント 10	あれこれそれ　指示代名詞　難（何）の意味？………94
ポイント 11	段落は　「意味」と「形式」　2つある……………94
ポイント 12	まずはじめに…　「まず」と「はじめに」　同じ意味………96
ポイント 13	難しい　漢字は決して　使わない………………98
ポイント 14	その言葉　実は誰も　分かりません……………98
ポイント 15	テーマ名　そこに真髄　溢れてる………………100

第Ⅱ部　「パートナーシップでつくる人・水・緑　輝くまち」の実現に向けて

第5章　戸田市における「戸田市政策研究所」の意義………107

第6章　自治体シンクタンク「戸田市政策研究所」の取り組み…115

1. 「強み」と「弱み」から"戸田市らしさ"を探る
   ～戸田市の現状と課題～ ………………………………………115
2. 「看板」が売れるの？
   ～ネーミングライツの導入をめぐる考察～ …………………131
3. "きらめく水"と"魅惑の玉"を生む魔法の貝
   ～イケチョウ貝の不思議な力とは～ …………………………144
4. 家庭も仕事もイキイキと
   ～共働き家庭を支える仕組みを考える～ ……………………156

	5	いつでもどこでも簡単に 〜電子申告・納税のメリットとデメリット〜 ……………166
	6	"わがまち"を売り出す 〜シティセールスをめぐる都市イメージの考察〜 …………179

第7章 「住んでみたい、住み続けたいと思われるまち戸田」に向けた実践 …………195

	1	新しいムーブメントの興り 〜若手自主勉強会「戸田ゼミ」の実践〜 ……………195
	2	都市間連携によるサステナブル都市へ ………………………207
	3	四季を彩るおしゃれな風景づくり ……………………………217
	4	地域の力による子育て支援を目指して ………………………232
	5	地域の力が原動力、住みよいまちづくりへの奮闘 …………242

第8章 政策研究・政策開発から得られる知見 ……………253

● おわりに

● 執筆者一覧

第 I 部

政策開発の具体的手法

　本書は第Ⅰ部と第Ⅱ部に分かれている。第Ⅰ部は政策開発を進めるための具体的手法を紹介している。第Ⅰ部で言及している内容は「基礎的」なことである。すでに、ある程度の政策形成能力のある読者は、読み飛ばしてもよいと思う。

　第1章は、今日、自治体職員にとって「政策形成能力」が必要となってきた時代ということを述べている。ここでは、「自治体間M＆A」という刺激的な言葉を用いて、それを回避する手段として政策形成能力は必須であると主張している。

　第2章は、読者の政策形成能力の有無を9つのテストを設けてチェックしている。

　第3章は、自治体職員が政策開発を進める際、活用すると思われる既存の統計資料を、正しく把握するための9つのヒントを言及している。

　第4章は、自治体職員が苦手とする文章作成のノウハウを記している。提案された政策を人はどのように認知するのだろうか。それは、提案された政策が明記されている文章を読んで、はじめて政策として認知されるのである。その意味では、文章作成は極めて重要である。

第1章 政策形成能力が問われる時代

　突然ですが、現在進展中の自治体倒産時代においては、自治体職員一人ひとりの「政策形成能力」って大切です！そして自治体職員一人ひとりの政策形成能力の総和である、地方自治体としての「政策形成力」は、自治体倒産を回避する重要な要素となるのです！

1 政策形成能力とは何か

⑴　「自治体倒産」時代の到来

　2008年10月、総務省は「地方公共団体の財政の健全化に関する法律」❶（通称「自治体財政健全化法」）に基づき、都道府県と市区町村計1,857団体の2007年度決算の財政状況をまとめた。

　総務省の発表によると、財政再建中の夕張市（北海道）のほか赤平市（北海道）、王滝村（長野県）の2市1村が、同法の財政再生基準を上回って「財政破綻」扱いとなり、「財政再生団体」❷となった。また、40市町村は警告段階に相当し、自主的に再建を進める「早期健全化団体」❸となった。

　同法は、夕張市のような財政破綻を未然に防ぐため、「財政再生」と「早期健全化」の2段階で地方自治体の財政悪化をチェックする仕組みを規定している。例えば、実質赤字比率など4指標のうち一つでも一定基準を超えると、外部監査のほか財政健全化計画の策定を義務付けて改善努力を促す内容となっている。また、将来負担比率を除く3指標がさらに悪化して一つでも基準を超え

---

❶　同法は「地方公共団体の財政の健全性に関する比率の公表の制度を設け、当該比率に応じて、地方公共団体が財政の早期健全化及び財政の再生並びに公営企業の経営の健全化を図るための計画を策定する制度を定めるとともに、当該計画の実施の促進を図るための行財政上の措置を講ずることにより、地方公共団体の財政の健全化に資すること」を目的としている（第1条）。

ると破綻とみなし、一部起債を制限するなど国の関与が強められる。

　今日、多くの地方自治体が「行政経営」という言葉を使用している。地方自治体の組織名にも「行政経営」という表記が多くなった。また、基本構想をはじめ様々な行政計画の中に使用されることも増えている。この「行政経営」という4文字は、従前は「行政運営」であった。「行政経営」という言葉を使用している地方自治体が、どの程度、その意味を認識しているか分からないが、この「経営」と「倒産」は表裏一体にあることを指摘しておきたい。地方自治体が「行政経営」と日常的に使用している昨今では、当然、「自治体（行政）倒産」も起こりえるのである。

　21世紀は地方自治体が倒産する時代である。自治体倒産させないためには、自治体の「政策形成力」を今まで以上に向上していくことが求められる。政策形成力を確固として備えている地方自治体は、住民福祉を実現していくために、充実した行政サービスを提供することができる。そして、充実した行政サービスを求めて、他地方自治体から住民や企業が移入してくることになる。一方で政策形成力に貧弱な地方自治体は、お粗末な行政サービスしか実施できず、ますます住民を流出させ企業も移転していってしまう。

　また、政策形成能力を持つ職員を多く抱えている地方自治体は、「自治体成長の善のスパイラル」の軌道に乗ることができる。一方で、政策形成能力が欠如している自治体職員が多いと、「自治体衰退の負のスパイラル」に飲み込まれてしまう可能性が高い。

　そして、中長期的な視点に立てば、政策形成力のある地方自治体は財政的にも空間的にもますます富んでいく。逆に政策形成力が乏しい地方自治体は、すべてにおいてより貧しくなっていくことは間違いない。今後、自治体間格差は、

---

❷　財政再生団体になると、財政再生計画の策定が求められる。また一部起債が制限され、予算編成や事業執行は国の監督下で行われる。これは国の指揮・監督下で行政活動を行うことを意味し、地方自治体が独自に住民ニーズにあった施策・事業を実施することが難しくなる。そのため、行政サービスの低下を招くことが懸念されている。

❸　早期健全化団体になると、財政健全化計画の策定が求められる。財政健全化計画の実施状況は毎年議会に報告・公表することになる。また早期健全化が著しく困難と認められるときは、総務大臣や知事が必要な勧告を行う。

ますます拡大していくと思われる。

⑵　本書における「政策形成能力」の定義

　今日、「政策形成能力」という6文字は、様々な意味を持って使用されている。そこで、本書における自治体職員にとっての政策形成能力の定義を明確にしておきたい。

　それは、「問題を発見し、その問題を解決するため、自治体職員が一定の政策を構想し、目標を立てて、それを実現するために必要な枠組みと仕組みを創出し、政策を実現していく能力」である。そして、自治体職員一人ひとりの「政策形成能力」の結晶が、自治体全体としての「政策形成力」へとつながっていく。21世紀は、この「政策形成力」を機軸とした地方自治体と地方自治体の総決戦の時代とも指摘できる。

　この政策形成能力には、住民福祉を増進させるための政策立案や法的事項の解釈能力に加え、政策提言能力を含むものである。そして、政策形成能力に重要な要素は「政策の実現（していく能力）」である。さらに言えば、地方自治体が展開していく政策とは、社会潮流を踏まえた上で、住民福祉の増進を実現するための戦略的❹な行政活動をどのように実施するかを明示することである。

　ちなみに、政策形成能力を別の分かりやすい言葉で換言すると、「創意工夫力」や「問題発見力」「問題解決力」などがあてはまるであろう。

　繰り返すが、21世紀は都市間競争の時代である。今後、都市間競争はますます激化していくと予測される。この時代に地方自治体が勝ち抜くためには（少なくとも負けないためには）、地方自治体の政策形成力は必須である。そして、地方自治体が政策形成力をより向上・充実させていく大前提は、自治体職員一人ひとりの政策形成能力の確立である。

---

　❹　「戦略」と「戦術」は意味が異なる。混合している場合が多いため、改めて言及しておきたい。戦略とは、「①戦争に勝つための総合的・長期的な計画。②政治・社会運動などを行う上での長期的な計画」である。一方で戦術とは、「①戦いに勝つための個々の具体的な方法。②ある目的を達成するための具体的な方法・手段」である。すなわち、戦略は大局的・長期的なものである。そして、戦術は短期的な思考であり、具体的な内容を伴っている。

第1章　政策形成能力が問われる時代　5

コラム 政策形成能力を身につける一手段は職員研修、けど実際は…

　自治体職員が政策形成能力を確立し向上させていくには、「職員研修」の役割が非常に大きい。しかし、この職員研修に力を入れている地方自治体は少ない（と私は認識している）。

　2006年8月に、私は「『職員研修に関する現状と課題』のアンケート調査」を実施した。同アンケート調査は、2000年の国勢調査における政令指定都市を除く人口20万人以上の113市・区に対してアンケート調査票を送付した。その後、91市・区（80.5％）から回答を得た（ご協力くださった自治体担当者の皆様には大変にお世話になりました。改めてお礼を申しあげます）。

　同アンケート調査は、次の3点を把握するために実施した。それは、①職員研修の現状について［受講者数、予算、人材育成に係る基本方針の有無など］、②職員研修のコンテンツについて［内容、決定理由など］、③その他［職員研修のＰＲ、通信教育、職員研修の改善点など］、である。同アンケート調査の結果から、実に様々な示唆が得られた。

　回答のあった91市・区から、職員研修に係る費用を把握することができたため、その一部を参考という意味で紹介しておく（その他の回答結果に関心のある読者は、直接、私に問い合わせていただきたい）。

- ●一般会計に占める職員研修に係る年間の予算は（職員研修に係る予算／一般会計予算）、最低が0.008％であり、最高が0.045％となっている。平均は0.020％となっている。
- ●職員1人当たりの職員研修に係る年間の費用は（職員研修に係る予算／職員数）、最低が2,272円であり、最高が19,121円となっている。平均は7,061円となっている。
- ●職員研修に参加した職員1人当たりの費用は（職員研修に係る予算／基本研修＋特別研修の参加者数）、最低が1,755円であり、最高が64,882円となっている。平均は10,728円となっている。

　上記の数字から、私の感想は次の2点に集約される。第1に、「自治体の職員研修には、かなりの温度差がある」ということである。第2に、職員研修の平均値だけをみると、「この数字（費用）は少ないのではないか」という印象も持った。

　ちなみに、職員1人当たりの研修費用が「7,061円」が多いのか少ないのか、いまいち理解できない。そこで民間企業の人事課に問い合わせたところ、「コンナ数字アリエナイヨ！」という回答であった。つまり民間企業の視点に立つと、「少なすぎる」ということである（ただし10社のみのサンプルであるため、民間企業の一般論ではないことを指摘しておく）。

少し話は変わるが、今日、地方自治体は競って人事考課を導入している。民間企業も含めた人事考課を成功させるための一般論として、大竹文雄・大阪大学教授は次のように指摘している（大竹文雄（2005）『経済学的思考のセンス』中公新書）。

単に成果主義的制度を導入しただけでは、労働者の意欲は必ずしも向上しない。成果主義の導入が労働意欲を高めるためには、同時に能力開発の機会が増えることが必要である。成果だけ求められても、成果を出すために能力を高める機会が増えなければ、労働者はやる気を失ってしまう。

　私も大竹氏の見解に賛成である。地方自治体が人事考課を導入し、うまく機能させるためには、自治体職員一人ひとりにとって「能力開発の機会が増えること」が大前提である。そして、能力開発の一つの手段として職員研修がある。
　しかし、実際は地方自治体を襲う財政難のため、職員研修の予算は縮小する傾向にある。また、職員研修は短期的な効果を明確に把握することが難しい。そのため、現在の地方自治体が抱くNPM思考には合致せず（NPMは短期的な結果を求める思考と認識している）、能力開発の機会は減少するばかりである（NPM（新公共経営／New Public Management）とは、民間企業の経営手法を応用した政府・行政部門の運営方法である）。これらの結果、政策形成能力を確立・向上するための貴重な職員研修の機会が減少しつつある。
　このような状況では、自治体職員の政策形成能力は確立するどころか、歯槽膿漏的に崩壊していくことになる。そして、すでに政策形成力が崩れつつある地方自治体もある。今一度、職員研修の意義について（職員研修の原点に戻って）、よくよく考える必要があるのではなかろうか。

(3)　自治体職員が政策形成能力を体得する方法

　自治体職員が政策形成能力を体得するにはどうすればよいのだろうか。この問いに対し、森啓・北海学園大学法科大学院講師は、次のように回答している。なお、本書では「政策形成能力」という言葉を使用している。一方で、森氏は「政策能力」と表記している。一見すると、確かに表記の仕方は異なる。しかし、この２つの言葉は基本的に同じ意味と思われる。

自治体職員が政策能力を高めるには、自身の実践体験を文章にすることが重

要です。政策決定と政策実行の過程で予測し実践したことを文章にするのです。❺

　私の個人的な見解であるが、確かに文章をたくさん書いている人は能力が高いと実感している。これは民間であろうと行政であろうと関係ない。私は民間と行政の双方で働いた経験を持っている。その中で優秀な人、頭の回転が速い人、早く出世している人、そして自己実現している人は、常に文章を書いているという印象を私は持っている。

　ここで、「なぜ文章を書く人が、共通して政策形成能力が高いか」を考えると、それは文章を書く過程で、人はいろいろなことを考えるからである。人は何も考えずに文章を書くことはない。人が文章を書いている瞬間は、必ず常に何かしら考えている。すなわち、「文章を書く」ということは、「考える」とほぼ同義語と捉えることが可能である。❻

　また、人は文章を書く過程で、分からないことが生じれば、「調べる」や「他人に聞く」などの行動をとるはずである。これらの「分からないことを知ろう」とする積極的な行動を通して、その人の持っている知識の幅が広がっていくのである。そして、文章を書いている過程で「考える」という行為の蓄積は、知識を知恵へ転換させていく糧となる。

　さらに言えば、森氏の指摘する「自身の実践体験を文章にすること」が大切と思われる。なぜならば、自らが経験したことを文章化していく過程で、その人の思考の中で実践と理論の融合が起こるからである。私の考える政策形成能力を習得する王道は、「文章を書くこと」である。この行動は極めて、自治体職員にとって大切なことである。

---

❺　森啓（2003）『「協働」の思想と体系』公人の友社
❻　私の上司であった横須賀市のT課長は、常に机に向かって文章を書いていた姿が脳裏に焼き付いている。その後、T課長は、今まで以上に忙しい部署に異動した。その際、T課長が私に発した何気ない「物事を考えている時間がない」という一言が示唆に富んでいる。すなわち、この発言からも、「文章を書く」＝「物事を考える」という構図が成立するのである。ちなみに、異動して3年目（？）に入ったT課長は、先日、「(仕事のリズムもわかり)ようやく物事を考える時間がとれるようになってきた」と言っていた。きっと、それは、また机に向かって「文章を書く」という行動が増えてきたことを意味するのだと思う。

2 政策形成サイクルの概要

政策開発を進める際、「政策形成サイクル」を頭に入れておかなくてはいけない。そうしないと実現不可能な政策を提案してしまうことになる。そこで、本節では「政策形成サイクル」を簡単に説明しておく。

(1) 5つのステージからなる政策形成サイクル

政策形成サイクルには、様々な意味がある。そこで本書では、図1－1のように「政策研究から政策評価までの一連の過程」と定義する。

図1－1　政策形成サイクルの流れ

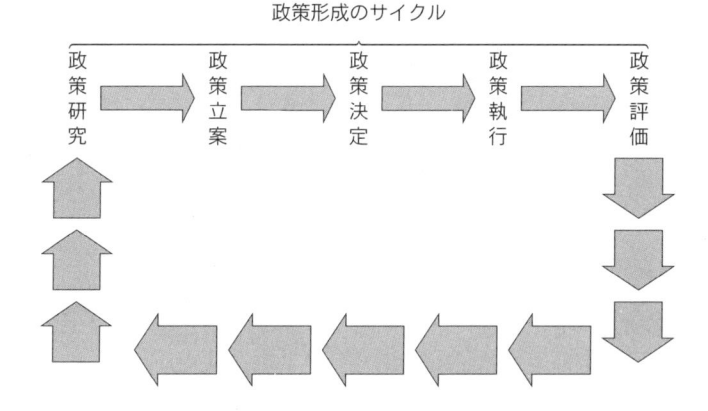

政策形成のサイクル

政策研究 → 政策立案 → 政策決定 → 政策執行 → 政策評価

本書で紹介する政策形成サイクルは、大きく分けて「①政策研究」「②政策立案」「③政策決定」「④政策執行」「⑤政策評価」の5ステージからなる（図1－1）。そして、「⑤政策評価」による結果は「①政策研究」にフィードバックされる。

例えば、観光行政を考えるとき、「交流人口を増加させるにはどうすればよいか」と検討するだろう。その際、様々な事業が考えられる。その事業を考える過程が「①政策研究」になる。そして、考えられた数ある事業の中から数事業に絞り、上司（決定権限を持つ者）に提案することが「②政策立案」である。次いで、提案した事業を上司によって「③政策決定」してもらう。その後、実

第1章　政策形成能力が問われる時代

際に事業が実施されることになる。この段階が「④政策執行」である。最後に事業を実施することにより、何らかの効果や変化が生じる（政策を実施した後、「善の効果」と「負の変化」の両面を把握する必要がある）。この効果や変化を客観的に評価することが「⑤政策評価」となる。

　この政策形成サイクルは、極めて当たり前の活動である。決して難しく考える必要はない。日常生活の中で、私たちが無意識のうちに行っていることである。

　例えば、今日のランチは何を食べに行こうか考える。候補として寿司があがるかもしれないし、牛丼かもしれない。自分の財布の中身や健康管理などの諸条件を考慮し、いろいろと考える行動が「①政策研究」である。そして、数ある浮かんだメニューの中から、カレーを食べに行こうと提案することが「②政策立案」となり、最終的に（自分の頭の中で）決定することが「③政策決定」となる。そして、実際にカレーを食べることで「④政策執行」を実現し、おいしくなかったのならば「もう行かない！」と顧みることが「⑤政策評価」となる。そして、最後の「⑤政策評価」が、最初の「①政策研究」にフィードバックされていく。このように、政策形成サイクルは普段の私たちの行動そのものである。

(2)　政策研究

　本書では、政策を「国や地方自治体といった行政機関が抱える問題の解決を図るため、また国民や住民など行政の利害関係者のよりよい生活や環境などを維持・創造していくために示された方向と対応を示すもの」と定義する。また、「研究」とは辞書に「物事を詳しく調べたり、深く考えたりして、事実や真理などを明らかにすること。また、その内容」とある。ここから、政策研究は「政策の方針や目的を遂行するための手段について、詳しく調べたり、深く考えたりして、事実や真理などを明らかにすること」と定義することができる。

　この政策研究は、ある問題を生じさせている原因を把握することから始まる（もちろん、その前提として問題の発見がある）。そして、その原因を明らかにするために、地道なデータの収集・分析という作業が主体となる。この政策研究は、問題を生じさせている現状を察知・認識し、その問題の原因や背景など

を分析する段階である。そして、その問題に対して、「どのように対応するか」を検討・決定していく。

ここで注意しなくてはいけないのは、「生じている問題のすべてを解決しなくてはいけない」という発想に陥らないことである。すなわち、問題解決のために、「(あえて)政策を実施しない」という対応をとることもありえると認識する必要がある(本節の後半で詳述する)。

(3) 政策立案

政策形成サイクルにおける政策研究の次のステージは「政策立案」になる。一般的に政策研究をしっかりやれば、問題が明らかになる。その明らかになった問題の中から、対処すべきと認知された問題について、対応の方向性を具体化する段階である。

この政策立案では、問題の解決に必要な手段が多々検討される。それぞれの手段の有効性や得失(損得)に加え、政策を実施した際のコストや住民の反応などを考慮し、政策の選択と集中を行っていく。そして最終的に、いくつかの政策を作成する。その政策の中から最適な政策が選択され、問題を解決するための対応の方向性が確定される。

なお、一つの問題に対し一つの解決案を提示するのではなく、複数の解決案を考えることが大切である。なぜならば、一般的に問題とは多くの要因により生じており、多方面から解決に取り組まなくてはいけないからである。すなわち、一つの問題を特効薬で解決することを目指すのではなく、様々な処方箋で解決することを志向する考えである。

また政策立案は、政策研究において検討された問題を解決するための有効な政策をまとめることでもある。つまり、「何が問題なのか」や「政策を開発し実施することで、何が利益なのか」などを踏まえ、「どのようなアプローチをする必要なのか」「そのアプローチは有用なのか」などを検討し、提案する段階でもある。

(4) 政策決定

次に「政策決定」である。政策立案において議論された政策案について、決

定権限を有する者（上司をはじめ最終的には首長）や機関が審査する段階である。また、「政策立案」において作成された政策に対し、利害関係者との調整が行われ、最終的な合意形成がなされる。この合意形成の過程で政策案に修正が加えられることもある。そして、それらの意向を踏まえて、首長や地方議会の決定が下される。なお制度的には、この政策決定は地方議会が有することになっている。

(5) 政策執行

政策決定を経て、実施される政策が決まると、政策形成サイクルは「政策執行」のステージに移る。ここでは「①政策研究」「②政策立案」「③政策決定」という流れを経て、「④政策執行」として、具体的な行動となって実施される。

この段階では、政策を実施していくための執行方法や規則や細則が決められる。それらに基づき政策は実施され、政策の進行とともに担当課（担当者）の進ちょく管理が行われていく。この政策執行は、原則的に執行機関である首長と補助機関（自治体職員など）が担当する。なお最近では、住民などが地方自治体の決定した政策を執行するケースも増加しつつある。

(6) 政策評価

政策形成サイクルの最後は「政策評価」となる。政策執行で実施された政策について、その効果や有用性などが評価される。そして、この政策評価の段階で、必要に応じて、その政策の継続・修正・転換・廃止などが決定される。

この政策評価は、まずは地方自治体が実施している施策・事業の成果と、執行の状況を地方自治体が住民の視点に立って点検し評価する段階である。次いで、住民など外部の視点を入れて評価することになる。そして、その結果で最初の政策研究の見直しを行い、翌年度の政策に生かすことにより、政策の質的向上を持続的に図ることを目的としている。

以上で示したことが、政策形成サイクルの一連の流れである。このように、政策形成の過程はダイナミックに動いている。ここで注意すべきことは、政策形成サイクルは、「それぞれが独立しているのではない」ということである。

それぞれの段階は、相互に関係を持っている。

例えば、政策研究の段階にいるとき、政策研究だけをしていればよいというわけではない。政策研究の先にある政策決定や政策評価なども見据えて、政策研究をしなくてはいけない。そのことを前提として政策研究をしなくては、机上の政策研究に陥ってしまう。その結果、政策の実効性は担保されない。政策の実現可能性を高めるためにも、個々のステージだけに固執するのではなく、政策形成サイクルの全体の中で、個々の段階を検討することが重要である。

(7) 政策開発の視点

最後に、政策開発の視点について言及しておく。地方自治体の現場では、問題を生じている原因を発見すると、往々にして「何かしら対策を行う」という発想に陥りやすい。これは、よくあることである。しかし、その問題から一歩ひいて冷静に観察・判断し、時と場合によっては、その問題を解決するために「あえて何も対策をしない（放置しておく）」という選択肢を採用することも必要だろう。

問題を解決しようと、何かしら対策を行ったり、政策を実施したりすることで、ますます問題を複雑化させる場合が少なくない。あるいは火に油を注ぐ結果になりかねない。そこで、その問題を客観的に把握し、「もし対策を行うことで、問題を悪化させる可能性がある」と判断したのならば、勇気を持って「放置しておく」という手段も大切である。

また、政策開発を進めていく上で、最も重要なことは「問題を発見すること」である。そして、この問題を発見するためには、政策を開発する当事者は、政策を実施した後に実現される「具体的な理想像」を持っていなくてはいけない。

佐々木信夫・中央大学教授は、問題発見と問題解決の前に、地方自治体の「あるべき姿」を明確にする必要があると指摘している。佐々木氏は、地方自治体が「目標として掲げた水準に対し、現状の姿、現在の水準がそれより低い位置にあり、その目標と現状との間にギャップが存在している状態」❼が「問題」の正しい認識であるとしている。すなわち、「あるべき姿」が明確でなければ、

---

❼ 佐々木信夫（2000）『自治体の公共政策入門』ぎょうせい

問題を発見し解決することは不可能なのである。そして、佐々木氏のいう「あるべき姿と現実の水準のギャップ」を発見し認識することが、政策開発の第一歩となる。

> ### コラム　活発化する地方自治体の自主勉強会
>
> 　政策形成能力を確立し充実させていくために、自治体職員が自発的に勉強会を開催する胎動が起こりつつある。この自主勉強会について紹介する。
>
> ○新宿区の「SHIPSサロン」
> 　新宿区では「SHIPSサロン」が開催されている。同サロンは、1年間に合計8回程度開催しており、原則月1回18：00からとしている（業務繁忙期は開催しない）。同サロンの形式は、外部講師による講義に加え、指定図書を参加者が輪読し、レジメ（1、2枚程度）にまとめ報告している。その報告を受けて、参加者により意見交換を行う形態をとっている（写真1－1）。
>
> 写真1－1　SHIPSサロンの様子
>
> 　SHIPSサロンは、適宜、有識者や学識者を招き、政策形成について講演を得ている。講演の後、有識者や学識者を交えて、参加者で意見交換している。ちなみに「SHIPS」の意味は、SHIPSサロンの事務局である新宿区新宿自治創造研究所❽の英文表記「Shinjuku Institute for Policy Studies」の頭文字をとった略称である。

○磐田市の「磐田ゼミ」

　磐田市も自主勉強会を実施している。同勉強会は人事課の係長が中心となり、不定期ではあるが、若手職員を対象に勉強会を開催している。この勉強会は職員同士の自発的な勉強会に加え、外部講師による講義形式も採用している。なお、この外部講師は私が担当している。

　私が講師を担当したいきさつを言及すると、ある酒の席で係長に対して私が、「係長が『やる気』があって、若手職員を集めて自主勉強会を開催するならば、私はボランティアで来ますよ！」と言ってしまった（？）ことにある。そして、本当に係長が若手職員を集めてくれたので、私はボランティアで講師をしている（有給休暇を活用して磐田市に行っている）。

　正直に言うと、磐田市は少し遠いので、確かに面倒くさい。しかしながら、現場に軸足がある自治体職員との意見交換の中で、私は得ることが多々ある。磐田市職員一人ひとりとの意見交換は、私が自治体政策を考える上で、大いに貢献している。

　また、約束とは果たしてこそ意義があるため、係長との約束が果たせてホッとしている私もいる（他地方自治体でも、「やる気」があれば、私はボランティアで行きますよ！）。

○八王子市の「基礎職務能力の向上を目指す会2008」

　最後に八王子市の事例を紹介する。八王子市は自主研究グループ活動助成制度があるため、実に様々な自主勉強会がある。その中で、「基礎職務能力の向上を目指す会2008」（以下、「目指す会」という）の活動を紹介する。目指す会は、「自治体職員に求められる基礎職務能力の向上について」をテーマに月1回のペースで行われている。

　目指す会の目的は、第1に、地方自治の諸分野に関する知識を深めることである。第2に、政策形成や事務改善を行う上で不可欠な基礎職務能力の向上である。目指す会のいう基礎職務能力とは、①文献・資料を的確に要約する能力、②所定の条件で分かりやすくプレゼンテーションする能力、③文献・資料及び他者の意見に対して的確にコメントする能力などのことを指す。

　目指す会の特徴としては、八王子市職員だけから構成されるのではなく、中西規之・財団法人日本都市センター研究員を座長として招いている点がある。中西氏が毎月課題図書を設定し、それを読破したことを前提として、八王子市職員が勉強会に臨み、ディスカッションを展開することになる。また目指す会には、指導・助言する立場として管理職が参画している点も大きな特徴といえる（写真1-2）。

---

❽ 新宿区新宿自治創造研究所とは、2008年4月に総合政策部の中に課として設置された自治体シンクタンクである。詳細は次のURLを参照のこと。
http://www.city.shinjuku.tokyo.jp/division/220100jichikenkyu/index.htm

写真1−2　基礎職務能力の向上を目指す会2008の様子

（注）　2008年12月5日開催の勉強会の様子

　なお、本書の第Ⅱ部第7章で言及している「戸田ゼミ」も、自主勉強会である。今日では、少なくない地方自治体で自主勉強会が動きはじめている。これはよい傾向であると思う。読者も自主勉強会を企画・運営したらどうだろうか。

3　自治体間M＆Aの時代の突入

　本節では、今後、展開されるであろう「自治体間のM＆A」について言及する。ここで指摘する「自治体間M＆A」とは、行き過ぎた表現であると認識している。その意味では、読者には問題提起としてとらえていただきたい。
　本節は、以下の流れで進める。まず、私が「自治体間のM＆A」が起こる契機と考えている事実について、地方自治体の財政と市町村合併の視点から言及する。その後で、現在みられる「緩やかな自治体間M＆A」について指摘しつつ、私が考える自治体間M＆Aの根拠などについて詳述する。

(1) 自治体財政の現状

　地方自治体の財政について言及する。地方自治体の財政を把握する指標は多々あるが、本書では経常収支比率、不交付団体の推移などから状況をとらえることにする。

　2008年度末の地方財政（都道府県・市町村の財政の総称）の借入金残高は、197兆円と見込まれている。極めて巨額な数字である。これは、1991年度から127兆円の増加（2.8倍）となっている（なお、国の借金は、2007年度末時点で849兆2,396億円に達している）。

　また、地方財政における経常収支比率の推移を概観したのが図1－2である。経常収支比率とは、税などの一般財源を人件費や扶助費、公債費など経常的に支出する経費にどれくらい充当しているかをみることで、財政の健全性を判断する指標である。この比率が高くなるほど、公共施設の整備など投資的な経費に充当する財源の余裕が少なくなり、財政運営が厳しくなる。

図1－2　地方財政における経常収支比率の推移

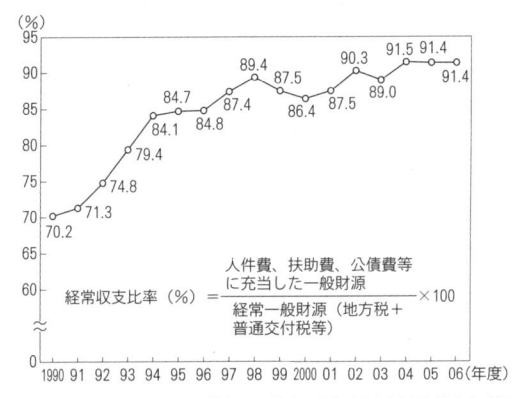

経常収支比率（％）＝ $\dfrac{\text{人件費、扶助費、公債費等に充当した一般財源}}{\text{経常一般財源（地方税＋普通交付税等）}} \times 100$

年度別推移：1990年 70.2、91年 71.3、92年 74.8、93年 79.4、94年 84.1、95年 84.7、96年 84.8、97年 87.4、98年 89.4、99年 87.5、2000年 86.4、01年 87.5、02年 90.3、03年 89.0、04年 91.5、05年 91.4、06年 91.4

（注）　2001年度～2006年度については、減税補てん債及び臨時財政対策債を加算している。
資料：総務省「地方財政の現状」（http://www.soumu.go.jp/iken/zaisei.html）

　この経常収支比率は、一般的に70～80％にあることが望ましく、80％を超えると財政構造の弾力性が失われつつあると言われている。図1－2をみると、地方財政の経常収支比率は90％を超えており、地方財政が硬直化している傾向が理解できる。地方自治体の財政は、動脈硬化のように血液（財政）がドロド

ロしていると指摘できる。

　しかしながら、すべての地方自治体の経常収支比率が悪いわけではない。財政的に裕福な地方自治体と、そうでない地方自治体の格差が広がってきているのが現状である。まさに自治体間においても、勝ち組と負け組が明確になりつつあるのが昨今の状況といえる。その現状は、様々な視点からとらえることができる。その中で、紙幅の都合上、不交付団体の推移から把握しておく（表1－1）。

表1－1　不交付団体の推移

	都道府県	市町村
2004年度	1	133
2005年度	1	146
2006年度	2	169
2007年度	2	186

資料：総務省（報道資料）

　不交付団体とは、地方交付税の交付を受けない地方自治体のことを指す。すなわち、比較的裕福な地方自治体を意味する。表1－1から、不交付団体が少しずつ増加していることが分かる。

　本書で何度も繰り返しているが、私は、21世紀は自治体間でのM＆Aが展開される可能性があると考えている。この「M＆A」という言葉は、一般的に経営（学）の分野において使われている。意味は「Mergers and Acquisitions」の略で、直訳すれば企業の「合併と買収（吸収）」のことをいう。現在、地方自治体の世界で進展しつつある都市間競争の行き着く先は、自治体間のM＆Aであると考えている。

(2)　市町村合併の現状

　次に、市町村合併の現状について言及する。昨今、わが国において市町村合併が大きく進んだ。2008年11月1日には、1,784市町村になった。その推移を見たのが図1－3である。

図1−3　市町村合併の推移

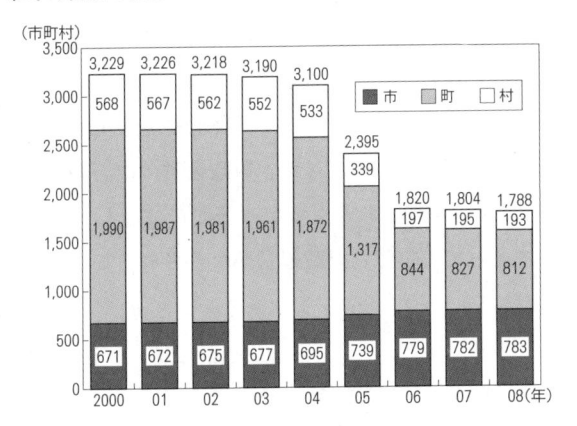

(市町村)

年	市	町	村	計
2000	671	1,990	568	3,229
01	672	1,987	567	3,226
02	675	1,981	562	3,218
03	677	1,961	552	3,190
04	695	1,872	533	3,100
05	739	1,317	339	2,395
06	779	844	197	1,820
07	782	827	195	1,804
08	783	812	193	1,788

(注)　年度当初（4月1日）の数字である。
資料：総務省（http://www.soumu.go.jp/gapei/）

　市町村合併の形態は、①新設合併（対等合併）と、②編入合併（吸収合併）がある。新設合併とは、合併構成市町村（A町、B町）を一度廃止し、新たな市町村（C市）を設置することを指す。一方で編入合併とは、D町を廃止し、その区域を別の市町村（E市）の区域とすることをいう。この場合は、編入する市町村（E市）の制度等は変更されないが、編入される市町村（D町）の制度等はすべて廃止される。

　私は、日々、様々な地方自治体を訪れている。その訪問先の中には、市町村合併を経験した地方自治体も多い。そこで、職員から市町村合併の話を聞くと、表向きは新設合併であるが、実際は編入合併であることが少なくない。例えば、F町はG市との新設合併であったはずなのに、F町出身の職員の中には、2階級降格の職員や一人部長（部下のいない部長）などが登場している。また、H市とI市の新設合併についていえば、H市出身の者が市長になると、I市の管理職の多くが左遷させられるなど、表面にはあらわれない実質的な編入合併が少なくない。❾

　総務省の「市町村の合併に関する研究会」が、2008年6月にまとめた報告書

❾　今日の市町村合併は、様々なあつれきを生じさせている。当初、このあつれきは小さいものであるが、少しずつ大きくなり、いつかは「市町村離散」になりかねない。この市町村離散とは、「市町村合併を破棄して、もとにもどりましょう」ということである。

第1章　政策形成能力が問われる時代　*19*

「『平成の合併』の評価・検証・分析」によれば、市町村合併により、経営中枢部門の強化や組織の専門化が図られ、また旧市町村では配置できなかった専門職員の配置も可能になったと、市町村合併のよい効果を示している。

さらに、財政については、「短期的には財政基盤が強化され、中期的には合併による行政効率化効果を生かし、今後、財政運営の改善の期待」と明記されている（「中期的には…期待される」という表記に注目したい。なぜならば、ここは「期待」であって、実際に財政運営が改善されることを確約しているわけではないからだ）。

(3) 自治体間の「緩やかなM＆A」の浸透

地方財政の悪化が続けば、私は裕福な地方自治体が貧しい地方自治体をM＆Aする事態も起きかねないと考えている。すなわち、財政力のある地方自治体が財政難の地方自治体をM＆Aするのである。また、平成の大合併は、前述した水面下の弊害を強調すると、それは実質的に「自治体間のM＆A」と指摘することができる。

一つの事例として、一般廃棄物（家庭ごみ）問題を取り上げる。図1－4は一般廃棄物の圏外への広域移動状況を示している（2005年度）。図1－4から、首都圏（埼玉県、東京都、千葉県、神奈川県）において排出された一般廃棄物の73.9％が、他圏に移動していることが理解できる。なお図1－5は、首都圏における一般廃棄物の圏外排出量の推移である。近年では、平均75％前後の数字で推移してきており、高水準である。

一般的に、一般廃棄物の処理においては、「自区内処理の原則」が適用される。この自区内処理の原則とは、市区町村（地方自治体）の責務として、自らの地域から排出されたゴミは、自らの地域内で処理するという内容である。これは、「廃棄物の処理及び清掃に関する法律」に明記されている。しかしながら、図1－4から理解できるように、この自区内処理の原則が守られていない現状がある。

現在、一般廃棄物の処分（埋立地）に悩んでいるのが首都圏の地方自治体である。その一つの解決として、首都圏で排出された一般廃棄物が地方圏に流れているという現状がある。今後も、少なからず、この状況が続くと予測される。

図1-4　一般廃棄物の圏外への広域移動状況（2005年度）

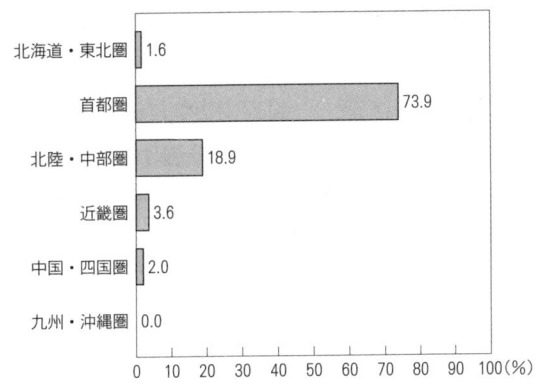

地域	%
北海道・東北圏	1.6
首都圏	73.9
北陸・中部圏	18.9
近畿圏	3.6
中国・四国圏	2.0
九州・沖縄圏	0.0

（注）　図中の数字（％）は、市町村が圏域外の公社・業者等に最終処分を委託した一般廃棄物量であり、圏外搬出量である。
資料：環境省「廃棄物の広域移動対策検討調査及び廃棄物等循環利用量実態調査報告書（広域移動状況編）」

図1-5　首都圏における一般廃棄物の圏外排出量の推移

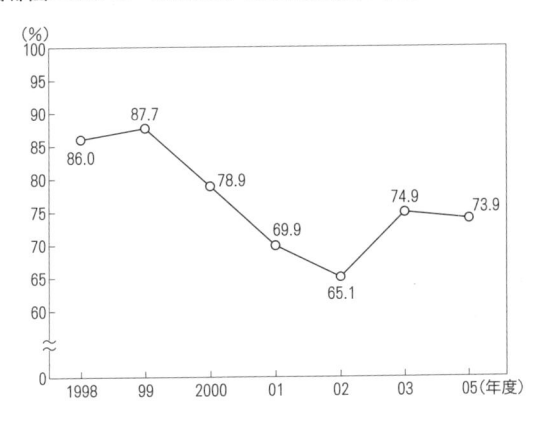

年度	%
1998	86.0
99	87.7
2000	78.9
01	69.9
02	65.1
03	74.9
05	73.9

（注）　図中の数字（％）は、市町村が圏域外の公社・業者等に最終処分を委託した一般廃棄物量であり、圏外搬出量である。なお、2004年度は未実施である。
資料：環境省「廃棄物の広域移動対策検討調査及び廃棄物等循環利用量実態調査報告書（広域移動状況編）」

　そして、自区内処理の原則を徹底的に守ろうとすれば（あるいはこの件に関して、国による規制が厳しくなれば）、首都圏の地方自治体が地方圏の地方自治体をM＆Aし、吸収した地方圏の地方自治体に一般廃棄物を移動させるという

事態が起こる可能性もある。

　地方自治法上は、飛び地合併（例えば、東京都のある市が青森県のある町を合併すること）は合法とされている（現在、飛び地は200を超えている）。今日では、図1－4のように、首都圏の一般廃棄物が首都圏外に移動する傾向が顕著である。この現状は、「緩やかなM＆A」と指摘することができる。

(4) 21世紀は人口移動の時代へ

　人口移動が活発になると（人口の流動性が高まると）、自治体間のM＆Aは加速化される。財政が豊かで充実した行政サービスを提供できる地方自治体に、人は移動（引越）すると考えられる。私は、21世紀は人口移動が活発化する時代ととらえている。

　私が、人口移動が活発化すると考える理由は、次の3点に集約される。第1に、空き家の拡大がある。例えば、2003年の総住宅数5,387万戸のうち、空き家は約660万戸となり、総住宅数に占める割合（空き家率）は、1998年の11.5％から12.2％に上昇している。この空き家率は拡大の傾向を示している（図1－6）。空き家の拡大は、借家市場の拡大を意味する。借家の選択が増加し充実すれば、持ち家よりも借家の魅力が増すと思われる。

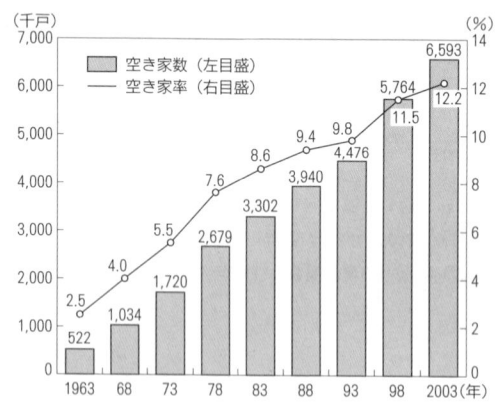

図1－6　空き家・空き家率の推移

（注）　空き家とは、居住世帯がない住宅のうち、昼間だけの使用など「一時現在者のみの住宅」を除いたもの。
資料：総務省統計局「住宅・土地統計調査報告」

第2に、現在、持ち家率は60％強で推移しているが、都市圏においては低下の傾向がみられる。図1－7によると、東京23区においては、持ち家率の低さが理解できる。都市化が進んでいる地域ほど、持ち家率が低い傾向がある。

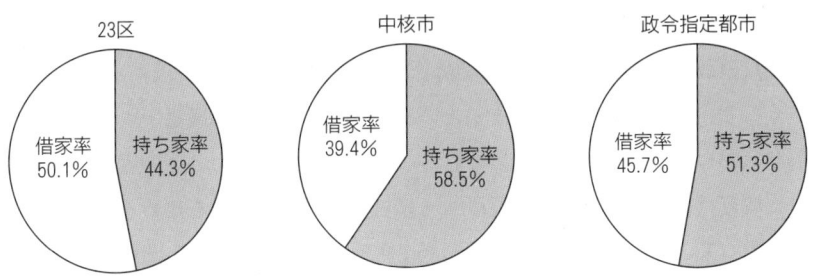

図1－7　主要都市における「持ち家率」と「借家率」の現状

23区
借家率 50.1%
持ち家率 44.3%

中核市
借家率 39.4%
持ち家率 58.5%

政令指定都市
借家率 45.7%
持ち家率 51.3%

（注）「住宅・土地統計調査報告」をもとに、持ち家率＝持ち家数／住宅数により、また借家率＝借家数／住宅数により算出した（不明などあるため、100％にならない）。
資料：総務省統計局「住宅・土地統計調査報告」

第3に、長期雇用慣行の崩壊がある。定年まで雇用が約束された長期雇用慣行のもとでは、何十年にわたる住宅ローンを組むことができた（組むことができる人が多かった）。しかしながら、現在では、いつリストラされるか分からない状況であり、あるいは勤めている会社が倒産する可能性も捨てきれず、長期間の住宅ローンを組むことは難しい。その結果、借家に住む傾向が強まると予測される。

ここで記したほかに、様々な要因が人の意識・行動を持ち家から借家に転換させる可能性がある。なお、1941年の「大都市住宅調査」（厚生省調査）によると、わが国は戦前においては、都市の73％の住宅は借家であった。戦前は7割から8割が借家であった。さらにいえば、アメリカの大都市（ニューヨークなど）は7割くらいが借家である。

今日の日本人の思考として「持ち家」があるが、これは戦後に植え付けられた意識である。わが国の住宅政策は、戦前は内務省（現厚生労働省）が担当していた。しかし、戦後は建設省（現国土交通省）に移管された。その結果、持ち家政策が開始されたのである。

以上の理由から、私は、21世紀は持ち家志向から借家志向に人々の意識は変

化し、人口の移動が活発化する可能性があるととらえている。

⑸　政策形成能力の有無が勝敗を分ける
　本章で言及した視点から考察すると、今後はよい行政サービスを提供する地方自治体には、ますます人口が集中する。一方で、貧弱な行政サービスを提供している地方自治体からは人口移出が止まらない。この差を分けるのが、自治体職員の政策形成能力の有無である。
　そこで、地方自治体がすべきことの視点として、自治体職員一人ひとりの政策形成能力の確立と向上が求められる。この政策形成能力の高い職員を持っている地方自治体は、よりよい行政サービスを提供し、人口を集めることができる。そして、人口の増加は財政を潤沢にすることになる。都市間競争の時代においては、最終的には、自治体職員に「どれだけ政策形成能力があるか」ということが問われてくるのだろう。

　本章を読まれて、より考察を深めたい読者は、私が執筆した次の図書・論文を読まれるとよいと思う。
- 牧瀬稔（2008）『議員が提案政策条例のポイント〜政策立案の手法を学ぶ〜』（東京法令出版）
- 牧瀬稔（2008）「自治体問題の現状と課題−自治体間M＆Aの時代−」有限会社マルチラテラル・インベストメント・ディベロップメント・コーポレイション『M＆A　Review Vol.22 No.4』
- 牧瀬稔（2008）「「自学力」の活かし方〜「自学」の政策反映の仕組み〜」公職研『職員研修・臨時増刊87号〜自学するヒト・自学する組織』

　次章では、読者が持つ政策形成能力を9のテストにより明らかにしたい。

コラム 「先進自治体への視察」はおかしいことではないか

　地方自治体が何かしら政策開発を検討するとき、先進自治体に視察に行くことが多い。そして視察を受け入れる地方自治体も、基本的に「ウエルカム！」という姿勢である（断ることはほとんどない）。私は、このことは「おかしいのではないか」と思っている。

　例えば、民間企業を事例にすると、そのおかしさが理解できる。普通に考えて、以下の会話が成立するであろうか。

民間企業Ａ社
　「今度、携帯電話に新機能をつけた製品を開発しようと思っています。そこで、この分野について、一歩進んでいるＢ社に、そのノウハウを教えていただきたく、視察を受け入れてくださいますか？」

民間企業Ｂ社
　「ぜひ、視察にいらしてください。その製品の開発過程をはじめ、売上拡大する当社独自のマーケティングなど、ノウハウのすべてを教えます！」

　私は上記の会話が成立するとは思えない。なぜならば、自社（Ｂ社）の企業秘密を他社（Ａ社）に教えるということは、自社（Ｂ社）の存亡の危機を招いてしまうからである。

　しかしながら、地方自治体の場合は、上記の会話が成立してしまう。不思議なことである。

　ちなみに、私が地方自治体に勤務していた部署は視察が多かった。そのため視察に来る地方自治体に対して、一生懸命にノウハウ満載の資料を作成したり、視察に来たらおいしいお茶をだしたり（しかも最高の笑顔で迎えて？）して、とても民間企業では考えられない行動をとっていた。私にとっては極めて不思議であり、意味不明な行動であった。

　現在進行形で進んでいる都市間競争は、この状況を一変させるだろう。都市間競争の時代においては、地方自治体は「住民の獲得」を目指して競争することになる。特に人口減少時代においては住民が少なくなっていく。その少なくなっていく住民を地方自治体間で奪い合う時代である。

　そのような時代においては、視察を受け入れて、ノウハウを提供するという悠長な行動は、とらなくなると考えられる。より端的に言えば、地方自治体は「住民を獲得したノウハウをすべて教えます（先進事例を教えます）」ということはしなくなるだろう。都市間競争とは、そういうものである。現在においては、このことを認識していない地方自治体が多すぎるように思われる（ちなみに、私は、このような殺伐とした社会はイヤである）。

第2章 政策形成能力を確認する9のテスト

第1章では、これからの時代は自治体職員にとって政策形成能力が必要であり、地方自治体として政策形成力を強めていかなくてはいけないと指摘した。それを受けて本章では、読者の「政策形成能力」の有無についてチェックしたい。これにより、自治体職員が持つ政策形成能力の基本的視点を確認する。

まずは、次の小テストを解いてもらいたい。あまり深く考えずに、数分程度で回答してほしい。

政策形成能力チェックシート

下記の質問に対し、「はい」「いいえ」のどちらかにマルをつけてください。

Q1　バブル経済崩壊の直後（とりあえず1995年前後くらい）まで、多くの日本の企業は「終身雇用」を採用していた。

　　　　　　　　はい　　　いいえ

Q2　年末は物騒であり、犯罪が多発する。

　　　　　　　　はい　　　いいえ

Q3　少年犯罪は多発化している。

　　　　　　　　はい　　　いいえ

Q4　さらに少年犯罪が低年齢化している。

　　　　　　　　はい　　　いいえ

Q5　しかも、少年犯罪は凶悪化の傾向が強まっている。

　　　　　　　　はい　　　いいえ

Q6　街頭で子どもを狙う殺人犯罪が多く起きている（子どもの連れ去り、殺害事件が多い）。

　　　　　　　　はい　　　いいえ

Q7　日本は非婚化が顕著である（進んでいる）。

　　　　　　　　はい　　　いいえ

Q8　記事を読んで、下記の質問に回答してください。

○インターネット利用　小学生の半数週2時間以上
　家庭で子どもがインターネットを利用する際、両親のいずれかが子どもと一緒であるとする回答が7割に達することが、オンラインアンケートサービス「gooリサーチ」の調査によって明らかとなった。この「小学生のインターネット利用に関するアンケート調査」は、小学生向けポータルサイト「キッズ goo」上で、2008年7月2日から8月9日まで実施された。回答者数は、小学生がいる世帯の保護者822名となっている。
　この調査によると、自宅でインターネットを利用する小学生の家庭では、約7割がブロードバンド回線を利用しており、特にADSL（44％）、ケーブルテレビインターネット（25％）の回答者が多かったという。

また、家庭における小学生のインターネット利用時間は、小学生の兄弟姉妹も含めて、1世帯当たり「週1時間～2時間未満」（23％）が最も多く、「週に5時間以上」（18％）、「週に30分～1時間未満」（18％）、「週に2時間～3時間未満」（15％）と続いた。週1時間以上の回答を合計すると7割、週2時間以上では5割、週5時間以上では2割弱となり、小学生の家庭におけるインターネット利用の長時間化する傾向がうかがえる（2002年8月21日の記事）。
（参考URL：http://research.goo.ne.jp/database/data/000054/）

　やはり、子どもたちの間でインターネット利用がかなり普及していると思う。

　　　　　　　　　　　　はい　　　いいえ

Q9　地方環境税の導入は、地方自治体の税収の拡大に効果がある（参考資料を参照のこと）。

　　　　　　　　　　　　はい　　　いいえ

（参考資料）地方環境税一覧（2003年調査）

地方自治体	名　称	内　容
東京都	宿泊税	宿泊税は、国際都市東京の魅力を高めるとともに、観光振興のための事業（旅行者に分かりやすい案内標識の整備、観光案内所の整備・充実、観光情報の提供、観光プロモーションなど）の経費に充てるため、東京都が独自に課税をする地方税である。ホテルまたは旅館の宿泊者に一定の負担を求める。2001年12月条例可決。2002年10月導入。
杉並区	すぎなみ環境目的税	コンビニや小売店のレジで、店から配られる買い物用のポリ袋1枚につき、消費者に5円を課税。2002年3月条例可決。
河口湖町・勝山村・足和田村	遊漁税	全国初の法定外目的税。2001年7月に導入。課税は1人1日200円で、税収は富士河口湖町、河口湖治水組合が事業主体となって、組合の運営、入漁者の利便を図るため駐車場、トイレなどの施設整備など使用する。2003年8月には、湖畔で初めてとなるバイオトイレを設置した。富士河口湖町によると、2001年度（7月から2002年3月まで）は

		税収額が3,056万2,000円、課税対象人数15万2,749人。2002年度（4月から2003年3月まで）は税収額が4,103万7,200円、課税対象人数20万5,186人となっている。
岐阜県	乗鞍環境保全税	乗鞍スカイライン山頂駐車場へ自動車を運転して入り込む者に対し課税（北アルプス・乗鞍岳の有料道路、乗鞍スカイラインが2003年5月から無料化されると同時にマイカーの乗り入れが禁止される）。乗鞍スカイラインでは、通行料のかわりに畳平での駐車料を大型バス1万円、マイクロバス4,500円、タクシー2,000円（いずれも環境保全税を含む）と定めた。2002年10月条例可決。
久居市	電気自動車等買い替え促進税	ハイブリッド車や電気自動車を購入する市民へ補助金を支給し、環境負荷の少ない自動車の普及を促進するため、県税の自動車取得税に20分の1を上乗せして課税。
高知県	森林環境税	森林保全や水源かん養を目的に、個人及び法人県民税に一律年額500円を上乗せする。2003年2月に条例案を提出。徴収期間は2003年度から2007年度までの5年間。年約1億4,000万円の税収を見込み、「森林環境保全基金」を創設して税収を積み立て、森林保全のために幅広く使う。
太宰府市	歴史と文化の環境税	太宰府市内にある一時有料駐車場の利用者に課税。2002年3月条例可決。2002年7月総務大臣同意。

前記9の質問について回答していく前に、読者にいきなり質問である。図2－1にある「●」は、1つ当たりの角度は何度と思われるか。

図2－1　「●」の1つ当たりの角度は何度か

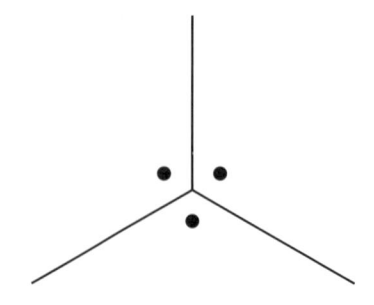

資料：金安岩男『プロジェクト発想法』中公新書

読者は何度と思われたであろうか（決して馬鹿にしているわけではない。念のため記しておく）。一番多い回答は「120度」と思われる。この120度は正解である。もっとよく見てほしい。そうすると「90度」にも見えてこないだろうか。ヒントは立体的に見てほしい。例えば、部屋の隅とかを想像してもらいたい。そうすると、「90度」という見方もでき、これも正解である。

　さらに、もっともっとよく見てほしい。すると「60度」や「35度」、さらには「100度」にも見えてこないだろうか。見えてくる、きっと見えてくるはずである……（一体、これは何の図書だ？）。

　図2－2が回答である。上から覗き込むと、左のある図形は、きっと「35度」くらいに見え、一方で右の図形は「100度」くらいに見えるかもしれない。

図2－2　これは何度？

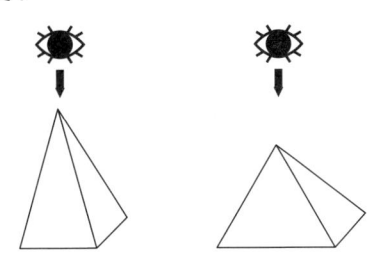

　ここで私が指摘したいのは、「物事を様々な視点から見る」ことの大切さである。ある現象を見る視点は、2つある。それは単眼思考と複眼思考である。

○単眼思考
　物事の一面にだけ目を向け、問題については正解を一つ求める思考法である。
○複眼思考
　物事には多様な側面があり、見る視点によって、その多様な側面が違って見えるという立場で、ものを考えるという思考法である。

　先ほどの角度で、「120度」しか回答が出てこなかった読者は、現状では単眼思考なのである。図2－1を複眼思考の考えにより、様々な視点から考えてみ

る。そうすると、「90度」や「60度」という回答が導出されるだろう。

　今日、地方自治体に降りかかる問題・課題は複雑化している。そのような状況においては、複眼思考を持って対応していかなくてはいけない。現在は、一つの問題・課題を一つの特効薬で直すという時代ではない。一つの問題・課題を様々な処方箋を使って直していくことが求められる。その様々な処方箋を創出するのが複眼思考である。

　上記を説明したのが、図2－3である。

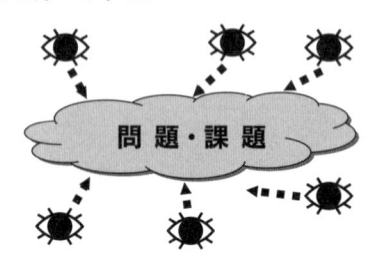

図2－3　様々な視点を持って考える

　今、大きな問題・課題が横たわっている。それを上からの視点で見ると、確かに「問題・課題」である。しかし、下の見地から問題・課題を考えると、意外に何でもないことかもしれない。このように、一つの問題・課題を様々な視点から考察していく「複眼思考」は、政策開発を進める上で、極めて重要なツールとなるのである。

　さて、以下では先の9の質問について、私なりの視点から回答を記していく。

テスト1　かつて日本企業の多くは「終身雇用」を採用していたのか

　終身雇用制度とは、「民間企業が特別の理由がない限り、新卒で採用した従業員の雇用を定年まで保障する制度、または慣行のこと」を意味している。一般的に、「日本は終身雇用制度を採用していた」と言われている。果たしてそうだろうか。

　経済協力開発機構（OECD）が発表した興味深い調査結果がある。同調査は、各国の従業員の勤続年数のデータを記している。同調査結果を概観すると、日

本における「終身雇用」という考えが否定されることになる。

表2－1は、各国における従業員の勤続年数の比較である。表2－1を見ると、日本の平均は「11.3年」となっている。この結果を簡単に言うと、「従業員は11.3年勤めると転職する」ということを意味している。

表2－1　各国における従業員の勤続年数（1995年調査）

	日本[1]	アメリカ[2]	カナダ[3]	イギリス	ドイツ	フランス
5年未満	36.5%	54.5%	50.8%	49.8%	47.5%	40.6%
5年～10年未満	20.7	19.8	19.8	23.5	17.2	17.4
10年～20年未満	21.5	16.8	18.1	17.3	18.4	23.3
20年～	21.4	9.0	11.3	9.4	17.0	18.7
平均（年）	11.3	7.4	7.9	7.8	9.7	10.7

（注）1）区分は1年未満、1～2年、3～4年、0～4年、5～9年、10～14年、15～19年、20年～。平均勤続年数における対象労働者は、製造業の給与所得者及び生産労働者である。
　　　2）1996年。区分は6カ月未満、6カ月～1年、13カ月～23カ月、2年～5年未満、5年未満、5年～10年未満、10年～15年未満、15年～20年未満、20年～。
　　　3）区分は6カ月以下、7～12カ月、1～5年、5年以下、6～10年、11～20年、20年～。
資料：OECD "Employment Outlook 1995"、各国資料

従来から、アメリカは雇用の流動性が高い（転職する人が多い）と言われてきた。そのアメリカは、平均「7.4年」となっている。確かに、従業員の勤続年数の平均は、アメリカより日本のほうが「約4年」も長いため、（アメリカと比較した上で日本は）「終身雇用である」と指摘することもできる。しかし、勤続年数が平均「11.3年」という数字だけで判断するならば、日本は「終身雇用」ということはできないと考える。

日本の従業員は終身雇用を基調としてきたと言われてきた。しかし、よく考えると、実際に終身雇用を実現してきたのは、大企業に勤務する一部の従業員だけである（公務員も終身雇用を実現してきたと考えられる）。日本の企業の99.7％は中小企業である。その中小企業においては、雇用の流動性は高かったと推測される。

大企業や中小企業を含めた日本全体で考えると、従業員の平均勤続年数の「11.3年」は、妥当な数字であると思われる。そもそも中小企業は倒産が多い

ため、倒産せず定年まで働き続けるという終身雇用は、まれなケースであったと判断される。

　これらの結果から、私は日本における「終身雇用」は存在していなかったととらえている。民間企業においても、そして公務員においても、採用時の辞令に「あなたを定年（60歳）まで雇用します」とは、どこにも明記されていない。誰もが60歳まで雇うという契約書を交わした覚えはないと思う。また日本の法規定に、終身雇用は担保されていない。終身雇用は幻想なのである。

　ここで読者に一つ質問を投げかけたい。日本はバブル経済が崩壊してから今日まで、従業員の平均勤続年数はどのように変化しているだろうか。長期化しているのか、あるいは短期化しているだろうか。読者はどう思われるだろうか。

　マスコミの論調は、「バブル経済が崩壊して、終身雇用がなくなり（そもそも、その終身雇用は日本全体としては「なかった」というのが本書のスタンスである）、転職市場が拡大してきた」と報道することが多い。そのため平均勤続年数は短くなると予測される。マスコミは、そのように報道している。すなわち、転職者が増え勤続年数が短くなるという報道が多い。実際はどうだろうか。

図2－4　1995年と2006年における勤続年数の変化

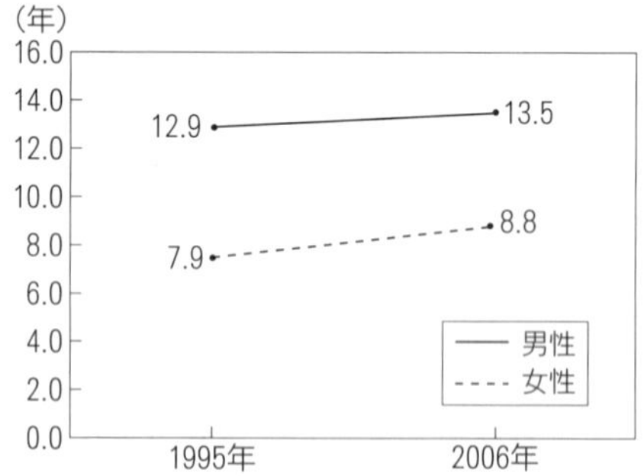

（年）
男性：1995年 12.9　→　2006年 13.5
女性：1995年 7.9　→　2006年 8.8

資料：厚生労働省「賃金構造基本統計調査」（各年次）

　図2－4は、1995年と2006年を比較した勤続年数の変化である。図2－4を観察すると、雇用の流動性は低くなっている（必ずしも転職傾向が強まってい

るとは言えない)と判断できる。すなわち、バブル経済後の長期不況の時代では、従業員は転職しても簡単に次の仕事が見つからないため、「少しでも、この企業に勤務していよう」という意識が高まり、むしろ転職活動を控えるようになったと判断できる。マスコミの喧伝する「労働市場の弾力性が高まった」というのは間違いなのである。

　しかしながら、私たちはイメージとして労働市場が流動的になり、転職が活気づいているような気がする。その理由として考えられるのは、派遣社員の増加である。今日では、短期間で働く派遣社員の存在がクローズアップされるため、何となく「日本は転職市場に変化した」と思ってしまうのだろう。

テスト 2 ｜ 年末は物騒であり、犯罪が多発しているのか

　私は幼い頃、両親から「12月はお金の出入りが多くなるため、世の中が物騒になる(犯罪が多くなる)から気を付けるように」と言われた。読者も、そのように指摘された経験があると思う。

　関西地方のＴ市が12月に配信したメールマガジンには、「年末は犯罪が増加します。被害に遭わないためにも、防犯ポイントを再度確認しましょう」と、住民に対して注意を喚起している。また、関東地方のＦ市も、年末防犯街頭キャンペーンについて、「年末は犯罪が多発傾向にあることから、予防警戒活動を強化するとともに、交通量の増大に伴う重大事故を防止する目的で、実施しています」とホームページに掲載した。そのほか、年末に犯罪が多発することを指摘し、注意を促す地方自治体が多い。この現状を見ると、年末は犯罪が多くなっているような気がする。

図2-5　神奈川県における月別の刑法犯認知件数の推移

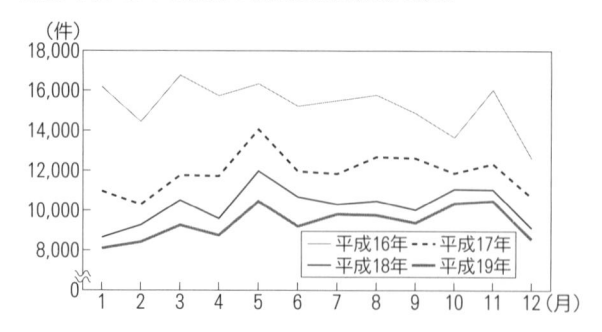

資料：「神奈川県の統計」（各年次）

図2-6　埼玉県における月別の刑法犯認知件数の推移

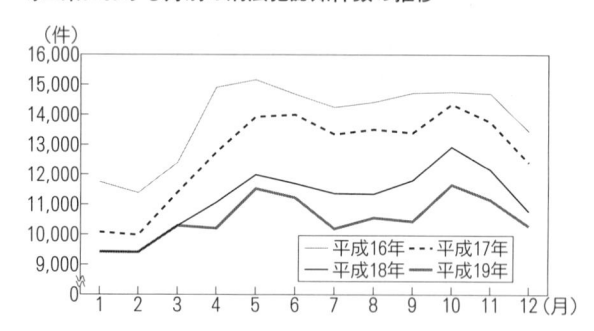

資料：「埼玉県月刊統計」（各年次）

　図2-5と図2-6から理解できるように、年末の12月は、どの年も刑法犯認知件数は減少傾向にある。私がデータを入手することのできた都道府県において、おおよそ12月は刑法犯認知件数が減少する過程にある。すなわち、「年末は犯罪が増える」というのは、少なくとも現在においては嘘なのである。このようにデータ（数字）を集めていくと、意外と一般に言われていることが間違いだったりする。

　ちなみに、注意を喚起していたT市とF市も、実は12月は刑法犯認知件数を減少させているのである。その意味では、両市は「嘘の情報を住民に流した」ということになるかもしれない。このような間違いをしないためには、通説に左右されず、データ分析をしっかりすることが大事である。T市やF市が間違っ

た情報を流した理由は、担当者がデータを確認せず、通説に流されてしまったからと思われる（しかも、その通説は間違いである）。政策開発の現場にいる自治体職員は注意してほしい。

　さて、また読者に質問である。刑法犯認知件数について、全国的に共通していることがある。それは、初夏と秋は刑法犯認知件数が増加する傾向がある。あるいは、これらの時期は最も刑法犯認知件数が多いという地方自治体もある。読者は、その理由を何と考えるだろうか。
　いろいろな理由があると思われる。その中で私の回答は、連休が大いに関係していると考えている。連休により、人は長期の旅行に出かけてしまう。その結果、犯罪が増加するのだと考えている。実際、この時期は空き巣が多くなっている。

　さらに読者に質問である。もう一つ全国的な共通として、２月はどの地方自治体も刑法犯認知件数が最も少ない時期になることが多い。その理由は何と考えるだろうか。その理由は、２月は寒いから犯罪者が仕事を抑える……確かに、その理由も否定できない。ただし、個人的な見解を言えば、犯罪者が寒いから犯罪をしないという者は犯罪者失格と思っている（そんな奴は「犯罪者なんかやめちまえ！」と訴えたい。私は寒いから仕事に行かないなどという理由は考えられない）。
　私が持っている回答は、「２月は日数が少ない」からである。日数が少ないため、当然、刑法犯認知件数は少なくなる。そこで１か月当たりの平均値を出して、その数字に30日か31日をかけると、２月も他の月と同じくらいの数字になってしまう。寒いから犯罪活動が停滞するというわけではないのである。
　ここで指摘しておきたいのは、「数字には必ず意味がある」ということである。データとして明らかになる一つひとつの数字の背景には、必ず意味がある。その数字の理由を考察していくことが大事である。読者は数字の意味を考える習慣をつけるとよいと思う。特に政策を開発していく自治体職員は、常に数字の背景を探るよう心がけてほしい。

テスト 3 少年犯罪は多発化しているのか

　少年犯罪とは「少年法が適用される20歳未満の少年（未成年者）による犯罪」である。この少年犯罪について、マスコミの報道は「多発化」「低年齢化」「凶悪化」のフレーズがお決まりのパターンとなっている。では、実際に少年犯罪が「多発化」「低年齢化」「凶悪化」しているのか検証する。

　図2－7は、少年刑法犯の検挙人員総数の推移を時系列で示したものである。

図2－7　少年刑法犯の検挙人員総数の推移

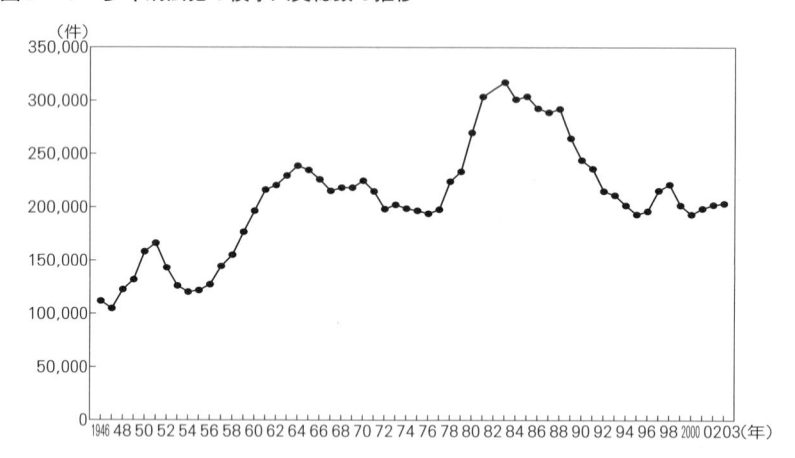

（注）　総数とは、殺人、強盗、暴行、傷害、脅迫、恐喝、窃盗、詐欺、横領、強姦、強制猥褻等、放火である。
資料：法務省『犯罪白書』（各年次）

　図2－7を確認すると、長期的には少年犯罪は減少傾向にあることがうかがえる。つまり、マスコミが主張している「少年犯罪が増えている」という報道は間違いであると実感する。そして表2－2は、一般刑法犯の犯行時の年齢別検挙人員及び補導人員を比較しているデータである。

表2−2　一般刑法犯の犯行時の年齢別検挙人員及び補導人員（1980年〜2005年）

	1980年	1990年	2000年	2005年	80年→05年
9歳以下	6,828	1,443	1,227	1,656	24.3%
10歳、11歳	9,701	2,862	2,141	2,297	23.7%
12歳、13歳	37,354	23,855	17,109	16,566	44.3%
14歳、15歳	80,253	73,443	56,310	49,597	61.8%
16歳、17歳	58,184	58,072	52,490	48,410	83.2%
18歳、19歳	28,134	23,278	24,214	26,515	94.2%
20歳〜24歳	42,398	31,371	32,377	40,491	95.5%
25歳〜29歳	33,150	16,721	22,025	26,441	79.8%
30歳〜39歳	68,652	27,874	31,114	47,164	68.7%
40歳〜49歳	46,918	31,846	28,576	37,068	79.0%
50歳〜59歳	22,048	19,100	33,380	48,019	217.8%
60歳以上	12,376	11,559	29,163	63,250	511.1%

資料：警察庁『犯罪統計書』（各年次）

　表2−2をみると、20歳未満の犯罪・補導の件数は、減少していることが理解できる。9歳以下は約5分の1まで減っている。また10歳、11歳も約5分の1に減っている。12歳、13歳も約2分の1まで少なくなっている。

　一方で、犯罪が増えている世代は、60歳以上で顕著となっている。ちなみに、1980年から2002年の50歳〜59歳の人口増加は150％となっている。そして、1980年から2002年の60歳の人口増加は143％となっている。その人口増加以上に、これらの世代は犯罪が増えている。❶

　今日では、少年犯罪が多発化の傾向にあると指摘するマスコミがいる。しか

> ❶ 刑法犯認知件数は何と相関関係が強いのだろうか。一般的に言われていることは、「完全失業率」と相関関係が強いと言われている。それ以上に相関関係が強いと判断されるのは、「自己破産」である。私の研究によると、自己破産をしている者が多い都道府県は、刑法犯認知件数も多いという傾向が明らかになっている。詳細は下記を参照してほしい。
> 　牧瀬稔（2005）「安全安心な日常生活を実現していくための自治体の役割について考える：環境の変革による犯罪減少を求めて」財団法人公共政策調査会主催懸賞論文「社会の安全と環境をいかに考えるか」佳作入賞

し、この見解は、図2－7や表2－2のデータを出すまでもなく、すぐに「違う」ということが簡単に理解できると思われる。なぜならば、いま日本は少子化の道を歩んでいる。そして、少子化の中、少年犯罪が増加しているのならば、生まれてきた子どもたちの多くが犯罪をするということになってしまう。そのようなことは、普通に考えれば「ない」と判断される。

　ここで重要なのは、一般的に言われていることを冷静に判断し、疑いの視点を持って考察していくことである。そして、地道にデータを集めて、「本当にそうなのか」という視点から立証していく。そのような作業をしていかないと、間違った政策開発をしてしまうことになりかねない。間違った政策の実施は、住民を不幸にするだけである。注意が必要である。

　また、読者に質問である。表2－2をよく観察すると、前後の数字と比較して飛びぬけて大きい数字を持っている世代がある。1980年の縦軸をみると、30～39歳が「68,652」と異常に大きな数字がある。1990年は40～49歳が、その前後と比較して「31,846」と大きい。なぜ、大きくなるか理解できるだろうか。数字には必ず意味がある。その数字に気がついて、数字の背景を考えてもらいたい。なお、この答えは「団塊の世代」であるからだ。この層は団塊の世代にあたるため、数字が大きくなる傾向がある。

　既存の統計資料にあたり、数字を見ていくと、たまにイレギュラーの場合がある。そのときは、「なぜ、この数字は異常なのだろうか……」と、その根拠を観察していくことが重要である。その行動が間違いのない政策づくりにつながっていく。

　なお、少年犯罪の増加に関して、昨今のマスコミは「フレームアップ」の手法を採用している。近年は少年犯罪が若干増加しているため、そこだけを強調している（図2－8）。

図2－8　昨今の少年犯罪におけるフレームアップの手法

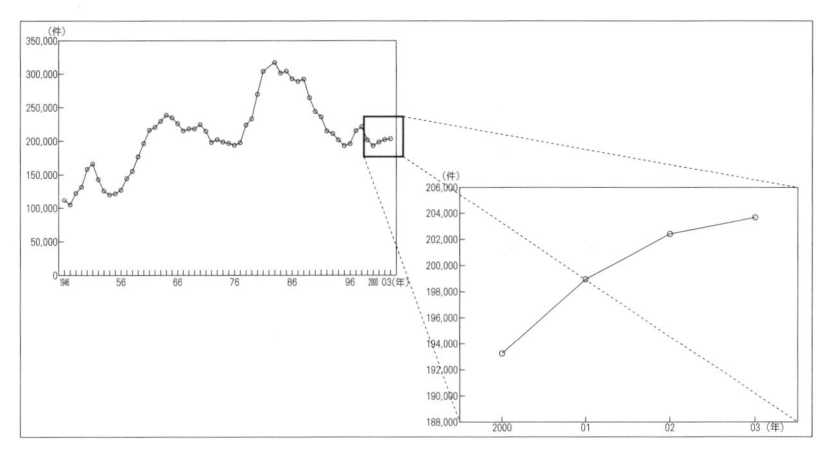

資料：法務省『犯罪白書』(各年次)

　フレームアップとは「事件を捏造したり、人に無実の罪を着せたりすること。政治的反対者を孤立させ、弾圧・攻撃する口実とするために用いられる。でっちあげ」という意味である。さすがに「でっちあげ」とまでは言わないが、図2－8のように意図的に一部や一期間だけを強調する場合がある。この点も注意してほしい。

テスト4　少年犯罪が低年齢化しているのか

　図2－9は、出生年別にみた少年非行率の推移を示したものである。非行少年率とは、ある年に生まれた少年が12歳から19歳までの各年齢において非行少年となった率（同年齢人口1,000人当たりの少年一般刑法犯検挙（補導）人員の比率）をいう（しかし非行少年率とは、あまりいい言葉ではないと私は思う）。

図2−9　出生年別にみた少年非行率の推移

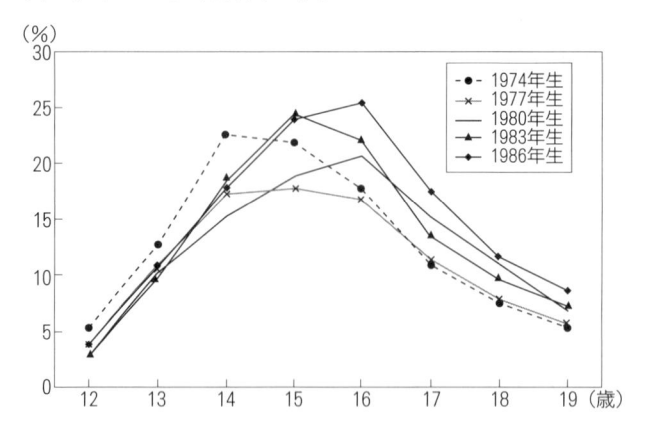

（注）1）警察庁の統計及び総務省統計局の人口資料による。
　　　2）「非行少年率」とは、ある年に生まれた少年が12歳から19歳までの各年齢において非行少年となった率（同年齢人口1,000人当たりの少年一般刑法犯検挙（補導）人員の比率）をいう。

資料：法務省『平成18年度版 犯罪白書』

　図2−9から理解できることは、1974年生まれの人が犯罪で検挙される年齢のピークは14歳である。一方で、1986年生まれの人が犯罪で検挙される年齢のピークは16歳となっている。すなわち、少年犯罪の高年齢化が進んでいることが理解できる。少年犯罪が低年齢化しているという指摘も、マクロ的にみると間違いなのである。

図2−10　暴走族における成人比率の推移

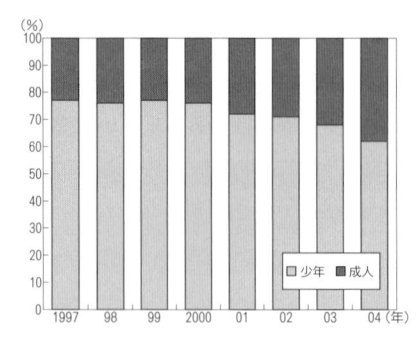

資料：法務省『平成17年度版 犯罪白書』

図2-10は、暴走族における成人比率の推移である。図2-10から、暴走族の高年齢化が進んでおり、着実に成人比率が拡大していることが理解できる。暴走族は20歳になったら引退と思っていたのに、20歳になっても、ますます頑張るという状況になりつつある。一例として、2005年の埼玉県内の暴走族の現状は、OBによる成人暴走族の数は増加傾向にあるという（読売新聞、2006年4月6日）。暴走族の事例をはじめ、今日では、少年犯罪は低年齢化ではなく、高年齢化の傾向が強まっている実態がある。

テスト5　少年犯罪は凶悪化の傾向が強まっているのか

　しばしば少年犯罪が「凶悪化している」とも指摘される。少年による凶悪な事件は少なくない。確かに個別事例でみれば、凶悪的な少年犯罪はあると思われる。全体的な視点でとらえても、やはり少年犯罪の凶悪化が進展しているのだろうか。

図2-11　少年刑法犯の殺人検挙人員の推移

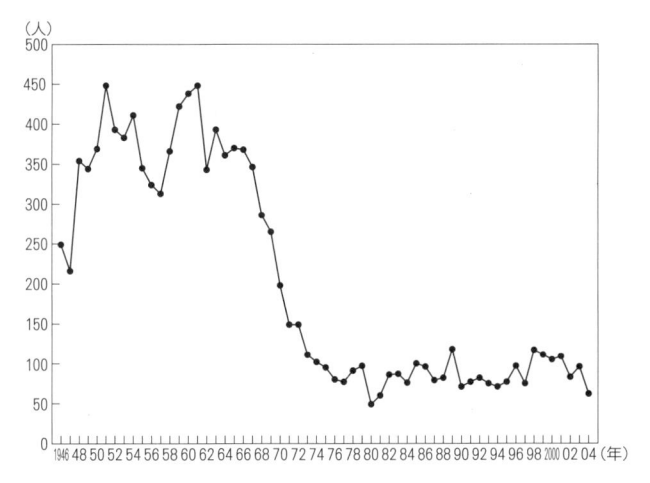

資料：法務省『犯罪白書』（各年次）

　図2-11は、少年刑法犯の殺人検挙人員の推移を示したものである。この数字も趨勢的に減少してきている（減少してきても、依然として、約60人の少年

第2章　政策形成能力を確認する9のテスト　*43*

が殺人事件を起こしているため問題である）。この数字だけで判断するならば、必ずしも、少年事件の凶悪化の傾向が高まっているとは指摘できないと思われる。

　読者は、1997年に起きた神戸連続児童殺傷事件（酒鬼薔薇事件）を覚えているだろうか（知っているだろうか）。同事件は、数か月にわたり、複数の小学生が殺傷された事件である。通り魔的犯行や遺体の損壊が伴った点、特に被害者の頭部が「声明文」とともに中学校の正門前に置かれた点、さらに地元新聞社に「挑戦状」が郵送された点など、強い暴力性が伴う特異な事件であった。そして、その犯人がいわゆる「普通の中学生」であった点は、社会に衝撃を与えた事件である。

　当時、犯人を「少年A」と呼び、「少年事件が凶悪化している」という印象を与える契機となった。しかし実際は、当時としては、戦後の中で4番目に少年による殺人事件が少なく、少年事件は極めて落ち着いている時期であった。「当時は少年事件が落ち着いていた……」と言われても、読者はそのように思わないかもしれない。しかし、数字を冷静に判断すれば、実は当時は、少年事件が落ち着いていた時期なのである。

　なぜ私たちは、少年事件が「多発化」し「低年齢化」して、そして「凶悪化」していると思ってしまうのだろうか。少年犯罪に対して間違った認識を持ってしまうのだろうか。その一つの要因として、私はマスコミの影響が大きいと考えている。図2－12は、主要4紙における「少年犯罪」という語句の推移である。

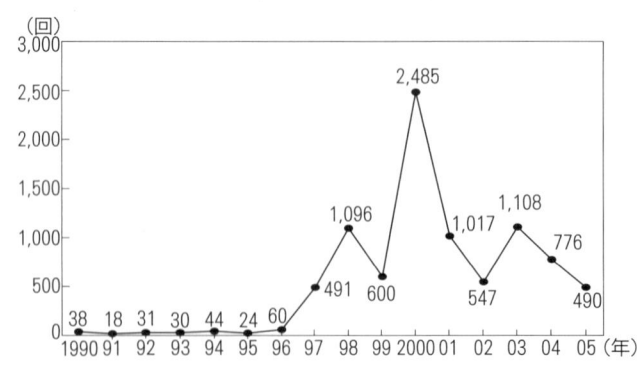

図2－12　主要4紙における「少年犯罪」という語句の推移

年	回
1990	38
91	18
92	31
93	30
94	44
95	24
96	60
97	491
98	1,096
99	600
2000	2,485
01	1,017
02	547
03	1,108
04	776
05	490

（注）朝日新聞、産経新聞、毎日新聞、読売新聞の合計である。

図2-12をみると、1990年は38回しか「少年犯罪」という語句が登場していない。1紙あたり1年間で10回弱の掲載である。しかし、1997年の神戸連続児童殺傷事件から、急激に増加しはじめ、2000年は2,485回も掲載されている。この数字はすごい。1紙あたり、年間約620回も「少年犯罪」という語句を表記していることになる。1日あたりで計算すると、約1.7回掲載していることになる。

　毎日のように、4紙に「少年犯罪」という言葉が載っているような日々は、「少年犯罪」という語句のシャワーを浴びているようなものである。そのため、実際は少年犯罪が減少傾向にあっても、増加している印象を持ってしまったのだと考えられる。

　その結果が図2-13である。図2-13は、「少年非行は増加しているか」という質問の国民回答である。2001年から2005年に対し、実際は少年非行は比較的落ち着いているのが現状であるが、少年非行が「増えている」と回答した者の割合が約8ポイントも増加している。これは、やはりマスコミ報道の影響が大きいと思われる。

図2-13　少年非行は増加しているか

2005年1月調査：かなり増えている 66.1、ある程度増えている 27.0、減っている 0.2、わからない 2.4
2001年11月調査：かなり増えている 58.9、ある程度増えている 33.5、減っている 0.6、わからない 2.7

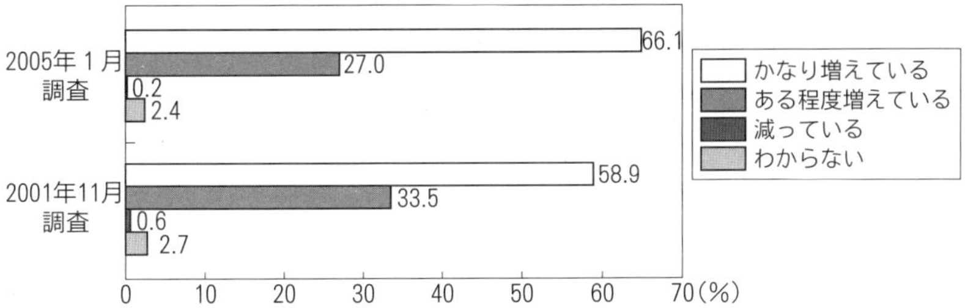

資料：内閣府「少年非行等に関する世論調査」（2005）

テスト6　子どもの連れ去り、殺害事件が多いのか

　最近、子どもの連れ去り、殺害事件が多いと言われる。そのため、小学校の全児童に対して防犯ブザーを配付している地方自治体も多々ある。また、広島小1女児殺害事件、宇治学習塾小6女児殺害事件、栃木県今市市女子児童殺害

事件など、外で子どもが狙われる犯罪が後をたたない。このような現状をとらえると、子どもが連れ去られ、殺害される事件が多発しているような印象を持つ。果たしてそうだろうか。

まずは、子どもが殺害された件数を確認しておきたい。図2−14は、13歳未満の殺人被害者の認知件数の推移である。減少傾向にあることがうかがえる。

図2−14　13歳未満の殺人被害者の認知件数の推移

年	1989	90	91	92	93	94	95	96	97	98	99	2000	01	02	03	04	05
件数	186	158	140	146	147	116	133	100	106	121	87	100	103	94	93	111	105

資料：警察庁

次に、路上で13歳未満の子どもが殺害された事件の推移をみてみる（図2−15）。これを見ると、子どもが路上で殺害されるということは少ないことが理解できる（「少ないから」といって、子どもたちの命を軽視しているわけではない。ここでは、事実を記しているだけである）。

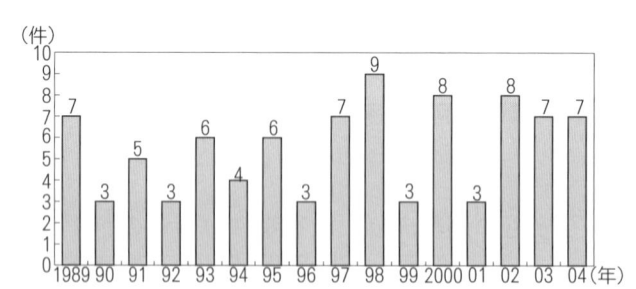

図2−15　路上で13歳未満の子どもが殺害された事件の推移（未遂も含む）

年	1989	90	91	92	93	94	95	96	97	98	99	2000	01	02	03	04
件数	7	3	5	3	6	4	6	3	7	9	3	8	3	8	7	7

（注）　路上とは、道路法第3条の一般国道、都道府県及び市町村並びに一般交通に供する私道の各道路上をいう。

資料：警察庁

そして図2-16の数字は、私が衝撃を受けたものである。それは、13歳未満の殺人被害者の認知件数のうち加害者が被害者の家族である場合の推移である。図2-16でいう家族とは、実・養父母、継父母、継子、兄弟姉妹、その他の家族をいう。この数字をみると、子どもを殺害する加害者は、家族が比較的多いと判断される。

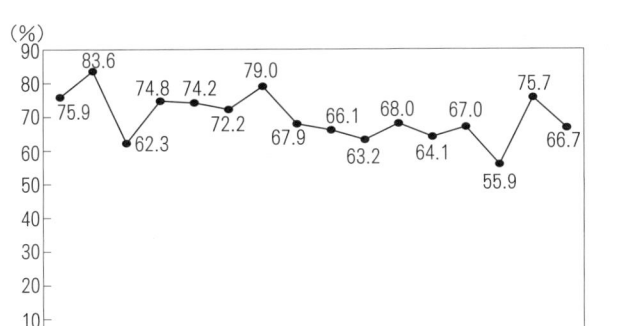

図2-16　13歳未満の殺人被害者の認知件数のうち加害者が被害者の家族である場合の推移

年	1990	91	92	93	94	95	96	97	98	99	2000	01	02	03	04	05
(%)	75.9	83.6	62.3	74.8	74.2	72.2	79.0	67.9	66.1	63.2	68.0	64.1	67.0	55.9	75.7	66.7

資料：警察庁

　図2-16をみると、子どもの殺害事件に平均で約7割が、家族が加害者という傾向を示している。
　以上で示した図2-14から図2-16の結果を考えると、見知らぬ人が路上で子どもを連れ去り、殺害するという事件は、極めてまれなケースととらえることができる。ほとんどないケースだからこそ、マスコミは大々的に取り上げるのだと思う。そして、そのマスコミの情報に影響され、「見知らぬ人が路上で子どもを連れ去り、殺害する事件が多くなっている」と、私たちは勘違いしてしまうのだと思われる。

テスト7　日本は非婚化が顕著なのか（進んでいるのか）

　この「日本は非婚化が進んでいるか」ということは、実は「はい」とも「い

いえ」とも両方言うことができる。日本の婚姻率の現状を海外の各国と比較すると、必ずしも日本は非婚化が進んでいないと指摘することができる（表2－3）。

表2－3　各国における婚姻率・離婚率の現状

（単位　1,000人当たり）

	国（地域）	婚姻率	離婚率		国（地域）	婚姻率	離婚率
1	ドミニカ共和国	2.8	1.0	26	スイス	5.3	2.4
2	ベネズエラ	2.8	…	27	オーストラリア	5.4	2.7
3	アルゼンチン	3.4	…	28	メキシコ	5.6	0.6
4	チリ	3.6	…	29	フィンランド	5.6	2.5
5	エルサルバドル	3.8	0.6	30	日本	5.7	2.1
6	ニカラグア	3.9	0.6	31	タイ	5.8	…
7	ブルガリア	3.9	1.5	32	ウクライナ	5.9	3.7
8	グアテマラ	4.2	…	33	イスラエル	6.0	1.7
9	ベルギー	4.2	3.0	34	タジキスタン	6.0	0.4
10	イタリア	4.3	0.7	35	香港	6.0	…
11	ハンガリー	4.3	2.4	36	ベラルーシ	6.1	3.0
12	フランス	4.3	2.1	37	ルーマニア	6.2	1.5
13	キューバ	4.5	3.2	38	韓国	6.5	2.9
14	オランダ	4.5	1.9	39	中国	6.7	1.3
15	ギリシャ	4.6	0.9	40	ウズベキスタン	6.8	0.6
16	カナダ	4.7	2.2	41	キルギス	6.8	1.0
17	オーストリア	4.7	2.4	42	ロシア	6.8	4.4
18	ポルトガル	4.7	2.2	43	デンマーク	7.0	2.9
19	スウェーデン	4.8	2.2	44	イラク	7.3	…
20	ドイツ	4.8	2.6	45	アゼルバイジャン	7.5	0.8
21	スペイン	5.0	0.8	46	カザフスタン	7.6	2.1
22	チェコ	5.0	3.2	47	アメリカ合衆国	7.8	…
23	ポーランド	5.0	1.5	48	イラン	8.9	0.9
24	イギリス	5.1	2.8	49	ヨルダン	10.0	1.8
25	スロバキア	5.2	2.0	50	ベトナム	12.1	0.5

資料：総務省統計局（http://www.stat.go.jp/data/sekai/02.htm#02-16）

しかし現在、日本において一般に指摘されていることは、過去と比較した上

での生涯未婚率の上昇を言っているのだと思う（図２－17)。この視点に立てば、日本では非婚が進んでいると指摘できる。ちなみに、生涯未婚率とは50歳時点で一度も結婚をしたことのない人の割合を指す。

図２－17　日本における生涯未婚率の推移

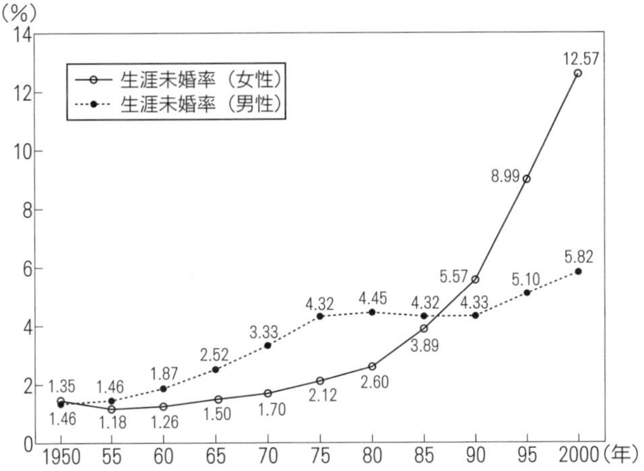

(%)
14
12
10
8
6
4
2
0
生涯未婚率（女性）
生涯未婚率（男性）
12.57
8.99
5.57
5.82
5.10
4.32
4.45
4.32
4.33
3.33
3.89
2.52
1.87
2.60
1.35
1.46
2.12
1.46
1.18
1.26
1.50
1.70
1950
55
60
65
70
75
80
85
90
95
2000（年）

資料：厚生労働省「人口動態統計」、国立社会保障・人口問題研究所「人口統計資料集」

表２－３と図２－17から言えることは、「物の見方にはいろいろある」ということだ。海外の各国と比較すると、日本は必ずしも非婚が進んでいるとは言えない。しかし、日本国内に限定して過去と比較すると、日本は非婚が進んでいると言える。

個人的な見解であるが、日本において非婚が進んでいることが問題ではなく、非婚を是認しない従来のシステム（制度）に問題があるのだと思っている。民法をはじめ様々な法制度は、「結婚を前提（家庭を持つことが前提)」として設計されているような気がする。そのため、非婚という現象が様々な障害をもたらしていると思っている。

日本が今後も、非婚が進むという傾向にあるのならば、日本の様々なシステムを非婚が増えてもいいように対応していく必要があるだろう。そうすることにより、現在の非婚は、それほど大きな問題にならないと（勝手に）思っている。

> **テスト 8**　本当に小学生の半数は週2時間以上もインターネット利用しているのか

　結論から言うと、この調査は間違いである。なぜかというと、ポイントは、「オンラインアンケートサービスgooリサーチ」のアンケート調査だからである。つまり、インターネットを使わないと回答できないところにポイントがある。

　普段からインターネットを使用している子どもたちが、このアンケート調査に「インターネットを利用」して回答している。その結果であるため、「小学生の半数は週2時間以上」がインターネットを使用するという回答になるのである。普段、インターネットを使用していない子どもたちは、アンケート調査に回答することができなくなっている。そもそもの時点で、サンプルにバイアスがかかっているのである。

　このように、回答者の偏（かたよ）りがある（バイアスがかかっている）アンケート調査は多々あるため、注意してほしい（詳細は次章で言及する）。

　個人的に一番問題と思っていることは、何人かの大学の先生が、この調査結果を使用し「子どもたちの間でもIT化が進んでいる」と明言していることである。そもそものサンプル収集の時点で問題があると私は思っているが、その大学の先生たちは、「そんなの関係ねぇ」という感じで、自分の主張である「子どもたちの間でもIT化が進んでいる」を訴えている。これは困ったことである（そんな教員に学ぶ学生がかわいそうである）。

　大学の先生は、実際に政策を開発する主体者でないからよいと思われる。しかし、自治体職員は絶対にしてはいけないことである。間違った調査を使用して政策開発を進めると、当然、実態とはあわない政策を提案してしまうことになる。その結果、間違った政策が誕生してしまう。そして間違った政策は、住民福祉の減退を招くだけである。このことは、よくよく注意してほしい。

> **テスト 9**　地方環境税の導入は、地方自治体の税収に効果があるのか

　2000年から、法定外税が「国による許可制」から「事前協議制」に改められた。その結果、法定外税を採用する地方自治体が増加しつつある。様々な法定外税があるが、その多くが地方環境税と称されるものである。

29頁Q9の参考資料が、地方環境税を採用した地方自治体の一部である（2003年調査）。地方自治体が採用する地方環境税の背景は、環境保全に関係する税であれば、住民や事業者の同意を比較的とりつけやすいという意図がある。
　この地方環境税の採用は、地方自治体の税収拡大について、プラスに働くのか、マイナスに働くのか。どうだろうか。
　明らかになっている税収の数字を検討すると、地方環境税による税収効果は、それほど地方自治体の財政に寄与しているとは言えない。例えば、高知県の会計においては1.1％程度の比重しかない。また、河口湖町に至っては0.6％となっている。
　ある地方自治体は、地方環境税の導入により、初年度約3,000万円の歳入増があった。その地方自治体の財政状況は、概してよくないため、この約3,000万円の増収も貴重である……と思ったら、その地方環境税を実施するために、新しく担当課を設置し、課長1名と担当職員2名を配置したそうだ。この3名の人件費を考えると、地方環境税による税収効果は意味がなくなってしまうのではないか。
　もちろん、昨今は地方自治体を襲う財政難が緊急の課題であるために、少しでも歳入が増えることは望ましい。しかしながら、地方環境税による増加分は微々たるものである。大局的な視点から検討しないと、人件費がかかり手間暇だけかかり、何ら貢献しないことになりかねない。実際、そのような地方自治体が多い。そこで私は、「税収目的とした地方環境税はあまり意味がない」と思っている。

　本章で記した以外に、政策形成能力を確認する質問は多々ある。例えば、「日本経済は第3次産業が救うのか」とか、「外国人犯罪が多く凶悪化しているのか」などである。いろいろとあるが、字数の関係上、今回は9問だけを紹介した。
　最後に、次の点を確認したい。政策形成能力を高めるため、ある現象をとらえる視点は次のとおりである。

> ① 通説に疑いの視点を持って考えること。
> ② 様々な視点を持って考えること。
> ③ 数字には必ず背景があることを知ること。

　自治体職員の政策形成能力を高めていくためには、私の個人的な見解としては、まずは「一般的に言われていることに対して、疑いの目を持って考察する」という行動が重要であると思っている。よくよく調べると、通説には間違いが多いことがある。まずは疑ってみて、自分で地道にデータを集めて、考察する行動が重要と思っている。

　また、ある現象を複眼思考という様々な視点から検討する習慣を持つことも大事である。通説に疑いを持って、次の様々な視点を持って考えていく。「その通説本当かな」「この問題は別の視点から見ると問題ではないのではないか」など、いろいろな視点を持って考えることが大切である。

　そして、数字には必ず背景があるので、その数字が持つ意味をとらえていくことも重要である。「なぜ、ここだけ突然増えているのだろうか」「なぜ、突然減っているのだろうか」と考え、その数字の真実を正確に把握することが、すごく重要であると思っている。

　さて、本当に最後になるが、また読者に質問である。サザエさんの旦那さんの「マスオさんの年齢はいくつ」と思われるか。さらに、「バカボンのパパは何歳」と思われるか。その回答は、フグ田マスオさんは28歳である（私より、はるかに若い！）。とても28歳の風貌には私は見えなかった。私は30歳半ばと思っていた。

　そしてバカボンのパパは41歳である。私は50歳くらいと思っていた。私は、まだまだである。私は勝手な先入観にとらわれていた。この先入観を払拭することも、政策開発を進めていくためには大切である。その意味では、本章で9つの質問と回答を行ったが、その回答も疑ってもらいたい。

　本章では政策形成能力の基本的視点を確認した。次章では政策開発を進めるため、9つのヒントを言及する。

第3章 政策開発を進める9のヒント

　本書の第Ⅰ部は、私（牧瀬）が自治体の職員研修において、講師として話している内容を紹介している。自治体職員が政策開発を進める際、まずは既存の統計資料を確認することになる。第3章では、その既存の統計資料を正しく把握するため（騙されないため）の視点として、「政策開発を進める9のヒント」として言及する。

　ここでは、基礎的な技法を紹介することにとどめる。応用的なテクニックは、また機会あるときに言及したいと思っている。また本章は、体系立てて紹介するのではなく、私が思いついた順に9のヒントを記すことにする。

ヒント1　グラフの目盛に注意する

　図3－1と図3－2をみてほしい。これらの図は、2つの地方自治体の市税の推移をみたものである。

図3－1　A市における市税の推移

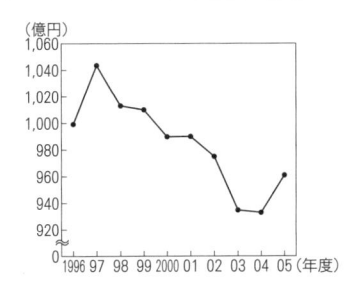

図3－2　B市における市税の推移

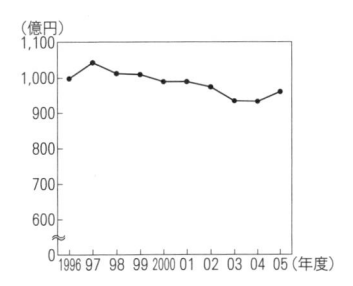

　図3－1の地方自治体の市税は、最近では若干、盛り返しているが、全体と

しては落ち込みが激しく、早急に何かしら対策を打たなくてはいけないかもしれない。一方、図3－2の地方自治体は、市税の推移は落ち着いており、今後も、しばらくは安定した日々が続きそうである。

　と思ったら、大間違いである……

　実は、図3－1も図3－2も同じ地方自治体の市税の推移である。相模原市の市税の変化を示したグラフである（図3－1、図3－2とも、資料は「相模原市統計書」による）。なぜ、同じデータを用いたのに、図3－1と図3－2から受ける印象が異なるのであろうか。

　繰り返すが、図3－1であると、すごく市税の推移が激しいため、「相模原市の歳入は大丈夫か」と気になってしまう（特に生まれてから今日まで住民である私は心配で眠れなくなってしまう）。そのため「何かしら対策を立てなくては……」という思いに駆り立てられる。一方で、図3－2は市税の上下の変動が大きくないため、「相模原市は、それなりに市税を確保している」と判断でき、「まだ何も対策を立てなくても大丈夫」という思いになる（枕を高くして眠れる）。

　同じ数字でも「違う」印象を生じさせる原因は、グラフの作成の仕方にある。図にある左の目盛を見てもらいたい。図3－1は「20」億円ごとに数字を刻んでいる。しかし図3－2は、「100」億円ごとの数字である。このように、左目盛の数字の幅を変えることで、同じ数字を使用しても、異なった印象を与えることが可能である。このような図の作図は、今日では一つのテクニックとして使用されているため、注意してほしい。

　マスコミが危機感をあおる場合は、図3－1の手法を採用することが多い。すなわち、左目盛を細かく刻むことで、折れ線グラフや棒グラフなどの上下の幅を「意図的」に大きくみせるのである。自治体職員が政策を開発するときは、この手法に騙されずに、冷静に数字を判断しなくてはいけない。

　最近では、エクセルなどの統計ソフトを活用することにより、簡単にグラフが作成できる。そのため、「グラフに騙されないようにする」ことが重要であるし、「自分が主張したい方向にグラフをうまく作図する」ことも可能である。ちなみに付言しておくと、統計学では、左目盛りが「0」からスタートしていないグラフは「無意味」「信憑性がない」などととらえられている。

ヒント2 「基準年」を疑う

　前記では左目盛りを変えることにより、グラフを使って騙されてしまう（騙す）テクニックを紹介した。そのほか、グラフの形態を利用して「異なった印象を持ってしまう」「自分の結論に近づける」技法として、「基準年として設定して比較する」という手段がある。

図3－3　中国における都市世帯100世帯当たりの平均保有台数の推移

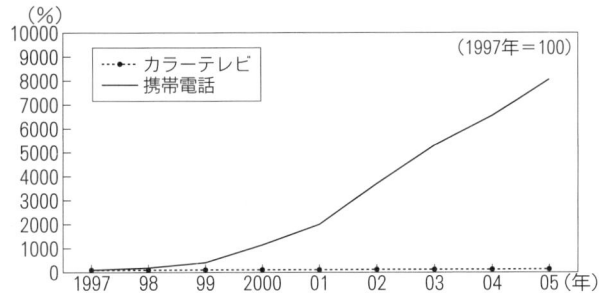

資料：『中国統計年鑑』

　図3－3は、中国（China）における都市世帯100世帯当たりの、カラーテレビと携帯電話の平均保有台数の推移である。図3－3を見ると、カラーテレビはほとんど変化がなく、携帯電話は急拡大している様子が理解できる。その結果、「カラーテレビよりも携帯電話のほうがはるかに多く普及している」と思ってしまったら、それは大きな間違いである。

　図3－3は、1997年を基準年としている（1997年を「100」と設定）。そして、1997年からの増加の推移を示していることにより、「携帯電話が多く普及している」という錯覚を与える原因となっている。カラーテレビと携帯電話の実際に普及している台数は、図3－4のとおりである。

図3-4　中国における都市世帯100世帯当たりの平均保有台数

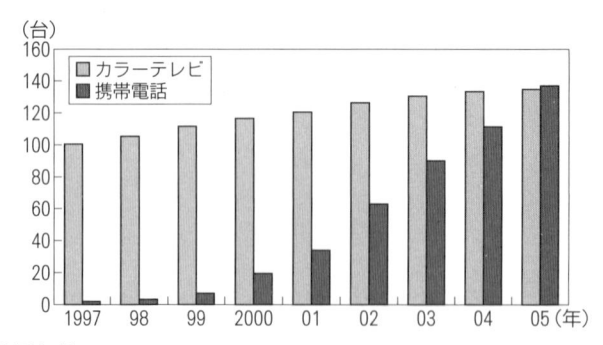

資料：『中国統計年鑑』

　図3-4から分かるように、カラーテレビと携帯電話の保有台数は、それほど変わらないのが実態である。確かに図3-4からは、携帯電話が急激に浸透している様子が理解できる。しかしながら、携帯電話がカラーテレビよりもはるかに多いということではない。もともと携帯電話が少なかったために、急激に広まっていったことは事実である。2005年においては、携帯電話もカラーテレビも、台数的にはほとんど変わらないのが実態である。

　このように、ある年（時期）を基準（100）として設定することによって、「いかにも携帯電話のほうが、はるかに中国市場を席捲している」という印象を持たせることができる。このようなグラフを作成することにより、本来の事実とは異なった印象を与えることがあるため、注意が必要である。

　また「対前年増減比」という手段で作成されたグラフを見るときも、注意が必要である（特に「対●●増減比」という表現に注意してほしい）。この「対前年増減比」の意味するところは、「1年前との増減でグラフを作成する」ということになる。この場合は、折れ線グラフや棒グラフが上下に大きくぶれる傾向があるため、グラフを一見すると「不安定」な印象を持つことが多い。このようなグラフに接するときも、グラフから判断するのではなく、もとの数字にあたり冷静にとらえていかなくてはいけない。

コラム　シンプル イズ ベスト

　図の作成に情熱を注ぐ人がいる。それは否定しないが、図はシンプルがよい。あまりにも凝りすぎた図は、見栄えを悪くし、「伝えたいこと」が伝わらなくなってしまう。例えば、下に2つの図がある。これらは同じデータを用いて作成した図である。読者は、どちらのほうが見やすく、図の意図が伝わるだろうか。

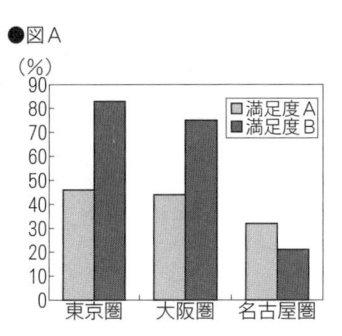

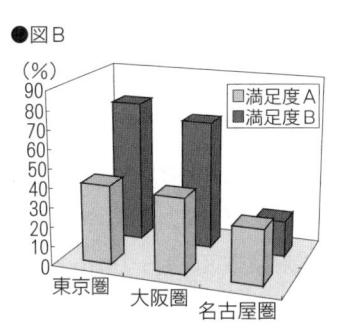

●図A　　　　　　　　　　●図B

　多くの読者は「図Aで十分」という回答になると思われる。図Aの棒グラフだけで、各圏における満足度の差異は十分に理解できる。より凝って図Bにしてもよいのだが、データの優劣がわかりにくくなり、一見して「何がいいたいのか」理解できない（ゆっくりと時間をかければ理解できる）。
　図の作成にこだわりを持つことも大切ではある。しかし、私のスタンスとしては、やはり「シンプル イズ ベスト」であり、「パッと見で理解できる」ことに比重をおいた図を作成したほうがよいと思っている。

ヒント3　データ収集のサイト

　政策を開発していくには、既存の統計資料にあたることは必須である。下記は、私がよく使用するサイトである。いずれも無料で貴重なデータが手に入るため重宝している。

・総務省統計局のサイト（http://www.stat.go.jp/）
　→国勢調査そのほか、国勢の基本に関する統計調査の結果がある。都道府県・市区町村のデータを網羅している。しかもエクセルで入手できるため、私

は、まず、この統計局のサイトをあたるようにしている。
- 統計データポータルサイト（http://portal.stat.go.jp/）
  →各府省庁が実施しているあらゆる統計データを集めたポータルサイトである。各府省庁の統計サイトへのリンクだけでなく、行政分野を選んでいくことで、府省庁を横断してデータを収集することができる。
- 東京都の統計（http://www.toukei.metro.tokyo.jp/）
  →ここでは東京都の統計を紹介しているが、統計部門のサイトは、各都道府県庁が持っている。都道府県によって充実度に差がある。この各都道府県庁の統計部門のサイトも必須である。例えば、戸田市であるならば埼玉県の統計部門のサイトをチェックしなくてはいけない。相模原市であるならば神奈川県の統計部門のサイトは確認しておく必要がある。
- 「都道府県市区町村」（http://uub.jp/）
  →都道府県・市区町村の興味深いデータが満載である。一度、訪問してみるとよいと思う。
- 全国条例データベース（http://joreimaster.leh.kagoshima-u.ac.jp/）
  →1万7,000以上の条例などを分類・リンクしているようである（日々、増加している）。多くの条例を自治体別に閲覧できるため、特に法務担当者はいろいろと活用できるだろう。
- 法令データ提供システム（http://law.e-gov.go.jp/cgi-bin/idxsearch.cgi）
  →法令（憲法・法律・政令・勅令・府令・省令・規則）の内容を検索・閲覧可能である。私はキーワードを入れ、そのキーワードに関する法令を検索することが多い。
- 論文情報ナビゲーター（http://ci.nii.ac.jp/）
  →国立情報学研究所（http://webcatplus.nii.ac.jp/）は、多くの学協会から許諾を得て、紙媒体の約300万件の論文をPDF化し公開している。大学教員などの研究者が発表している研究を調べるのに適している。
- 東京大学SSJ・アーカイブ（http://ssjda.iss.u-tokyo.ac.jp/）
  →研究者が独自に実施したデータが蓄積されている。

そのほか多々あるが、本書では「基本的なサイト」として、この程度を紹介

しておく。また、地方自治体であるならば、官庁速報（http://jamp.jiji.com）を活用することも考えられる（官庁速報は個人でも月１万円で閲覧することは可能である。私も入会している）。さらに有料サイトとして、様々な新聞記事検索サイトや判例検索サイトもあるので、適宜、（予算が確保できたのならば）使用するとよいと思う。

ヒント 4　検索サイトによるデータ収集

　私の経験から習得した、「効率よく他の地方自治体の政策事例を収集する」一つの手法を紹介したい。地方自治体は、よく言えば「競争意識」を持っている。それを悪く言えば「横並び意識」となる。いずれにしろ、地方自治体は他の地方自治体の動向が気になるものである。

　自治体職員が、何かしら事業を提案したり、施策を検討するときは、他の地方自治体の動向を調べることが多いと思われる。そのときに活用できるサイトが、前記した「官庁速報」である。しかし、それだけでは物足りないと思う読者は、次で紹介する手法を活用するとよいだろう。

　例えば、他の地方自治体が「どのようなまちづくりをしているか」と気になったとき、自治体職員は検索サイトで「まちづくり」で検索すると思われる。その結果は、様々な「まちづくり」がひっかかってくる（図３－５）。

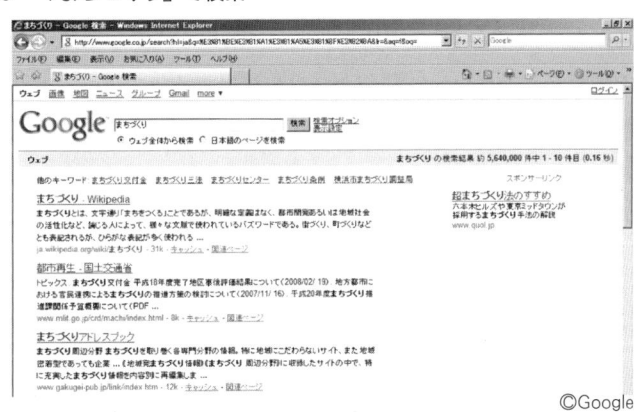

図３－５　「まちづくり」で検索

©Google

図3－5を見ると分かるとおり、実にたくさんの「まちづくり」が抽出される。この多くの「まちづくり」の中で、地方自治体の「まちづくり」を探していくことは、極めて効率が悪い。そこで、次のキーワードを追加して検索することをお薦めする。それは「まちづくり○city」（○は1文字空けの意味）である。その結果が図3－6である。

図3－6　「まちづくり○city」で検索

※○は一文字空けの意味

©Google

　最初に抽出されているのは、横浜国立大学のサイトであるため、地方自治体の「まちづくり」ではないが、その後は広島市・横浜市・松山市・横浜市と地方自治体の「まちづくり」がひっかかっている。図3－6は図3－5と比較して、かなり地方自治体に絞られたことが分かると思う。その理由は「city」を検索に追加したことにより、「ドメイン」（URL）も検索の対象となったからである。すなわち、調べたい「語句」だけに注目するのではなく、「ドメイン」にも着目することがポイントとなる（図3－7）。

図3-7　「ドメイン」(URL) に着目する

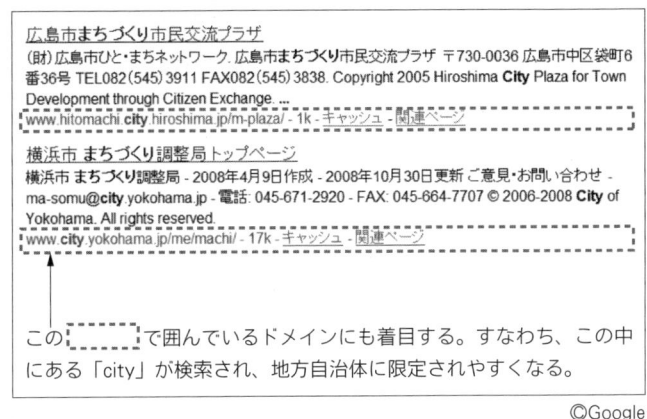

```
広島市まちづくり市民交流プラザ
(財)広島市ひと・まちネットワーク．広島市まちづくり市民交流プラザ 〒730-0036 広島市中区袋町6
番36号 TEL082(545)3911 FAX082(545)3838. Copyright 2005 Hiroshima City Plaza for Town
Development through Citizen Exchange. ...
www.hitomachi.city.hiroshima.jp/m-plaza/ - 1k - キャッシュ - 関連ページ

横浜市 まちづくり調整局 トップページ
横浜市 まちづくり調整局 - 2008年4月9日作成 - 2008年10月30日更新 ご意見・お問い合わせ -
ma-somu@city.yokohama.jp - 電話: 045-671-2920 - FAX: 045-664-7707 © 2006-2008 City of
Yokohama. All rights reserved.
www.city.yokohama.jp/me/machi/ - 17k - キャッシュ - 関連ページ
```

この[　　]で囲んでいるドメインにも着目する。すなわち、この中にある「city」が検索され、地方自治体に限定されやすくなる。

©Google

　検索の言葉として「city」を追加する。そうすることにより、「まちづくり」とドメインの「city」がひっかかってくる。すなわち、「地方自治体のまちづくり」が抽出される可能性が高くなる。

　また、地方自治体の「環境政策」を調べたいのに、「環境政策」で検索すると、地方自治体に加え、国やNPO法人をはじめ民間企業など様々な環境政策がヒットしてしまう。しかし、「環境政策」に1文字あけて「city」で検索すると、地方自治体の環境政策に限定されやすくなる。これが1つのテクニックである。ぜひ覚えておくとよいと思う。

　この応用パターンとして、都道府県の場合は「city」ではなく「pref」とするとよい。また、最近の地方自治体（市区）は、「city」というドメインではなく、「lg」を使用する傾向も強まっている。そこで「city」に加え、「lg」で検索することも試みてほしい。この「lg」とは「local government」の略である。そして町や村であるならば「town」となる。国ならば「go.jp」である。このように、ドメインに着目することが大切である。

　さらに言えば、「まちづくりに関する報告書が欲しいな……」と思ったときは、「まちづくり○報告書○doc」と検索する。最後の「doc」とは、文書ファイルの意味がある。ワードの拡張子は「doc」であるため、ワードで作成されたまちづくりの報告書が入手しやすくなる。あるいは、「人口の推移がエクセ

ルで欲しいなぁ」と思った場合は、「人口推移○xls」とするとよい。この「xls」とはエクセルファイルの拡張子である。このように想像力を働かせて、ドメインに着目することが、効率よく情報を収集する技法である。なお、パワーポイントは「ppt」であり、PDF化された文書ファイルは「pdf」で検索するとよい。

　検索サイトのグーグル（http://www.google.co.jp/）の場合は、実はいろいろなテクニックがある。その中で、私が使用しているのは「マイナス」の機能である。図3－6を見てほしい。そこには地方自治体の取り組みとして、広島市・横浜市・松山市・横浜市があった。ここで横浜市の事例は必要ないと判断したのならば、「まちづくり○city○-横浜市」とする。検索の中の最後に「半角マイナス（-）」と「横浜市」と打ち込んでいる。その結果が図3－8である。

図3－8　「まちづくり○city○-横浜市」で検索すると……

©Google

　図3－8を見れば気が付くと思われる。ここでは、横浜市の事例が消えている。これはグーグルで使用できる機能である。この「マイナス」を活用することで、必要のない情報を削除していく機能がグーグルにはある。この機能をうまく活用するとよい。何回か「-●●●」を繰り返していくと、自分のほしい情報に近づいていく。この手法は、読者に役立つのではないだろうか。

私は、私を含めて人の考える政策提案は、それほど差が生まれないと思っている。人の発想には大差がない。では、何が大きな差となるのか。それは政策開発までのスピード（時間）である。そのスピードを高めるのが、本章で紹介している内容であり、特に今回紹介したインターネットを使用した情報収集である。いかに早く情報を収集するか……この能力が、いま問われている。

コラム　神奈川新聞より山梨日日新聞が多く読まれている？

> 妹　「山梨日日新聞は、山梨県で64.4％も読まれているんだよ。たくさんの人が読んでいるよね」
> 私　「すごいねぇ。神奈川新聞はたった5.9％だよ。ぜんぜん購読者が少ないよね」

　これは山梨県の由緒あるお寺に嫁いで行った妹と私の会話である。この会話を見ると、山梨日日新聞のほうが神奈川新聞よりも、多く購読している……と思ったら間違いである。実は購読者数でいうと、神奈川新聞のほうが多い。その理由は、「県民の数が違う」からである。

　2005年の国勢調査によると、山梨県の人口は884,515人である。そして神奈川県の人口は8,791,597人と、山梨県と比較して神奈川県のほうが約10倍も多い。神奈川県のほうが山梨県よりも、はるかに多くの住民が住んでいるのである。上記の会話のとおり、確かに地方紙の世帯普及率は、山梨日日新聞が神奈川新聞より高くなっている。しかし、人口を基準にして考えると、実際は人口の多い神奈川新聞のほうが読まれるという結果になる。

　社団法人日本ＡＢＣ協会の調査結果によると、2007年5月の集計で、山梨日日新聞は209,470部数の発行であるのに対し、神奈川新聞は214,977部数となっていて、神奈川新聞のほうに軍配があがっている。

　上記の会話のように、パーセンテージ（％）だけで判断すると、山梨日日新聞のほうが神奈川新聞よりも購買者数が多い感じがする。しかし、もともとの母数である「県民数」が違うため、購読者数は神奈川新聞のほうが多くなる。

　このようにパーセンテージを使用することにより、うまく「騙される」「ごまかす」ことができるため、注意が必要である。パーセンテージに惑わされずに、自分で元のデータにあたり、調べていくことが重要である。

　なお、妹と私の会話は、このようなコウドでハイソサエティな会話はまったくしないことを付言しておく。

ヒント5　演繹と機能の2つのアプローチ

　ヒント3・4でデータ（資料）の収集方法について紹介した。実は、このデータの収集には終わりがない。いくらでも集めることができてしまう。また危険なことは、データの収集は「何となく時間を使っている」ので、仕事をしている気になってしまう。データばかり収集して、アウトプット（成果）がまったく出てこないことがあるため、気を付けてほしい。

　自治体職員の目的はデータを収集することではなく、政策を提案することである。データの収集は手段にすぎないのである❶。そこで、ある程度データが収集できたら、アウトプットの構築に取り組むべきである。つまり、「集めてきて、限られたデータの中から、政策を発想していく」という思考が大切である。

　なお、データを収集する際、最初に「落としどころ」（結論）を決めて、データ収集したほうが効率がよい。そして、収集する過程で結論を変えても、何も問題はない。むしろ、立派な政策開発の過程である。一般的に、政策を考える際、次の二通りの手段がある。

① 演繹的アプローチ
② 帰納的アプローチ

　演繹の意味は、「①諸前提から論理の規則にしたがって必然的に結論を導き出すこと。普通、一般的原理から特殊な原理や事実を導くことをいう。②一つの事柄から、他の事柄に意義を押し広めて述べること」である。そして、帰納の意味は、「個々の特殊な事実や命題の集まりからそこに共通する性質や関係を取り出し、一般的な命題や法則を導き出すこと」である。

　演繹的アプローチとは、「上から考えていく手法」である。そして、帰納的アプローチとは、「下から考えていく手法」である。私は演繹的アプローチの

---

❶　大学教員など研究者の中には、「データ収集」が目的化していることが多々ある。社会に何ら貢献しない研究者ならば、それでもよいと思われる（「すべての研究者が社会に貢献していない」といっているのではない。そのような研究者も稀にいるということだ）。しかし、自治体職員は住民の福祉を増進していくための政策開発と政策提案が目的である。データ収集が仕事ではないのである。この点に気を付けてほしい。

採用を薦めている。具体的には、結論を決めて（「結論」とは「仮説」ということもできる）、その結論を立証するためにデータを収集していくのである。そのほうが絶対に効率的であると思っている。そして、データ収集の過程で結論を変更しても、何ら問題はないと思っている。

ヒント6 レトリックで強調する

　小宮清氏は、レトリックを用いて強調することのテクニックを薦めている。レトリックとは、「修飾的な語句を用いて、言いたい内容を強調すること」を意味する。例えば、「さらに驚くべきことがあります」「さらに問題はこれだけにとどまりません」「これから話す内容がもっとも重要です」「小学生にもわかることです」「3つだけ覚えていただければ結構です」という表現である（小宮清（2004）『シンプル・プレゼンの技術』日本能率協会マネジメントセンター）。

　文章の中に「たったの」「ほんの」「……しか」「さらに」「まさに」「おかしいことに」「……だけ」「実に」「わずか」などの語句を使うことにより、視点をずらしたり、論点をかえたりすることが可能である。逆の視点で考えると、このレトリックの表現に惑わされないことが大切である。

　しばしばマスコミがこのレトリックを使用して、大げさに記事を作成することがある。そのときは、「たったの」「まさに」などのレトリックの語句を塗りつぶしていくと（消していくと）、大して意味のある記事ではないことがある。

　次に、統計のレトリックも紹介しておく。既に紹介したように、レトリックとは「巧みな言葉」「うまい言葉の使い方」という意味がある。これに騙されないようにしてほしい。例えば、横須賀市財政を、財政力指数でみると、次のことが言える。

---
① 　横須賀市の財政は悪い
② 　横須賀市の財政はよい

　実は、横須賀市の財政は、両視点から考察することが可能である。前者の「横須賀市の財政は悪い」とする場合は、母集団（比較対象）を神奈川県内の市に限定して調査すると、横須賀市の財政が悪化していることが分かる。この

ことから、「横須賀市の財政は、県内各市と比較すると、よくない。そのため財政再建が必要である」という論調を展開することが可能である。

　一方で、後者の「横須賀市の財政はよい」というスタンスも可能である。その場合は、母集団（比較対象）を中核市❷に限定して調査すると、横須賀市の財政力指数は中間よりも少し上に位置する。そのため必ずしも悪いとは言えなくなる（横須賀市と比較して、まだまだ悪い中核市はある）。そこで、「横須賀市の財政は中核市と比較すると、決して財政状況は悪いとは言えない」という論調も展開できる。このように、母集団（比較対象）を変えることにより、まったく異なった印象を与えることができる。これもレトリックである。

　さらに言えば、横須賀市における高齢化率も、母集団を変えることにより、2つの視点を提供できる。まず、母集団を神奈川県の各市にすると、横須賀市の高齢化率は大きく進んでいることが分かる。次に、母集団を中核市にすると、実は高齢化率は低い範疇に入ってしまう。母集団を変えるだけで、こんなにも大きな違いになってしまう。

　ある自治体職員のぼやきとして、「あぁ、福祉施策を充実させたいなぁ……そのためには、高齢化率が進んでいることを立証しないとなぁ……」となった場合は、前者の母集団を神奈川県の各市を比較し訴えれば、福祉施策が充実されるかもしれない？

　また、別の自治体職員が、「おぉ！最近は、仕事がいっぱいいっぱいで、福祉施策の拡充は困っちゃうよな。俺を殺す気か！」と憤る前に、後者の母集団を中核市にして説明すれば、福祉施策の拡充は免れるかもしれない？　このように、母集団をうまく変更することにより、異なった印象を与えることが可能である。

　なお、横須賀市だから「神奈川県各市」と「中核市」と比較しているのである。横須賀市なのに、東京都の各市と比較しても、まったく説得力はない。政令指定都市と比較したら、「こいつは大丈夫か」と周りに思われてしまうため、注意してほしい。❸

❷　人口30万以上が中核市になる要件であり、2008年4月1日現在、39市が中核市となっている。中核市候補市は11市ある。中核市には、福祉や都市計画などの分野で、市民生活に密着した事務権限が移譲されるため、自主的、主体的な判断で地域の実情に応じた行政が実現できる。

コラム　政策開発の思想

　思想とは、「体系的にまとまっている意識の内容」「人生や社会についての一つのまとまった考え・意見」という意味である。その人の「信条」と捉えることができる。政策を開発するときにも「思想」は必要である。そして、その政策開発の思想は、自治体職員それぞれ異なると思う。その中で、私が持っている政策開発の思想を紹介したい。それは、「cool brain & warm heart」という格言に集約される。

　これは、経済学者アルフレッド・マーシャルの言葉であり、「冷徹な頭脳と温かな心」と訳される。私は、この言葉を胸中に刻んでいる（つもりである）。政策開発を進める際（施策や事業を検討する際）には、この考えはとても大切だと思っている。

　自治体職員が住民の福祉を向上させていくためには、まずは問題を発見し、次いで問題を解決するための政策を開発する手順をとる。そして、政策開発の過程では、個々人が持つ「冷徹な頭脳」を駆使して、様々な角度から問題を解剖していかなくてはいけない。ここでは、極めて冷静な視点が求められる。しかし、この「冷徹な頭脳」だけによって構築された政策は、血の通った政策ではなく、わざわざ人間である自治体職員がつくる必要はない。パソコンに任せてしまえばよい。

　余談だが、最近の地方自治体の政策開発は、「冷徹な頭脳」に偏りすぎているような気がする。その背景には、「行政運営」から「行政経営」への変化があると思っている。この「経営」という思考は、どうしても「冷徹な頭脳」重視となってしまう傾向がある。その結果、採算のあわないものは「切り捨てる」ことになってしまう。私は、この傾向をよいとは思っていない。

　政策開発は「冷徹な頭脳」で客観的に判断しつつ、「○○市を絶対によくしていくんだ！」（「○○」は読者の関係している地方自治体名が入る）という、血の通った「温かな心」を持たなくてはいけない。この「温かな心」も極めて大切な視点である。

　私は「cool brain & warm heart」の思想を持ち、日々の政策開発に当たっている。是非、読者（自治体職員）にも、この思想を持っていただきたいと思っている（私のマインドは熱いと思っている、しかし実際は冷え性であり、体温が冷たい人間である。どうでもいいことであるが……）。

　政策開発の思想に関連して、次の視点も言及しておきたい。自治体職員が何かしら政策を開発し実行していくと、その政策の「恩恵を受ける人」がい

---

❸　ここで紹介した横須賀市の事例は、2003年時点のデータであるため、現時点では若干の変化があると思われる。

- れば（外部経済）、「被害を受ける人」も出てくる（外部不経済）という事実が必ずあるということ知ってほしい。これは当たり前のことであるが、この現実を理解していない（あるいは外部不経済には目をつむる）自治体職員が多い。
- そのときは「冷徹な頭脳」を用いて、社会全体として利益が上がるようにしなくてはいけないと思う。つまり、ベンサムの「最大多数の最大幸福」である。だからといって、外部不経済を無視してはいけない。特に弱者を無視しては絶対にいけない。
- 政策開発は、その政策による外部不経済も想定し、対処法も検討しつつ、さらに弱者を助けていくセーフィーネットも構築することを同時に考えなくてはいけない。ちなみに、「弱者」と「敗者」は異なる概念であることを認識してほしい。この双方を同一視している場合が少なくない。前者の「弱者」
- は、いつまでも「弱者」であることが多い。後者「敗者」は、その時点で（一時的に）「敗者」であり、「勝者」になる可能性を秘めているのである。自治体政策は弱者を無視しては絶対にいけない。

ヒント 7 母集団に注目する

　ここからは、アンケート調査に注目して言及する。アンケート調査における政策開発のヒント・見方も多々ある。その中で基礎的な視点を記すことにする。

　まず、母集団はアンケート調査（統計）にとって重要な意味を持っていることを指摘しておきたい。アンケート調査を実施する際、母集団すべて（例えば、日本国民全員）をサンプルにするのではなく、一部をサンプルとして用いている。日本人全員の中から一部の人たちだけをサンプルとして抽出し、アンケート調査を実施している。

　アンケート調査は、大前提として、母集団全体を示すためには「偏っていないサンプル」である必要がある。偏ったサンプルでは、母集団全体を表すことができない。しかしながら、サンプルの取り方によって、いくらでも、アンケート調査を実施する者が期待する結論を導出できるため、注意が必要である。

表3-1　福田内閣発足時の内閣支持率の比較

(%)

	読売	朝日	毎日	日経	共同	平均
支持	57.5	53.0	57.0	59.0	57.8	56.9
不支持	27.3	27.0	25.0	27.0	25.6	26.4

　表3-1は、福田内閣発足時の内閣支持率の比較である。若干、読売調査と朝日調査の差に開きがある。このことについて、田中愛治・早稲田大学教授は、「例えば、読売の調査に答えたがる人と、朝日の調査に答えたがる人には違いがある」と指摘している（読売新聞、2007年11月5日）。

　すなわち、読売の論調に好意的な人は読売調査への協力率が高いものの、読売と論調が異なる朝日調査への協力率は低くなる。逆に、朝日に好意的な人は読売調査への協力率が低くなる（なお、読売調査と朝日調査の開きを、アンケート調査における「誤差」ととらえる人もいる）。このように母集団に注目して、調査結果を考える習慣をつけることは大事である。

　第2章で「『インターネット利用　小学生の半数は週2時間以上』という記事は正しいか」という質問を出した。これも「誰を対象にアンケート調査を実施しているか」という視点で母集団を観察すれば、間違いという事実に気が付くはずである。

　さて、読者に質問である。下記はいずれも、新聞に掲載された記事である。この調査結果は正しいと思われるか。

［問1］　震災から〇年　暮らしが悪化
　復興住宅に住む震災経験者を対象にアンケート調査を実施したところ、「暮らしが悪化している」と回答した者が昨年度より増加した。毎年、同様のアンケート調査を実施しているが、年毎に数値は悪化している。このアンケート調査の結果は、震災経験者の実態を現しているか。

［問2］　大学生の約9割がアメリカのイラク攻撃を否定
　大学で平和学を履修している学生を対象に、アメリカのイラク攻撃の正当性について尋ねた。その結果、約9割が、アメリカのイラク攻撃に対して否定的な回答であった。このアンケート調査の結果は大学生の意識

の実態を示しているといえるか。

　回答である。結論を言うと、2問とも間違いである。まず問1である。震災を経験し、復興住宅に住んでいた人でも、経済的回復を遂げた人は復興住宅を出て行っていると思われる。ここで実施しているアンケート調査の対象者は、「移転できないほど厳しい状況の人たち」と考えられる。すなわち、経済的復興を遂げた人は、そのアンケート調査の対象に入っていないのである。そこで、このアンケート調査の結果は、震災経験者の実態を現しているとは言えない。

　次に問2の回答である。「平和学」を履修している大学生という時点で、既にバイアス（特定方向への偏り）がかかっている。平和学を履修しているのに、「アメリカのイラク攻撃に賛成」という回答が多数を占めると、それは困った回答かも（？）しれない。平和学を履修している学生であるため、上記のような回答になる。そのため、大学生の意識の実態を現しているとはいえない。

　アンケート調査で重要なことは、まず「誰を対象にアンケート調査を実施しているか」という母集団に注目することを忘れないでほしい。

ヒント8　設問に注目する

　アンケート調査に気を付ける視点として、次は「設問に注目する」ということを指摘しておきたい。しばしば、設問に「誘導的質問」がある。これを見破らなくては、間違った政策を開発する遠因となってしまう。誘導的質問とは、設問の中に客観的でない事実を含め、ある方向に回答を誘導することである。

　例えば、某新聞社は、自衛隊の活動継続を問う世論調査を行っている。その結果は、33％が賛成であり、44％が反対となっている。この調査結果は、他の新聞社が実施している同様の質問より、反対の割合が高くなっている。そこで設問を確認すると、次のような書き方であった。

> 自衛隊の活動を続けるために、政府は新しい法案を国会に提出する考えですが、民主党は反対する姿勢です。あなたは、インド洋で自衛隊が活動をつづけることに賛成ですか。反対ですか。

質問の後半にある「民主党は反対する姿勢」という言葉は判断基準となる。アンケート調査の回答者は、「民主党は反対する姿勢です」という言葉に影響を受けて判断する可能性が高くなる。この部分が誘導的質問になる。前記の設問は、本来は「民主党は反対する姿勢です」という言葉を削除して尋ねるべきである。
　また、次のような設問も、過去に新聞社が実施したアンケート調査である。

・今日でも、日本経済がバブル期から脱していないという馬鹿な話を信じますか。
・最近、行った有識者への調査で、約8割が『今の内閣は、改革に後ろ向きである』と答えました。あなたは、今の内閣についてどう思いますか。

　いずれも誘導的質問である。読者は「どこが誘導的か」分かるだろうか（分かってほしい）。このように、誘導的質問とは自分が望むような（自分の意見を裏付けるような）結果が欲しいときに、意図的に、質問の文章中に偏った印象を植えつける言葉を紛れ込ませるテクニックである。
　ちなみに、誘導的質問とは、本質的には誘導尋問と同じである。相手の答えを、誘導者の都合のよい方向に持っていくようなバイアスのかかった質問の仕方である。
　また、某新聞社が1997、1998年に行った世論調査では、「少年事件が凶悪化していますが……」と決めつける質問によって、「少年犯罪に厳罰を与えるべきである」との回答を6～7割も引き出すことに成功している。これも誘導的質問である（第2章で指摘したが、1997、1998年は、実は少年犯罪が落ち着いていた時期である）。
　また、設問を長くすることで、質問内容にマイナスイメージを膨らませることが可能となる。アンケート調査の回答者にとって、「面倒くさい話だ」「ややこしい質問だ」というイメージを与えることができ、結果として「YES」という回答を阻害する作用を持つ。これも、ある意味で誘導的質問であるため、注意してほしい。

ヒント9 選択肢に注目する

　アンケート調査において注意すべきことの最後は、「選択肢に注目する」ということを伝えておきたい。選択肢のマナーは、客観的に比較可能な選択肢を用意することである。肯定と否定の選択肢の数は同じでなければいけない。例えば、「とても大好き」「大好き」「大嫌い」「とても大嫌い」という感じである。しかし、調査を実施する側が望む選択肢を多くすることで、その調査結果を操作するテクニックがある。

［設問］　この図書の内容はすばらしいと思いますか。次の中から選びなさい。
①絶対そう思う　　②強くそう思う　　③そう思う
④たぶんそう思う　⑤その他

　上記の設問の選択肢は、一目瞭然で「変」だということが分かると思う。肯定の選択肢が4つであり、否定の意見を持つ人は「⑤その他」にマルをつけるしかない。このことは、選択式の社会調査において、「不均衡な尺度」とよばれる技術である。

　この設問と選択肢を見て、「こんな稚拙な調査に騙されるはずはない」と思う読者が多いと思われる。しかし、それでも騙されてしまうのである。その理由は、アンケート調査の設問が50〜60問もあり、その中に2、3問あると、「不均衡な尺度」に気付かずに回答してしまうからである。

　そして、上記の調査結果を知る人は、調査の「結果」だけに注目する。つまり、上記の調査結果は、「①絶対そう思う」「②強くそう思う」「③そう思う」「④たぶんそう思う」という肯定の選択肢をすべてあわせて80%となり、「この図書をすばらしいと回答する割合は80%！（だから読んで！）」みたいな感じで新聞に掲載される（円グラフを作図して、丁寧に掲載することなどはしない）。この章では、「注意が必要である」というフレーズが何度も登場しているが、それでもなお、やはり注意が必要である。

　なお、選択肢に具体的な選択肢がある場合、その選択肢に引きずられる傾向もあるため、こちらも気を付けてほしい。

コラム　地方自治体の事業を民間事業者に闇雲に投げてよいのか

　先に、昨今の地方自治体は「行政運営から行政経営への変化」があり、「経営という思考は、採算のあわないものは切り捨てる傾向がある」と指摘した。

　民間企業は利益最大化を目的としているため、採算のあわない市場から撤退し事業を廃止することは理解できる。そして、民間企業のシステムを導入している地方自治体も、その傾向が顕著になりつつある。しかし、それでよいのだろうか。むしろ、地方自治体は採算のあわない分野を積極的に実施していく必要があると思っている。

　しかしながら、昨今の地方自治体の実態は、私の考えとはまったく逆である。地方自治体として採算のあわない事業を切り捨てる傾向にある。ここでいう「切り捨てる」とは、「民間事業者への委託」である。

　「今」は、民間企業は市場性があると判断しているから、地方自治体の事業を受託しているのである。しかし、「将来」に、もし民間企業が「市場性がない」と判断したのならば、きっと民間企業は地方自治体の事業受託から撤退することになるだろう。その際、その事業は誰が行うのか。

　今日、指定管理者制度が盛んである。これも地方自治体の民間企業への委託の一形態である。地方自治体が指定管理者制度を実施する際、指定管理者の倒産や、あるいは当該指定管理施設の経営の行き詰まりが考えられる。このケースを想定して、対応策を条例に規定していないことが多々ある。これは大きな問題である。この責任について、条例に明記しているのは、京都市くらいである。

　京都市公の施設の指定管理者の指定の手続等に関する条例の第12条には「市長等による管理」という規定があり、そこには、「市長等は、法第244条の2第11項の規定により指定管理者の指定を取り消し、若しくは期間を定めて管理の業務の全部若しくは一部の停止を命じたとき、又は指定管理者が天災その他の事由により管理の業務の全部若しくは一部を行うことが困難となった場合において必要があると認めるときは、他の条例の規定にかかわらず、管理の業務の全部又は一部を自ら行うものとする。」と明記されている（「法」とは地方自治法を指している）。

　条文中の「その他の理由」が、指定管理者の倒産や、あるいは当該指定管理施設の経営の行き詰まりなどに該当すると考えられる。このように、最終責任の所在は「京都市にある」と明記している点は大きく評価される。このように最終的な責任は「地方自治体にある」と明記・明言している地方自治体は少ない。

　昨今の多くの地方自治体は、「民間にできることは民間に」のスローガンのもと、地方自治体にとってお荷物的な事業（採算のあわない事業）を、一方的に民間企業に投げるばかりである。これは大局的な視点でとらえると、地方自治体の本来の意義から逸脱していると私は考えている。

本章は、政策開発を進めるにあたり、既存の統計資料を正しく把握し、決して騙されないための基礎的な技法を紹介した。応用的なテクニックであるグラフの見せ方、プレゼンの仕方、報告書の書き方などは、機会あるときに紹介したいと思っている。

　次章では、政策を提案し、説明する際の「文章」の書き方について、基本的なマナーを紹介する。

第4章 文章作成の15のポイント

　第2章と第3章では、政策を開発するための視点や技法について紹介した。正しい視点を持って問題を把握する。そして、様々な政策開発の技法を用いて、その問題を解決するための政策を提案していく。しかし、間違いのない立派な政策を提案しても、その政策が日の目を見なくては全く意味がない。提案した政策が政策決定の権限を持つ者（上司をはじめ首長まで）に認知されなくては、政策を開発しなかったことと同じである。

　では、提案された政策を人はどのように認知するのだろうか。それは、提案された政策が明記されている「文章」を読んで、はじめて政策は認知されるのである。その意味では、文章は極めて重要である。そこで本章では、誰が読んでも理解されるような文章作成について、15の視点から言及することにする。

　ここで紹介することは、体系立てて記述していくわけではない。私の経験から得たことを、脈絡も持たずに自由に書き込んでいる。そのため、読者の中には「こんなこと胡散臭いな」と思われるかもしれない。そこで、その疑わしさを払拭する意味で、次のことを述べたいと思う。

　それは、私は極めて真面目な人間である……と言っても、説得力がないので、次の事実を記しておきたいと思う。それは、私は過去10年間で23の懸賞論文に入賞してきた実績がある（実は、ちょっと自慢であったりする。ちなみに入賞率は7割くらいである）。入賞した理由を考えると、それは「伝えたいことを正確に伝えられた」からだと思っている。

人が発想するアイデアは、そう大差はない。しかしながら、そのアイデアを正確に伝える際の技術には大きな差がある。重要なことは、「伝えたいことを正確に伝える」であり、そのためには、やはり技術が必要である。その文章作成における技術を、本章では15のポイントとしてまとめ、紹介する。❶

ポイント 1　その文章　自己満足じゃ　ないですか

　最初に読者の心にとどめてほしいのは、次の2点である。

> ①　自分にとって読みやすい文章は、他人には読みにくい文章であることが多い。
> ②　「どのように書くか」ということではなく、書いた文章が「どのように読まれているか」を考える。

　私は、大学生や自治体職員が作成した文章を目にすることが多い。それらの中には、極めて読みにくい文章が多々ある。大学生がそのような文章を作成することは仕方ないと思う。社会人経験を何年もしてきた自治体職員が読みにくい文章を作成すると、その人の見識を疑ってしまう。さらに言えば、自治体職員の中には、「この私の書いた文章は名文だ…」と自己陶酔に陥っている人が少なくない。こういう人は、かなり厄介である。

　文章を作成する際は、「他人にとって読みやすい文章を作成する」ことを心がける必要がある。❷自分にとって読みやすい文章ではなく、他人が読みやすい文章を作成する。これは当たり前の考えである。しかし、なかなかできていな

---

❶　私は地方自治体の職員研修で、「論文作成講座」を担当したことがある。その受講生から懸賞論文の入賞者が誕生した。また、大学のゼミナールの学生からも、懸賞論文の入賞者を輩出させている。その意味では、本章で明らかにする「文章作成のポイント」は再現性が高く、読者にとっても大いに貢献すると考えている。

❷　私の博士論文は、「地方自治体における環境協働の研究－環境再生行動と住民の新たな協力関係－」というテーマで作成した。この博士論文も、中学生に理解できるように作成している。それが、私の文章を作成する上でのポリシーであるからである。しかしながら、この考えをもって作成した博士論文をよく思わない教員も多くいた（指導教授は、この私の行動に賛同してくれた）。

い状況がある。自己満足的な文章は日記だけでよい。

　私が文章を作成する際は、「中学生レベルで理解できること」をモットーに作成している。そして作成した文章は、必ずプリントアウトをして、数回は推敲している❸。さらには、私の奥さんにも読んでもらい、遠慮のない意見をもらっている（奥さんは、バッサバッサと私の文章を切る）。そのような涙ぐましい努力（？）をした結果、いま読者が読んでいる文章が誕生しているのである（ただし忙しいときは、奥さんは私の文章を読んでくれない……）。

　文章の表現について、新堀聰・日本大学大学院客員教授は、次のように述べている（新堀聰著（2002）『博士・修士・卒業論文の書き方・考え方』同文館）。

> 文章の表現は、やさしく誰にでも容易に理解できるものである必要がある（中略）。論文は、読む人を説得できるものでなければならないのであるから、他人が読んで理解できることが必要であり、無闇に難解な論文は、良い論文とはいえない。また、論文が生硬な表現で難解な場合、書いた本人が問題を良く理解していないこともあり得る。よく理解していないから、やさしく書けないのである。

　新堀氏の言うとおりだと思う。また、野口悠紀雄・早稲田大学大学院教授は、事大主義や権威主義に依存する人々の特徴として、次のように記している（野口悠紀雄著（2000）『「超」発想法』講談社）。

---

❸　推敲の原則は、「たくさん書いてから、どんどん削っていく」ということである。削れば削るほど、中身の濃い文章となっていく。書いた文章を削ることは辛いことである。そこは勇気を持って削ってほしい。なお、削る際は、完全に削除するのではなく、ペーストして、別の文章ファイルに残しておくことを薦める。その削った文章が、いつか忘れた頃に日の目をみるかもしれないからである。

> 簡単な内容をことさら難しく書く。一度読んだだけではわからないような複雑な構成の文章だ。内容の貧弱さを暴露させないためには、人を寄せ付けないことが必要であり、そのために難解さの壁を築くのである。それが嵩じて、難解こそ重要だと勘違いしているのだ（本当に優れた作品は、読者に理解してもらおうという迫力に満ちており、素直に頭に入る）。

どんなにいい政策提案をしても、その政策提案を記述した文章を読んでもらえなくては、全く意味がない。一見しただけで、読みたくなるような文章を書く必要がある。その意味では、視覚的にも「読んでもいいかな」や「読みたいな」と思わせる文章を書くことも大切である。

ポイント2 書き出しは 7パターンで 「はじめよう」

読者の多くは「書き出し」に悩むと思われる。私も10年前はそうだった。飯島孟・話力総合研究所常任理事が述べていることが参考になる（飯島孟（2003）『思ったことの半分しか言えない人はこう話せ！』日本実業出版社）。飯島氏は、次の7パターンではじめることを述べている。

> ① ニュース性や季節感のある話
> ② 聴衆がよく知っている人や地域の話
> ③ テレビや新聞などで話題になっている話
> ④ 意外性や驚きを感じさせる話
> ⑤ 名言や格言などを意味づける話
> ⑥ 世間に知られていないが興味ある話
> ⑦ その場で実際にあった事実や出来事の話

上記の7点は、講演などの話はじめのテクニックであるため、文章作成の書き出しには使えないととらえるのは早計である。飯島氏の指摘するこの7点は、文章の書き出しにも大いに参考になる。

過去の私の論文から、書き出しを確認すると次の5点が多い。それは、(1)何かしらの引用、(2)質問形式、(3)時事問題・先進事例の紹介、(4)個人的なエピソード、(5)統計データの使用、である。それぞれについて、簡単に説明しておく。

(1) 何かしらの引用

　例えば、「……という格言がある。この格言と照らし合わせると、今日の状況は……」という文章であったり、「行政学者の出石稔・関東学院大学教授は、現在の行政システムについて『……』と述べている。その意味を考えると……」という書き出しである（出石さんには、私が自治体職員をしている時に大変にお世話になりました。勝手にお名前を出してすみません）。

　自分の主張したい内容と、同じことを言っている格言を使ったり、著名な学識者の言葉を使用することは、読者を納得させるのに有効に機能する。つまり、自分の主張に箔を付けることになる。

(2) 質問形式

　質問形式とは、「文章の作成について、読者はどのように思われるだろうか。私は……と考える」として、疑問系を採用することにより、いきなり結論を提示するのにはよい書き出しである。このように「自分で質問を投げかけ、自分で回答する」という手法は、意外に効果を発揮する（まさに文章作成における「のりつっこみ」である）。

　あるいは「今日、経済不況がじわじわと私たちの生活に浸透しつつある。その影響はどのようなものがあるだろうか。例えば……」みたいな感じである。

(3) 時事問題・先進事例の紹介

　実は、この形式を私は多用している。「A市では×××という政策を実施し、先進的な地方自治体の仲間入りをした。本論文では、この×××について考察する」という書き出しである。この「×××」が時事問題や先進事例となる。ちなみに私は、時事問題・先進事例を2，3紹介することで、原稿の文字数を稼ぐ傾向がある。

(4) 個人的なエピソード

　例えば、「私はひき逃げにあい、死にかけた。その過程で、安全安心について考えることがあった。そこで、本論文では安全安心の中でも、交通事故に限定し……」という書き出しである。ちなみに、私がひき逃げにあったのは本当

である。右顔の肉がかなり落ち大変であった。そして、もっと大変であったのは、そのまま自宅に帰り、寝てしまったことである。お陰で、血を流しすぎて、本当に死ぬかと思った（無意識下で寝ているときに、某H軟膏を大量に顔に塗っていた自分に驚いた）。

　私の関心分野として安全安心がある。その意味では、実際にひき逃げにあうという貴重な経験をしたと思っている。また、私は安全安心で講演する機会が多いが、このひき逃げの経験を話すと、会場は黙って真剣な眼差しで聞いてくださる（ひき逃げにあった数日後に、私は顔写真を撮っている。私の顔が壊れており、これを会場で見せると静まりかえる）。そこで、私的には「ひき逃げの経験はおいしい」などと思っていたりする（私は前向き人間なのである）。

(5) 統計データの使用

　いきなり統計データを示すことで、議論をはじめる手段がある。「図表1は少年犯罪の推移である。この図表1から理解できることは……であり、本論文では……について検討する」という書き出しである。この手法は焦点を絞り、いきなり本題に入っていく手法として意外と使える。

　本節では、いくつか書き出しの方法を紹介した。重要なのは、この中から一つだけでよいから、自分の得意とする書き出しを見つけることである。一般的に、文章の作成に慣れていない人は、書き出しに時間がかかる傾向がある。そこで、得意とする書き出しを見つけ、自分の中で「書き出しをパターン化する」ことが大事である。読者は、どの書き出しを選択するのであろうか。

ポイント3　考えて　あなたの特徴　何ですか

　自治体職員が文章を作成する際、自らの「コア・コンピタンスは何か」を明確にしておく必要がある。このコア・コンピタンス（Core competency）とは経営学の用語であり、「競合他社を圧倒的に上まわるレベルの能力」や、「競合他社に真似できない核となる能力」という意味である。端的に言うと、「他

社に負けない能力」のことである。

　自治体職員一人ひとりの個性に応じて、このコア・コンピタンスは異なると思われる。文章を作成する前には、「自分のコア・コンピタンスは何か」を把握しておく必要がある。把握する際に重要なのは、「独り善がりでないコア・コンピタンス」ということである。客観的に判断して、「自分の強み」を知ることが大事である。

　今日、様々な文章が溢れている中で、自治体職員が作成する文章のコア・コンピタンスは、やはり「自治体職員」という視点から文章を作成していくことである。そして、よりミクロ的には、それぞれの部課の観点や担当者の視点ということになる。

　森啓・北海学園大学法科大学院講師は、自治体職員のコア・コンピタンスについて、次のように言及している。❹

> 自治体職員の強みは現場を持っていることです。「歴史の一回性」である実践を行うことが優位性です。しかしながら、その実践を普遍性のある知見として客観的認識しなければ実務の繰り返しになります。学者は政策現場を持たないから外国文献から借用した抽象概念を使うのです。すべての学者がそうでないけれども、歴史も社会事情も異なることを無視して外国語を平気で乱用します。

　自治体職員の「現場性」は、誰も真似できないことである。それは、十分にコア・コンピタンスとなりえる。

　大森彌・東京大学名誉教授は、新宿区新宿自治創造研究所が主催した「新宿区自治フォーラム2008 ～わたしたちにとっての自治とはなにか～」の中の基調講演で、基礎自治体の特徴として、①身近さ、②現場性、③透明性、④先端性があると指摘していた（2008年10月25日開催）。この4点は、自治体職員としてのコア・コンピタンスである。このことを自治体職員は、もっと認識する必要があるだろう。

　研究者としての私のコア・コンピタンスを考えると、それは「地方自治体の

---

❹　森啓（2003）『「協働」の思想と体制』公人の友社

現場にアドバンテージがある」ということになる。❺私は自治体職員としての経験があり、また今でも、いろいろな地方自治体のアドバイザーをしている。そのようなことから、研究者として私の存在を考えたとき、「現場を熟知している」ということになる。そのように、私は自分自身を認識している。

ポイント4 構成は 「転」を除いて 起承結

　文章の構成を考えるとき、しばしば参考にされるのが「起承転結」である。その意味は、次のとおりである。

起 …… 事実や目的を最初に示して、言い起こす。
承 ……「起」を受けて話を広げる。
転 …… 話に変化をもたせ、さらに展開する。
結 ……「だからこうなんだ」という結論を示す。

　私の立場として、この「起承転結」は反対である。その理由は「転」が曲者だからである。起承転結における「転」の役割は、「話に変化をもたせ、さらに展開する」という意味がある。

　そこで「転」において、別の角度から考察したり、あえて反論を持ってくることにより、話題の変化を持たせようとする。しかし、「別の角度から考察する」と話がそれてしまい、それたまま「結」にいってしまうことが多々ある。また、「あえて反論を持ってくる」と気がつくと、その「反論」が結論になってしまうこともある。このように、「転」の存在は油断できないのである。

　これらの理由から、私は「転」は考えずに、「起承結」で文章作成を進めたほうがよいと思っている。

---

❺　私のコア・コンピタンスは、研究者の世界では「他の研究者と比較した上で現場を知っている」ということである。しかし、その現場性は自治体職員にはかなわない。自治体職員と比較した上での私の強みは、「様々な地方自治体を知っているため、比較検討する視点を持っている」ということである。また自治体職員よりは「学術的視点を持っている」ということも強みになる（自治体職員の中には、私以上に学術的な知識を持っている人がいる。その人の前では、私はまったく立場がない……）。

この「起承転結」と同じ考えに「序破急」がある。序破急という言葉は、能を確立した世阿弥の『風姿花伝』の中に、「一切の事に序破急あれば、申楽もこれに同じ」と記述がある。すなわち、「序」とは静かにゆったりとはしせまり、「破」で突然ドラマチックに主要部が展開し、「急」で急速に完結する、という一連の流れのことである。

序 ……	話を切り出す序論である。
破 ……	本論であり、書きたい事実や主張を示す。
急 ……	結論であり、本論を受けて話を締めくくる。

　文章作成における構成は、「起承転結」や「序破急」を採用し、「序論」→「本論」→「結論」とか、「導入」→「展開」→「結論」のパターンを活用したほうがよいと思っている。すなわち、序論で「趣旨・目的、全体の流れなどを紹介」し、本論で「主張したいことを述べ」ていく。そして結論で「全体を振り返り、結論を明示する」という流れである。なお、この方法はプレゼンテーションにも使用できる。

　また、「目理方結」という流れもあるので、紹介しておく。目理方結とは、「目的」「理由」「方法」「結論」の流れで作成していくことを意味している。

目（的）……	文章を書く目的を提示する。
理（由）……	目的を掲げた理由を示す。
方（法）……	目的を達成するための方法を示す。
結（論）……	それによってどうなるか、という結論を述べる。

　そのほか、時間や意識の系列で組み立てていく「並列的方法」や、主題を最初に示し、最後に主題をもう一度示す「双括式」などがある。さらに、「現原対変」という方法もある。この現原対変とは、「現状」→「原因」→「対策」→「変化」という順序で文章作成を実施していく手法である。今日では、様々な文章作成の構成があるため、読者自身にあっているものを選び（早く見つけて）、文章作成における自分のパターンを構築したほうがよいだろう。

　なお、「終わりよければすべてよし」という格言があるように、結論（まとめ）は極めて重要である。その結論次第で、文章の印象が大きく変わってくる。

そこで、結論ではポイントとなる重要なことを再度記し、「言いたいこと」を何度でも繰り返して読者の頭の中に定着させることが大切である。

> **コラム** 自治体職員には現場性があるのか
>
> 　地方自治体の「現場性」や「身近さ」と言ったら、それは「住民に接している」ということに集約されると思われる。地方自治体は住民がなくては存在しえない。そこで、自治体職員に対して、住民について尋ねてみた。その反応は、基本的に「……」という感じである。もちろん、具体的に話してくれる自治体職員もいた。しかし、多くの自治体職員にとって、住民とは「……」的な存在なのである。
>
> 　確かに、私の経験を顧みても、住民とは「……」なのである。すなわち無色透明なのである。住民のイメージとして、もっと具体的であざやかな色が浮かんでくる（具体的なイメージが湧く）と思っていたのだが、ほとんど印象がない。
>
> 　その理由を考えると、私の所属していた部門は企画部門であり、日常的に住民に接していなかったからと思われる。そのため、無色透明の何ら主張しない住民を勝手に頭の中に描いて、政策開発を進めていたのかもしれない（「かもしれない」というのは、既に遠い過去のことであり、記憶が曖昧となっている）。これはいけない傾向だったと、いま改めて反省しているところである。
>
> 　自治体職員の友人たちに住民について尋ねると、多くの友人たちが、私と同じ回答であった。彼ら彼女らが所属している部門を調べると、企画、建築調整、会計管理、財政、人事、秘書などである。たまたま、住民とは遠い部門に所属する自治体職員であるため、このような回答結果になったのかもしれない。
>
> 　今日では、地方自治体は様々な行政サービスを民間企業に委託する傾向にある。特に住民と接している行政サービスが委託化される傾向が強まっている。そうなると、自治体職員は住民とますます遠くなってしまうのではなかろうか。
>
> 　さらに言えば、昨今の地方自治体は、民間企業にコールセンター的な業務を委託する傾向も活発化している。私は、住民からの問い合わせこそ、地方自治体の存立に大きく関係していると思っている。その大切な業務を、地方自治体の「外」に委託してもよいのだろうか。
>
> 　地方自治体の窓口業務は、住民と接することのできる大切な機会である。その窓口業務を担当している人の多くは、非常勤職員であったりアルバイトであったりする。これらの事例から、既に自治体職員と住民は遠くなりつつ

> あるのだ。この傾向は、私はあまりよいものではないと思っている。
>   地方自治体の存在意義は、「地方公共団体は、住民の福祉の増進を図ることを基本として、地域における行政を自主的かつ総合的に実施する役割を広く担うものとする」（地方自治法第１条の２）とあるように、「住民の福祉の増進」にある。しかし、その住民との距離が日ごとに遠くなっていく現実がある。本当に、このような状況でよいのだろうか（私はよいとは思わない）。

ポイント5 読んでいて 飽きない文章 リズミカル

　文章にはリズムが大切である。リズミカルではない文章とは、例えば、「問題提示」をしておいて「解決策」を述べていない文章である。あるいは、「結果」は記しているのに「原因」がない場合である。このような文章が意外に多い。注意が必要である。

　文章作成では、「論理的に説明すること」を心がけなくてはいけない。この論理的とは、「事実」があるなら「意見」を述べる。あるいは、「問題提示」をしたならば「解決策」を指摘することである。さらに、「部分」を指摘したなら「全体」について言及したり（もちろんその逆もある）、「抽象的」に記したのならば「具体性」を論じたり、そして、「原因」と「結果」の関係を明確に記述する……。

　このように、論理的に考えて文章を組み立てていく必要がある。意味不明な文章になる傾向として、ここで記したうち、片方しかない場合が多い。文章を一文一文確認しながら、論理的に組み立てていくことが、結果として、リズム感のよい「読みやすい文章」につながっていく。

　私は「文章は律動的であるとよい」と考えている。ところで、実は、いま書いている原稿は、締切日が明後日に迫っており、かなり焦っている……と、何のこっちゃ分からない文章が多々ある。

　上記の文章で、「私は……と考える」と明記したのならば、続いて「なぜならば……であるからだ」という流れがくることがリズミカルになっていく。文章作成の中で「考えて」、そして「主張」したのならば、続いて「なぜならば」とか「その理由は」という言葉を入れることが大切である。

第4章 文章作成の15のポイント　85

また「言いたい内容」や「主張したいこと」は、はじめに言及したほうがよい。それもリズム感の確保に貢献する。文章の組み立てには大きく分けて、①結論後発型、②結論先行型の2パターンがある。私は後者の「結論先行型」のほうがよいと思っている。その理由は、「結論先行型」のほうが読み手も理解しやすく、抑揚的なメリハリのある文章になりがちだからである。すなわち「結起承結」の採用となる。

　ちなみに、私の文章は、「……と考える。そして……である。さらに……である」と3段階に分けて組み立てている場合が多い。このように進めていくと、だいたい5行になる（私は「1行40字」で作成している）。そして次の段落に進むことになる（段落などについては後述する）。この「さらに……である」の後に、継ぎ足したい場合は、「なお……」とか「ちなみに……」と加えていく（これを多用するのは薦めない）。

　繰り返すが、文章を作成したら、必ず推敲することである。私の場合は、職場で文章を作成し、→帰りの電車の中でチェックする（ただし座れたときだけである。立っているときは本（新書が中心）を読んでいる）。→そして翌日は、チェックした文章を修正し、また文章を書きはじめ、→再度、帰りの電車の中で文章をチェックする、という習慣を確立している。この推敲を最低、3回は繰り返すようにしている（その結果、原稿が遅れ、編集者にはご迷惑をおかけしている……言い訳である）。

ポイント6　イチ・ニ・サン！　結論サン（3）点　もってくる

　文章作成における「3」の効用について、江下雅之・明治大学准教授は、次のように述べている（江下雅之（2003）『レポートの作り方』中公新書）。

> 要点を伝えるときは、「重要なことが3点ある」「結論は3つ」「原因は3つに集約される」など、事柄が3つあることを示すようにしよう。世の中の事柄の多くは二項対立的な側面があるため、「ふたつ」を掲げるのは容易だ。賛成と反対、肯定と否定、増加と減少、上昇と下降、保守と革新など、相反する極からの視点というのは、どのような対象でも存在する。こ

れに、「どちらでもない」という第3の立場をくわえることで、考察がいっそう深まるのである。だから「3つ」に集約することには意味があるのだ。

　私は「3」の効果について、江下氏のような理論的な考察はできていない。ただし、私の経験から、やはり「3」に絞るという重要性は認識している。また、「3」というのは、文章作成においてリズム感をもたせることができる。例えば、「私の主張は次の3点である」と記述し、その後「第1に……である。第2に×××である。そして第3は○○○である」としていく。

　私は主張したいことが5点あったのならば、2つは削除し3点に絞るようにしている。また、1つしかないのならば、頭を使いまくり、ときには他人の頭も拝借して、2つ言いたいことを加え、最終的に「3」になるようにしている。❻

　この「3」という流れは、読み手を引き付ける不思議な数字である。

ポイント7　「…が」の中に　いろんな意味が　まじってる

　文章の細部について指摘したい。はじめに指摘しておきたいことは、「……が」というフレーズの危険性である。この「……が」という表記は、文章を曖昧にしてしまう。例えば、次の文章がある。

> ①　私は元気だが、祖母は元気である。
> ②　私は元気だが、祖父は元気ではない。

　この2つの文章は、そんなに違和感がないと思われる。しかし、この「……が」は、極めて微妙な表記であり、後々、文章を曖昧にしていく可能性を含ん

---

❻　どんなに考えても主張したいことが1つしか浮かばないときは、私は「紙幅の都合上」とか「字数の制限により」というフレーズを使用している。例えば、「ここで指摘したいことは多々ある。しかし紙幅の都合上、1点にだけ絞って言及したい」という使い方である。この「紙幅の都合上」という言葉を使用することにより、読者には「執筆者はいろいろ考えた中で、あえて1点に絞ったのだ」という印象を与えることになる。しかし実際は、1点に絞ったどころか、1点しか浮かばなかったのであるが……こういうテクニックも覚えておくとよいだろう。

でいる。この「……が」の何が微妙かというと、実は「……が」という助詞は、「順接」にも「逆接」にも使えてしまうことが微妙なのである。

　この「……が」を多用している文章が意外に多く存在する（少しの使用は仕方がない。多用が文章作成としては問題である）。その結果、文章の持つ意味が不明確・不明瞭になってしまう傾向がある。そこで不明確・不明瞭な文章を使用しないためにも、前記の２つの文章は、次のように明確に区別して書く必要がある。

---

① 　私は元気だ。そして、祖母は元気である。
② 　私は元気だ。しかし、祖父は元気ではない。

　前者の「……が」は、順接の接続詞の「そして」を用いて表記した。一方で、後者の「……が」は、逆説の接続詞の「しかし」を使っている。このように明確に使い分けることにより、文章の持つ意味が、より理解できるようになってくる。文章がクリアになってくる。

　なお、主語の「……が」を否定しているのではないため、指摘しておく。例えば、「私が読んでいる『議員が提案する政策条例のポイント』という本は……」の中で使用している「……が」は、主語につく助詞の「……が」であるため、この「……が」を接続詞に変換することはできない。文章作成において注意すべきことは、接続詞の意味を持って使用している「……が」である。

　この書籍を目にしている読者の多くは、きっと、多くの「……が」を無意識に使用していると思われる。この「……が」を少しでもなくしていくことが、「理解しやすい文章」を作成していくための第一歩となることを銘記してもらいたい。

　この「……が」に関連して、「……で」という使い方にも注意したほうがよい。「……で」という表記を多用すると、文章が散漫になってしまう。例えば、「地方自治体が実施している観光行政で総合的な……」という文章がある。この「……で」は、「……は」に変えたほうがよいだろう。しばしば「……で」という表記は、表現に締まりがなく無駄が多くなってしまう。それならば、「……で」のところで文章を区切ったほうがよい。あるいは別の助詞を使うことで、文章にメリハリをつけたほうがよいだろう。

ポイント8　一文は　100字以内が　望ましい

　理解されやすい文章を作成するには、一文を短くすることが大事である。一文を短くすることは、読み手にとって、とても「読みやすい文章」になる。そして、「読みやすい文章」とは「理解しやすい文章」につながっていく。

　一般的に自治体（職員）の文章は、一文が長い傾向がある。その典型的な文章は、条例に見られる。次の文章は、「相模原市環境基本条例」（以下、「相模原市条例」という）の前文である（本書の第Ⅰ部において、相模原市をしばしば実例として使用している。その意味は、単に私が住民だからである。生まれてからずっと、相模原市に住民登録している）。

> 私たちのまち相模原は、相模野の広い台地や相模川の雄大な流れと、神奈川県の水源地域として重要な役割を担っている森林や湖に象徴される豊かな自然環境に恵まれ、人々のたゆみない努力により首都圏における中核都市として着実に発展してきた。

　相模原市条例の一文は113文字ある。113文字は許容範囲と思われる。しかし、それでもなお、私は一文を短くすることを主張したい。

　結局のところ、上記の文章の言いたいことは、「相模原市は発展してきた」という事実である。しかし、主語の「相模原市」と述語の「発展してきた」の間に、いろいろと入ってしまい（96文字入っている）、締まりのない文章となっている。そこで私だったら、次のような文章に変更する。

> 私たちのまち相模原は人々のたゆみない努力により、首都圏の中核都市として着実に発展してきた。本市には相模野の広い台地や相模川の雄大な流れがある。そして相模原市は神奈川県の水源地域として重要な役割を担っている豊かな自然環境に恵まれている。

　一文を三文に分割した。当初あった「森林や湖に象徴される」という10文字は削除した。この10文字は、どこに入れても締まりが悪いと判断したためである。ちなみに、条例の一文が長いのには理由がある。それは一文を長くすることで、曖昧にして、抽象度を持たしていると考えられる。一般的に条例には抽

象性が求められる。しかし、この傾向は日常的な文章作成においては、あまりよいことではないと思っている。

一般的に、一文が長くなると、「主語」と「述語」の関係が遠くなり、その結果、文章の意味が不明確・不明瞭になる傾向がある。そのため、一文が「何を言いたいのか」が簡単に理解できなくなる。特に自治体職員が作成する文章は、一文が長くなる傾向がある。

行政計画や条例（特に条例の前文）の中には、句点の「。」から「。」まで300字弱も一文が続く場合もある。この理由は、一文を長くすることにより、主語と述語の関係を不明確・不明瞭にして、何か問題が起きたときの責任回避を意図しているのだと、私は理解している。

読者は「KISSの法則」を知っているだろうか。このKISSの法則とは、サイトデザインやSEOで用いられる用語である❼。KISSの法則は文章作成にも該当する。KISSとは「Keep It Simple, Stupid」の略語であり、「短く、完結に（単純にしろ、バカ）」との意味になる。物事は単純明快であればあるほど、内容が把握しやすく理解されやすくなる。文章の作成は、「KISSの法則」を頭に入れて進める必要がある。

私が文章を作成する場合は、Ａ４用紙を使用し、40字×40行に設定している。そして、一文が３行にならないように注意している。私は可能な限り、一文は２行以内（80字以内）で終わるように、気を遣いながら文章を作成している。

---

❼ SEO（Search Engine Optimization ／検索エンジン最適化）とは、主にロボット型検索エンジンにおいて、特定のキーワードが検索された際、検索結果のより上位に自らのWebサイトが表示されるように、対策を講じることである。

コラム　住民とは何なのか／市民とは何なのか

　先のコラムでは、「自治体職員はもっと住民に身近になるべき」という趣旨で話を進めた（意図したのは、それだけではないが……）。そこで、ここでは「住民」について考えたい。

　一般的に、住民についての意味は、「その土地に住んでいる人」となる。また日本地域社会学会によると、「住民とは一定の地域空間に居住し生活する人々を指す。市民とは即自的には、都市自治体の住民を指している。しかし住民との対比において、市民は規範的概念として用いられることが多い」と記してある（地域社会学会（2000）『キーワード地域社会学』ハーベスト社）。同学会では「住民」と「市民」の定義を分けている。

　日本国憲法第93条に「住民」という表記があり、ここでいう住民は日本国民に限られる。また、地方自治法には「市町村の区域内に住所を有する者は、当該市町村及びこれを包括する都道府県の住民とする」（第10条）とあり、地方自治体の区域内に住所を有している者が住民となる。

　昨今では、地方自治法に明記されている住民の定義を、地方自治体ごとに再定義しようとする動きが強まっている。次の表4－1は、自治基本条例などにみる「住民」の定義である。

表4－1　自治基本条例などにみる「住民」の定義

条　例	住民の定義	制定日
神戸市民による地域活動の推進に関する条例	市内に住み、働き又は学ぶ者、市内で活動する地域組織、ＮＰＯその他の団体及び市内に事務所又は事業所を有する法人をいう。	2004年10月1日
川崎市自治基本条例	本市の区域内に住所を有する人、本市の区域内で働き、若しくは学ぶ人又は本市の区域内において事業活動その他の活動を行う人若しくは団体をいいます。	2004年12月22日
伊賀市自治基本条例	市内に在住、在勤又は在学する個人及び市内で活動する法人その他の団体をいう。	2004年12月24日
札幌市自治基本条例	市内に住所を有する者、市内で働き、若しくは学ぶ者及び市内において事業活動その他の活動を行う者若しくは団体をいう。	2006年10月3日

第4章　文章作成の15のポイント

日進市自治基本条例	市内に居住する者又は市内で学ぶ者、働く者、事業を営むもの若しくは活動を行うもの等をいいます。	2007年4月1日
八王子市市民参加条例	市内に在住、在勤又は在学する個人並びに市内に事務所又は事業所を有する個人及び法人その他の団体をいう。	2008年3月28日

　表4-1を概観すると、自治基本条例などにおける住民の定義は拡大する傾向にあるようだ。それぞれの住民の定義を拡大解釈すれば、「人間」であれば、誰でも住民ということになりそうである。

　さて、日本地域社会学会は「住民」と「市民」を分けていた。そこで、「市民」の意味についても考える。田村明・法政大学名誉教授は、今日の法律用語に市民という言葉はなく、法律用語にあるのは住民だけであると指摘している。そして、法律用語の住民とは、「ただ住んでいるだけととらえている」と言及している。一方で田村氏は、市民の持つ意味として「そこの政府を自分たちでつくっているのだという自覚を少々なりとも持っている人間のこと」と定義している（田村明（2000）『自治体学入門』岩波書店）。

　また、森氏は、「市民」と「住民」を次のように分けている。市民とは「公共性の感覚を体得し行動する普通の人であるとし、特権や身分を持つ特別な人ではない」とする。そして、住民とは、「行政区割りに住んでいる人のことを指し、行政の側からとらえた言葉である」としている。そして、「住民とは行政からすれば統治し支配する客体である」とし、それゆえに「住民という言葉には主体の観念が乏しく上下の意識が染みついている」と述べている。

　特に、「『住民』は自己利益・目先利害で行動し行政に依存し陰で不満を言う人、そして行政からは行政サービスの受益者とされる人である。『市民』は公益性の感覚を体得し全体利益をも考えて行動することのできる人、政策の策定と実行で行政と協働することのできる人である」と区別している（森啓（2003）『自治体の政策形成力』時事通信社）。

　田村氏や森氏以外にも、住民と市民の持つ意味の違いについて、多くの研究者が様々な見解を示している。

　住民と市民の定義については様々な見解がある。今、理解できることは、地方自治体レベルでは住民の再定義がはじまっており（それは田村氏や森氏のいう市民への変貌かもしれない）、住民の定義が拡大化していることは間違いないようである。

ポイント9　接続詞　うまく使って　流れよし

　ポイント8で「一文は短くすること」を指摘した。一文を短くしていくと、文と文の間が何となく「ブツ切り」状態になってしまう。文章に「流れ」が感じられなくなってしまう。そこで、文と文をつなぐ重要な要素が「接続詞」である。接続詞は文と文の潤滑油の働きがある。

　文章作成は、この接続詞を「多く覚えておく」ことがポイントになる。代表的な接続詞は、次のとおりである。

○原因・結果を示す：だから・したがって・それゆえ・なぜなら・
　　　　　　　　　　換言すれば
○重複説明をする：つまり・たとえば・すなわち
○話題の転換：さて・ところで・次に
○補足説明：また・なお・それに・さらに・その上
○順接の関係：そして・それから
○逆説の関係：だが・しかし・けれども
○対等の関係・並列の関係：また・および・ならびに・あるいは・
　　　　　　　　　　　　　もしくは・または・これに対して・むしろ
○添加の関係・補足の関係：ただし・なお・さらに・その上
○比喩の関係・例示の関係：たとえば・いわば

　話題の転換を意味する接続詞「さて」「ところで」の使用には注意してほしい。この接続詞を序論で使用するには問題ないと思われる。しかし、本論や結論で使用することは控えたほうがよいだろう。その理由は、話題を転換したまま本題に戻らなくなることがあるからである。

　また受験のテクニックになるが、主張したい文章の前には「つまり」や「すなわち」という接続詞がくることが多い。そこで、この接続詞に注目して文章を読んでいくと、執筆者の「言いたいこと」を早く把握することが可能である。

　ここで示した意外にも様々な接続詞がある。そこで、関心のある読者は調べていただきたい。

ポイント 10　あれこれそれ　指示代名詞　難（何）の意味？

　意味不明瞭な文章の特徴として、「指示代名詞が多い」ことがあげられる。指示代名詞とは「あれ」「これ」「それ」という、前の文章を受けて使われる言葉である。読者の多くは（私を含めて）、何気なく指示代名詞を使っていると思われる。この「何気なく」がいけないのである。

　私は、一度文章を作成した後で、指示代名詞を一つずつ確認している。「ここで使用している『これ』は何を意味しているのか」という具合である。分かりにくい指示代名詞は、できるだけ名詞に置き換えて使用している。私は、同じ語句を何度も使用して、くどくなっても、指示代名詞を極力使用せず、同じ語句を書くようにしている。

　また指示代名詞を省略しても、文章が通じることが多々ある。その場合は、指示代名詞を思い切ってカットしてしまう。

　読者も一度文章を作成した後で、指示代名詞を一つずつ確認していくとよいと思う。確かに、最初はかなり面倒くさい作業になってしまう。しかし、慣れてしまえば大した作業ではない（と、私は思っている）。

ポイント 11　段落は　「意味」と「形式」　2つある

　段落とは、文章群からなる意味を持ったまとまりである。何気なく区切っている段落は、実は2種類ある。それは、①意味段落、②形式段落である。前者の意味段落は、「意味の区切りによって分けられた段落」のことである。後者の形式段落は、「ただ単に視覚的に区切る段落」のことである。この2種類を意識して、段落を区切っていくことが大切である。

　意味段落は、「意味の区切りによって分けられた段落」である。その「意味の区切り」は、大きく4パターンある。①筆者の立場や観点を変えるとき、②思考が新しい局面に入るとき、③取り扱う対象を変えるとき、④時間軸や場面場景を変えるとき、である。

　私は、原則的に意味段落を使用している。そして、様子をみて形式段落を活用している。私が文章を作成するとき、書式はＡ4用紙で40字×40行としてい

る。そこでは意味段落を基調としつつ、意図的に4行〜6行の間隔で段落を設けるようにしている。もちろん、全く意味もなく唐突に段落を設けるのではなく、あくまでも意味段落を基調として形式段落を活用している。

段落の発展形態として、⑴箇条書き、⑵行空け、⑶字空け、もある。これらを適宜使用することにより、文章にメリハリがつく。これらを有効的に活用することで、「見た目」や「見栄え」がよくなり、読者に「読んでみてもいいかな」という思いを誘引させる。❽

⑴ 箇条書き

文中にいくつも項目を表記していくと、他の文章や記号に埋もれてしまう。その結果、主張したい項目が確認しづらくなる。そこで、項目の一つひとつに1行をあてて並べることが箇条書きである。

また、記号などを利用する箇条書きもある。例えば、「・」「●」「※」などの記号を項目の前に書くことで、箇条書きの部分を際立たせることができる。

⑵ 行空け

小説によくみられる形式である。特に時間軸や場面場景が変わったときに、この行空けが使用されている傾向がある。

⑶ 字空け

文章と文章の間に余韻などを持たせたいときは、この字空けを活用する。また私の場合、漢字が続く場合は、この字空けを効果的に採用し、「見た目の読みやすさ」を追求するようにしている（改行した際は、最初の1文字は空けることはマナーである。このことができていない大学生が多い）。

私は意識的に、4行〜6行に1回段落をとるようにしている（40字×40行が前提となっている）。1段落10行以上にならないように注意する。段落が少な

---

❽　見た目をよくする手法に、「傍線」や「傍点」「網掛」「*斜字体*」がある。また強調という意味で「**ゴシック**」も考えられる。これらを効果的に使用していくことが「見栄え」をよくしていく。ただし、こうした強調をあまり多く使いすぎると、何を主張しているのか分からず、逆効果になるため注意が必要である。

いと、読みにくいだけではなく、文章を作成している自身の頭も混乱して、しばしば悪文を誘うことがある。

　段落をうまく活用することで、文章全体としての見栄えがよくなる。また、「1段落は1テーマ」が基本となる。1つの段落にいくつものテーマがあると、読者の理解が追いつかなくなる。その結果、読者に何も伝わらないこともあり得る。1段落に複数のテーマを詰め込む場合は、新しい段落にするのが適切である。

ポイント 12　まずはじめに…　「まず」と「はじめに」　同じ意味

　重複する語句を削除することも大切である。同じ意味の繰り返しに注意する。例えば、「あらかじめ予定された」は、「あらかじめ」も「予定された」も同じ意味であるため、どちらか1つを使用すればよい。

　また、よく間違って使用されるのは「いちばん最初に」がある。これも「いちばん」も「最初に」も同じ意味であるため、どちらか1つを記述すればよい。次で示す例は、読者の多くが無意識に使用していると思われる。注意してほしい。

各～ごと（各～／～ごと）	後にバック（バックする／後に下がる）
現在の現状（現在の状況／現状）	～だけに限って（～だけで／～に限って）
従来から（従来、／以前から）	
まだ未定の（未定の／まだ決まっていない）	はじめて発見する（発見する／はじめて見つける）
約10cmほど（約10cm／10cmほど）	借金して借りた（借金した／借りた）
まずはじめに	
これからの将来は	到るまで（～に到る／～まで）
敗因の原因がわかった	頭痛が痛い（頭痛がする／頭がいたい）
あらたに新設する（新設する／新たに設ける）	
いにしえの昔より（いにしえより／古くから）	馬から落馬（馬から落ちる／落馬する）

コラム　住民とは意外に「いいかげん」ではないか？

　先のコラムでは、「住民をみて政策開発を進めなくてはいけない」という趣旨で記した（それだけが言いたかった訳ではない……）。確かに、住民を考えて政策開発を進めることは重要である。しかし、その住民は意外に「いいかげん」な場合があるので注意しなくてはいけないと思っている（「いいかげん」という表記は問題発言ということを認識しつつ、誤解を覚悟で使用している）。

　地方自治体の取り扱う現場は、日々、ダイナミックに動いている。その現場で、問題が生じると、それを「肯定する住民」がいれば「否定する住民」もいる。一言で住民といっても、極めて複雑な構図を持っている。

　また、同じ住民でも意見がコロコロ変わることが多々ある。同一の住民が、ある問題でさんざん自治体職員に要望を伝えていたところ、突然「昨日は問題だったけど、今日は問題ではないから、放置して構わない」と発言することがある。あるいは、「昨日の問題よりも、もっと大きな問題が発生したから、こっちの問題に対処してほしい」という発言など、とても同じ住民の発言とは思えないことが多々ある。そのように考えると、「結構、住民っていいかげんではないか」と思えてくる。

　話は変わるが、私は次のことを危惧している。2002年に刑法犯認知件数が約285万件に達し、最悪の数字を記録した。その後は減少傾向にあるが、依然として、高水準である。そして、犯罪の多発化に伴い、多くの都道府県が警察官を大量に採用している。その背景には、住民（国民）の「犯罪を減らしてほしい」「空き交番をなくしてほしい」「警察官を多くしてほしい」という声があったからである。

　確かに警察官を多く採用すれば、犯罪は減少すると考えられる。実際、警察官の増員とともに犯罪は減少している。そして犯罪が減少すると、警察官の仕事がなくなるという関係に発展していく。

　そのような状況になると、きっと住民（国民）から「仕事のない警察官なんていらない」という批判を受けることになる。このように住民（国民）は、極めて自分勝手でわがままな生き物である。その意味では、都道府県は警察官を大量採用する前に、大量採用について少し考える必要があるだろう。警察官を大量採用した未来図を綿密に考えて、いま採用計画を立てていかなくてはいけない。

　警察官は、一応、終身雇用とされているから（終身雇用に関して法的根拠はない）、1人採用すると（平均的な生涯賃金である）、約3億円の出費になる。都道府県が約3億円の買い物をしたのに、犯罪がなく働けない警察官が巷間に溢れる未来図を想像したら、昨今の大量採用などできなくなる（犯罪

> がないことは、それは望ましい姿である)。もっと大局的かつ戦略的な観点から、警察官を採用しなくてはいけないだろう。
>
> ちなみに、私の一案として、警察事務の中でも、地方自治体や民間企業が実施しても差し支えない事務が多々ある。それらの事務の委託や移譲を進めることにより、警察官の採用を抑制できる。そして既存の警察官を犯罪者の検挙に特化することが考えられる。

ポイント 13　難しい　漢字は決して　使わない

　一般に文章は、漢字とひらがなまじりである。その文章の中に、相対的に漢字が多く含まれると、文章の印象が重く感じられる。そこで漢字の使用は、通常一文の語数の3分の1程度が標準であるとされている。一方で、ひらがなばかりの文章は幼稚さを感じさせてしまうため、こちらも注意が必要である。

　また、次の漢字は「ひらがな」にしたほうが好ましいとされる。これらすべてを漢字で使用すると、文章が「重く」感じられ、読者は嫌悪感を抱いてしまう。

或る（ある）	即ち（すなわち）	及び（および）
無い（ない）	遂に（ついに）	然し（しかし）
位（くらい）	所（ところ）	又（また）
等（など）	他（ほか）	更に（さらに）
程（ほど）	此の 此れ（この これ）	既に（すでに）
且つ（かつ）	様だ（ようだ）	事（こと）
従って（したがって）	為（ため）	共（とも）
故に（ゆえに）	迄（まで）	筈（はず）

ポイント 14　その言葉　実は誰も　分かりません

　文章で使用する語句の定義は明確化しておく必要がある。先日、添削した学生の文章には「住民参加」「参画」「協働」があった。これらの意味を把握した上で（明確に分けた上で）使用しているのであろうか。また「政策形成」と

「政策立案」もどうだろうか。さらに「住民」と「市民」や「高齢化」と「高齢社会」も意味が異なるのだろうか。

　読み手としては、同じ意味でも語句が違っているため、「あえて違う意味を持って使用している」と判断する。それならば、文章で使用している語句の一つひとつの定義を明確にしていかなくてはいけない。条例などは、ちゃんと定義規定を設けて、その条例における語句の定義を明確にしている。このようなことを、文章作成においても実践する必要がある。

　もし「市民」と「住民」を同じ意味で使用しているのならば、文章全体における語句は「市民」にするか「住民」にするか、統一しなくてはいけない。同じ意味ならば統一することで、文章としての一貫性が確保されることになる。

　また文章の作成において、「テクニカルターム」（専門用語）を多用する人がいる。その人が知識をみせたいのは理解できる。しかし、読む側としては、「だから何？」という感じである。結局、そういう文章を作成する人は知識に支配されていて（知識に溺れていて）、知識を知恵へと転換できていない。

　さらに、外来語や和製英語の多い文章もある。これも極めて読みにくい文章となる。外来語は、できるだけ日本語に変換したい。例えば、「アカウンタビリティー」は「説明責任」と記す。また、「カタカナ」表記は多用しないほうがよいだろう。

　独立行政法人国立国語研究所は「外来語」言い換え提案をしている。そこでは様々な外来語（カタカナ）の日本語への表記を試みているため、参照してほしい。

「外来語」言い換え提案のURL：http://www.kokken.go.jp/public/gairaigo/

　なお、「文章における定義の明確化」は、学術論文では必須である。また学術用語の使用は、既に定義が決まっていることが多いため、その定義に沿って論文を作成しなくてはいけない（勝手な定義を使ってはいけないということである）。

　文章（論文）において、定義を明確にすることのメリットがある。定義を明確にすることで、読者を自らの土俵に巻き込んで勝負ができることがあげられる。また（逃げ道として）、文章で定義した以外の問題について尋ねられたときは、「この論文では●●を××と定義している。そこで、一般的に指摘されている

○○現象は●●の範疇を超えているため対象としない」と記すこともできる。

いずれにしろ、一つひとつの定義を明確にし、文章作成を進めていくことが重要である。

ポイント 15　テーマ名　そこに真髄　溢れてる

最後に、テーマ（題）の決定について記しておく。ビジネス書作家の戸田覚氏は、タイトルについて次のように指摘している（戸田覚（2006）『すごい人のすごい企画書』PHPビジネス新書）。

> タイトルは、最大25文字までにする。できれば16文字程度にとどめるのがベストだ。これは、『プレゼンの鬼』（翔泳社）で検証したのだが、人がパッとひと目見て内容を理解できる文字数のベストが16文字だからだ。

私も感覚的に16字から25字くらいがいいと思っている。この文字数にあわせてテーマを決定することが大切である。

また、テーマ設定は「具体的に書いたほうがよい」と思っている。読者が本屋に行き、本の購入を検討するとき、背表紙にある書名を見て、「買うか」「買わないか」を決めると思われる（手にとると思う）。このときの書名が極めて抽象的であったら、その図書に対して関心を持たないのではなかろうか。

ここで言う抽象的とは、例えば「……について」という表記である。テーマが「21世紀の地方自治体のあり方について」であると、極めて抽象的である。この「あり方について」は、何を伝えようとしているのか理解できない。そこで、「21世紀における地方自治体のあり方の今日的議論と将来像」と書くと、「21世紀の地方自治体のあり方」に関する「最近の議論（今日的議論）」と「（執筆者の）考える将来像」について言及しているということが理解できる。

ついでに言うと、最後に「……の研究」と入れると、すごく立派な「論文ぽく」みえてくるから不思議である。つまり、「21世紀における地方自治体のあり方に関する今日的議論と将来像の研究」である。なんかいい感じ……である（？）。

読者からは「『具体的に書いたほうがよい』と言われても、分からない……」と嘆きの声が聞こえてきそうである。この点について、冷たく言い放つと、そ

れは文章作成の論点が絞れていないからである。あるいは、それほど重要なテーマではないからかもしれない。

　その際は、もう一度原点にもどり、「なぜ、自分はこのテーマに関心を持ったのか」「関心を持ったという事実は、何かしらの問題が生じているはずである。その問題は何か？」をとことんまで、深く考える必要があるだろう。

　繰り返すが、テーマ名は具体的に書いた方が親切であり、読みやすい文章につながっていく。このことも銘記したい。

　本章では、15の視点から文章作成について紹介してきた。この15の視点以外にも、私が体験的に学んだことは多々ある。そのほかも記したかったが、紙幅の都合上、削除した。例えば、「レトリックで強調する」であったり、「使える文章表現の確保」であったり、「出羽の神」❾など多々ある。

　また、今回は「文章作成」に限定したが、「報告書作成」になると、また10ほどの技法がある。これらの点は機会があれば、今後執筆したいと思っている。なお、「文章作成の技法」については、私のブログで不定期に書き込んでいるため、そちらも参照していただきたい。

　（http://makiseminoru.cocolog-nifty.com/m_researcher/）

　ブログでは、次のような内容を書き込んでいる。例えば、文章を作成していく上で、問題提起と全体を締める最後の言葉がなくては、文章はまとまらない。終わりを考えて文章を書く習慣をつけてほしい。

　また、根本的な問題になってしまうが、明記されたテーマと異なる文章を書く人がいる。テーマに沿った文章を書くようにしてほしい。なお当初、決めたテーマが最終的に異なっても構わない。その際は、文章にあわせてテーマを変更すればよいのである。さらに、論理的な文章には、明確な主張とそれを支える根拠がある。そして、読者を飽きさせないためには、明確な主張が必要ということを知ってほしい。

　本章が、読者一人ひとりの文章作成に貢献できたのならば幸いである。

---

　❾　「出羽の神」については、拙著『議員が提案する政策条例のポイント』（東京法令出版）で紹介している。

コラム　コミュニティって何？

　昨今では「コミュニティ」という言葉を多々目にする。2007年の1年間で、主要4紙（朝日・産経・毎日・読売の各紙）が紙面に掲載した「コミュニティ」という言葉の登場回数は、実に4,826回となっている。1紙当たり1年間に約1,200回も登場していることになる（それは1紙当たり1日約3回の掲載を意味する）。

　確かに、コミュニティという言葉に接する機会は多くなった。しかしながら、コミュニティの意味を十分に把握しているわけではないと思われる。そこで、ここではコミュニティの意味について考える。

　コミュニティの意味を考えるとき、しばしば社会学者のマッキーヴァーの定義が使用されることが多い。それは「一定地域における共同生活の領域のことを指し、互いの間に共通の社会意識や共属感情がみられることが要件」である（中久郎・松本通晴訳（1975）『コミュニティ』ミネルヴァ書房）。

　また、松原治郎氏は「地域社会の生活の場において、市民としての自主性と主体性と責任とを自覚した住民によって、共通の地域社会への帰属意識と共通の目的と役割意識とを持って共通の行動がとられようとする、その態度のうちに見出されるもの」と記している（松原治郎（1978）『コミュニティの社会学』東京大学出版会）。

　そのほか、多くの学者がコミュニティを定義している。また、表4－2は条例にみるコミュニティの定義である。

表4－2　条例にみる「コミュニティ」の定義

条　例	定　義	施行日
岩見沢市におけるコミュニティの安全と市民の安心を高める条例	1　事業者及び市民は、地域一体となった連帯感の下に地域の安全と市民の安心を確保するための活動を行う自主的な組織（以下「安全コミュニティ」という。）を形成するように努めなければならない。 2　安全コミュニティは、地域における安全なまちづくりを計画的かつ総合的に進めるように努めなければならない。 3　市は、前項に規定する安全コミュニティの形成及びその活動に対し、必要な支援を行うものとする。	1998年7月1日

条例名	定義	施行日
ニセコ町まちづくり基本条例	わたしたち町民にとって、コミュニティとは、町民一人ひとりが自ら豊かな暮らしをつくることを前提としたさまざまな生活形態を基礎に形成する多様なつながり、組織及び集団をいう。	2001年4月1日
武蔵野市コミュニティ条例	この条例において、次に掲げる用語の意義は、当該各号に定めるところによる。 (1) 地域コミュニティ 居住地域における日常生活の中での出会い、多様な地域活動への参加等を通して形成される人と人とのつながり (2) 目的別コミュニティ 福祉、環境、教育、文化、スポーツ等に対する共通の関心に支えられた活動によって形成される人と人とのつながり (3) 電子コミュニティ インターネットその他高度情報通信ネットワークを通して、時間的及び場所的に制約されることなく形成される人と人とのつながり	2002年4月1日
吉川町まちづくり基本条例	コミュニティとは、お互いに助け合い、心豊かな生活を送ることを目的とし、自主的に結ばれた地域内の住民組織及び集団をいいます。	2003年10月1日
多摩市自治基本条例	コミュニティとは、市民が互いに助け合い、心豊かな生活をおくることを目的として、自主的に結ばれた組織をいいます。	2004年8月1日
八戸市協働のまちづくり基本条例	(地域コミュニティ)市民が共同体意識又は連帯感を持って生活する一定範囲の基礎的な近隣社会をいう。	2005年4月1日
知立市まちづくり基本条例	地域住民が互いに助け合い、地域の課題に自ら取り組むことを目的として自主的に結ばれた組織又は集団をいいます。	2005年4月1日

　時代の変化とともに、コミュニティの定義も変化しつつある。その結果、「コミュニティ」という6文字は多義的な概念を持つようになった。その多々ある定義の中から、共通点を抽出すると、「人と人のつながり」「共通の目的

を持つ」「共通の行動をする」に集約される。この3点がコミュニティの成立要件と考えられる。そこで、私はコミュニティを「人と人のつながりを基調とし、共通の目的を持って共に行動する（組織・集団・団体など）」ととらえている。

現在のコミュニティは多くの問題を抱えている。例えば、町内会の加入率低下にみられるように、エリア型コミュニティは歯槽膿漏的に崩壊しつつある（図4－1）。一方で、テーマ型コミュニティは持続性を伴わない場合があり、一過性の活動として終始することが少なくない。さらに、エリア型コミュニティの中でも、旧住民と新住民のそれぞれのコミュニティが対立する事例もある。

図4－1　自治会・町内会等への加入率の推移について

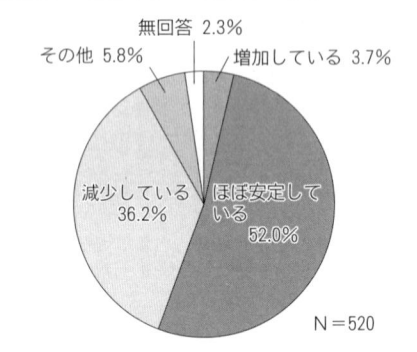

無回答 2.3%
その他 5.8%
増加している 3.7%
減少している 36.2%
ほぼ安定している 52.0%
N＝520

（注）この回答の設問内容は「過去10年間に自治会・町内会等へのコミュニティ加入率の推移は総じてどうなっていますか（あてはまるもの1つに〇）」である。
資料：財団法人日本都市センター（2001）『近隣自治とコミュニティ』

多くの問題が出てくる理由は、人々の価値観が多様化してきており、共通の目的を持つことが難しくなったからである。同時に人々の生活の24時間化が進展しているため、同じ時間に集まり、共通の行動をとることも困難となっている。これらの理由により、コミュニティが衰退しつつあると言われる。

以前と比較して現在のコミュニティは、確かに「弱く」なっているのかもしれない。しかしながら、私たちは「人と人のつながり」を放棄する状況にまでいっていないため、コミュニティの再生は十分に可能と考えられる。

私の一つの提案として、関係者それぞれが「共通の目的を持ちやすい活動」から、コミュニティを再生していくことが考えられる。例えば、「防犯」（安全安心のまちづくり）などは、様々な関係者の中で合意形成がしやすいと思われる。このような共通の目的を持ちやすい内容を軸とし、いろいろな関係者の調和・融合を図り、コミュニティを再生していく方向性が考えられる。

第Ⅱ部

「パートナーシップでつくる人・水・緑　輝くまち」の実現に向けて

　第Ⅰ部は、自治体職員が政策を開発するにあたり、持つべき思考、視点や技法に加え、文章作成の手法について基礎的要素を言及した。

　第Ⅱ部は、埼玉県戸田市に焦点をあてる。戸田市のシンクタンクである戸田市政策研究所の政策研究と戸田市の各担当課が実施している政策展開の実践を紹介する。

　今日、戸田市は様々な自治体ランキングで上位に入っている。今、ダイナミズムを発揮している地方自治体の一つである。戸田市の現状を知ることは、政策開発を進めるにあたり、大きなヒントが得られると思われる。

第5章 戸田市における「戸田市政策研究所」の意義

はじめに

第Ⅰ部では、政策開発を進める際の手法に主眼を置いて言及した。それを受けて第Ⅱ部では、具体的な地方自治体として、戸田市（埼玉県）に焦点をあてて政策研究と政策展開の実際を考察する。

第Ⅱ部の構成は、次のとおりである。まず、第5章では、戸田市に設置された戸田市政策研究所の組織やその特徴を紹介する。読者の多くは、「戸田市政策研究所とは何だろうか」と思われているだろう。同研究所は、近年、多くの地方自治体が設置する「自治体シンクタンク❶」である。続く第6章では、本年（2008年）、戸田市政策研究所が取り組んでいる政策研究の概要を記している。次いで第7章では、戸田市の先進的な政策展開について言及する。なお戸田市の基本構想には、将来都市像として「パートナーシップでつくる人・水・緑輝くまち」を掲げている。現在、同市はその実現に向けて取り組んでいる最中である。

●戸田市政策研究所の組織

地方分権改革の進展により、地方自治体は国や都道府県の政策に頼ることなく、自身の責任と判断で進むべき方向を決定し、自立した行政経営を行うことが求められている。戸田市が市民満足度の高い行政活動を継続し、将来にわたり持続的な発展を目指すためには、刻々と変化する社会状況に合致した政策を積極的に展開していかなければならない。

そこで、戸田市全体の政策形成力を高め、政策を的確に実践していくために、

---

❶ 自治体シンクタンクは、「自治体の政策創出において徹底的な調査・研究を行い、当該問題を解決するための提言を行うために組織された機関（団体）」と定義される。この自治体シンクタンクは、①研修所型、②自治体内設置型、③財団法人型、④第3セクター型、と大きく4類型される。

自治体シンクタンクである「戸田市政策研究所」を2008年4月に設置した。昨今、こうした自治体シンクタンクを設置する地方自治体が相次いでおり、地方自治体の組織内に設置する「自治体内設置型」の形態を採用するケースが多い。

　それらの自治体シンクタンクの中で、戸田市政策研究所の一つの特徴は、政策秘書室に設置された点である。そのため、同研究所は市長直結の性格を持っている。ちなみに、埼玉県では自治体内設置型を採用する初の自治体シンクタンクとなる。

　同研究所の組織は、所長に副市長、副所長に政策秘書室長、主任研究員（2名）として政策秘書室担当課長と副主幹、そして研究員4名に政策秘書室政策担当者、秘書担当者、広報・広聴担当者を配属している。この研究員4名のうち3名は兼務となるため、専属で業務に従事しているのは政策担当者1名となる。また、学術的なサポートをする役割として研究人材である学識経験者1名を「政策形成アドバイザー」というポストで委嘱している（図5－1）。

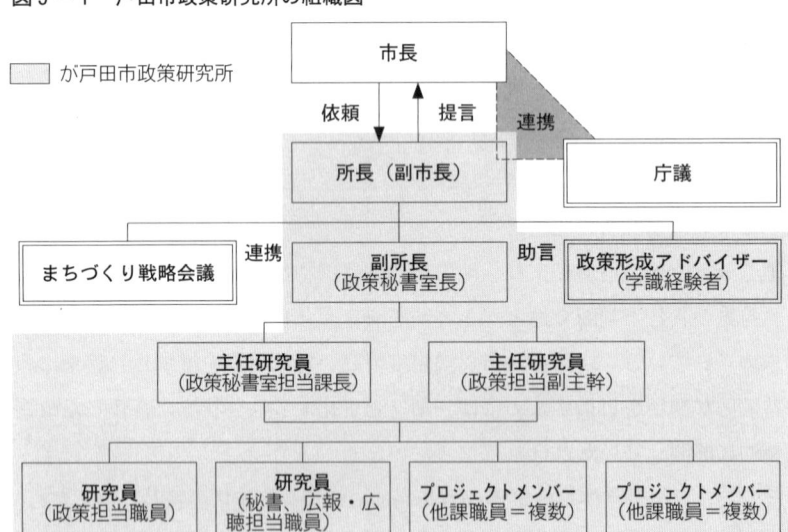

図5－1　戸田市政策研究所の組織図

（注）市長は、研究内容を決定し、研究結果を提言として受ける。庁議は、研究内容の決定や研究に基づいた政策・施策の実現についての検討を行い、実施の可否を決定する。まちづくり戦略会議は、政策研究所と連携し調査研究を行う。そして政策形成アドバイザーは、所長の指定する調査研究に関して指導を行う。

● 戸田市政策研究所の特徴

　現在、全国に約40の自治体内設置型の自治体シンクタンクが存在している。それらの他の自治体シンクタンクと比較した上で、戸田市政策研究所の特徴を端的に記しておきたい。まず、同研究所は政策秘書室に置かれている点が特徴となっている。政策秘書室がどの部局にも属さず、市長直轄の組織であることから、研究成果を市政に強く反映させることが可能となる。すなわち、同研究所は市長のブレーンという位置付けを持っている。

　また他の自治体シンクタンクでは、所長として大学教授や多くの外部研究員❷を採用しているが、戸田市政策研究所では研究員のほとんどが他の担当との兼務となっている。同研究所は学識経験者を1名しか採用していないことから、予算がかなり抑えられていることも特徴としてあげられる。

　具体的数字をあげれば、2008年度予算で、新宿区新宿自治創造研究所は所長（1名）、政策形成アドバイザー（1名）、分野別担当アドバイザー（3名）、非常勤職員としての研究員（3名）で、年間予算は19,173千円となっている。❸また、新潟市都市政策研究所は人件費を除く調査研究に係る経費が、30,689千円となっている。❹

　一方で、戸田市政策研究所は上述のとおり、外部から研究人材を政策形成アドバイザー1名しか採用していないため2,825千円となっている。❺ちなみに、「予算が多いからよく、少ないから悪い」ということを指摘しているのではないことを付言しておく。

● 戸田市政策研究所の機能

　同研究所の機能としては、大きく「調査研究機能」「政策支援機能」の2つ

---

❷　有識者・学識経験者を専門委員として採用したり、博士号取得者や博士課程修了者と同等の能力を持った者を非常勤職員として雇用している。

❸　この数字は、非常勤職員の人件費や外部アドバイザーへの報酬費だけではない。新宿区新宿自治創造研究所を活動していく様々な経費が含まれている。

❹　2008年2月29日に開催された総務常任委員会における新潟市都市政策研究所事務局長の発言による。

❺　この数字は、外部アドバイザーへの報酬費だけではない。戸田市政策研究所を活動していく様々な経費が含まれている。

に分かれる。前者の「調査研究機能」の中の研究事業では、研究員がそれぞれテーマを持ち、短期で結果を出す「政策企画」と、中期で成果を出す「政策研究」を実施している。

現在、進めている調査研究は、政策企画5本と政策研究1本と分けている。いずれも1年～2年で成果を導出することを目的に進めている。本書でいう政策企画とは、「施策化・事業化を前提とした研究事業で、原則として、1年間で結論を導出するもの」である。一方で政策研究とは、「必ずしも施策化・事業化を前提としない研究事業で、数年間で結論を導出するもの」と定義している（図5－2）。

図5－2　戸田市政策研究所の機能

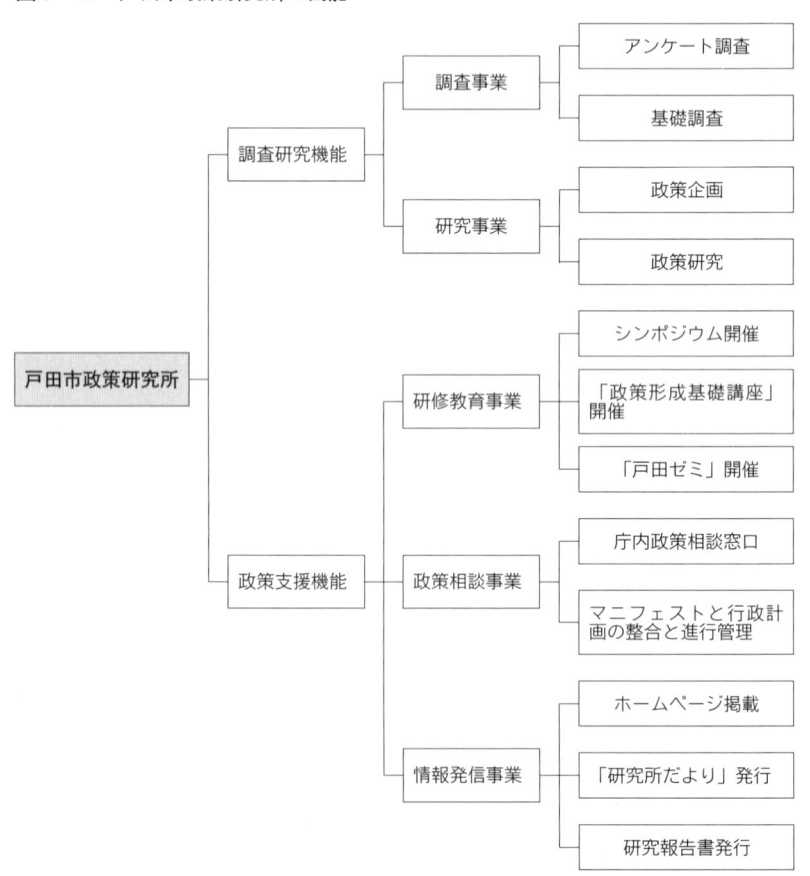

```
戸田市政策研究所
├─ 調査研究機能
│   ├─ 調査事業
│   │   ├─ アンケート調査
│   │   └─ 基礎調査
│   └─ 研究事業
│       ├─ 政策企画
│       └─ 政策研究
└─ 政策支援機能
    ├─ 研修教育事業
    │   ├─ シンポジウム開催
    │   ├─ 「政策形成基礎講座」開催
    │   └─ 「戸田ゼミ」開催
    ├─ 政策相談事業
    │   ├─ 庁内政策相談窓口
    │   └─ マニフェストと行政計画の整合と進行管理
    └─ 情報発信事業
        ├─ ホームページ掲載
        ├─ 「研究所だより」発行
        └─ 研究報告書発行
```

図5－2にある「政策支援機能」は、研究内容の発表の場としてシンポジウムの開催、戸田市職員を対象とした職員研修の実施、研究所の情報発信などがある。その中で、他の自治体シンクタンクにみられない特徴は、政策相談事業の一つである「マニフェストと行政計画の整合と進行管理」である。

　次に、図5－2にある研究事業に特化して説明する。戸田市政策研究所が取り組んでいる研究事業は、市長・副市長から提示された課題と、庁内で募集した課題から市長・副市長により選定されたものがある。また、研究事業を進める上で必要が生じた場合は、市長が各部局の職員を研究員として任命し、プロジェクトチームを形成し、研究を進めていくこともある。現在、表5－1の研究事業が動いている。この表5－1の取り組みを、第6章で紹介している。

表5－1　戸田市政策研究所の研究事業

研究テーマ名	研究概要	政策企画／政策研究
戸田市の現状と課題（まちづくり戦略会議）(注)	まちづくり戦略会議と連携し、戸田市の現状と課題を検証する。現状と課題の検証により戸田市の強みと弱み、戸田市らしさを明らかにし、今後の行政運営の基礎資料とするものである。	政策企画
戸田市のシティセールスの必要性と成功する要件について	戸田市がもたれている都市イメージを明らかにし、目指すべき都市イメージを設定する。また、そのイメージを売り込むシティセールスの方策を提案する。	政策研究
イケチョウ貝を活用した水質浄化とブランド化に関する展望	戸田市は環境分野の施策を重点的に展開しているが、戸田市ボートコースの水質は近年悪化している現状がある。そこで、埼玉県ボート協会と連携し、イケチョウ貝による水質浄化と、貝より採取した淡水真珠の活用について検証する。	政策企画
ネーミングライツの効果と方向性	税収以外の新たな自主財源の確保と、公共施設の安定した運営のため、ネーミングライツの導入による経済効果と、導入にあたっての工程及び方向性を明確にする。	政策企画
共働き家庭の子育て支援について	女性の社会進出が進み、更なる共働き家庭への支援が求められている。本市における、子育て家庭の経済的支援、子育て	政策企画

	の環境整備のために市内企業に対する支援、父親を含めた共働き家庭への支援についての方向性を検証する。	
電子申告・電子納税の導入をめぐる議論	多様な住民ニーズへの対応と健全な行財政運営が求められている今、行政手続きの電子化について検証する。特に本研究では電子申告・納税に着目し、導入のメリット・デメリットを検証する。	政策企画

（注）まちづくり戦略会議とは、「戸田市まちづくり戦略会議要綱」の第1条（設置）において、「21世紀において戸田市が、自己決定及び自己責任を基本理念とする個性豊かな自立したまちであるために、新時代にふさわしい施策や行財政システム等を調査研究し、かつ、それらの結果を市政運営にいかすため、戸田市まちづくり戦略会議を置く」と明記されている。同会議の構成は、政策秘書室長、総務部次長、財務部次長、市民生活部次長、福祉部次長、こども青少年部次長、都市整備部次長、医療保健センター次長、水道部次長、消防本部次長及び教育委員会事務局次長となっている（第3条）。

おわりに

　戸田市政策研究所の新しい取り組みとして、大学との連携がある。同研究所では、試行的に研究補助員として大学生を受け入れた。研究補助員は大学の夏休み期間に約1か月半、各研究のアンケート調査の実施・集計などを受け持った。研究補助員とはインターンシップである。通常のインターンシップは1〜2週間程度の短期間である。しかし、戸田市政策研究所の場合は1か月以上にも及ぶ。この点は特徴の一つである。

　研究補助員は同研究所が実施したアンケート調査の考察や、戸田市内の現場を直接訪れて観察した結果を踏まえ、研究テーマの一つである「シティセールス」について、「交流人口」「情報交流人口」「定住・交流人口」という観点から研究を行った。その成果を「学生の視点からの戸田市のシティセールス」と題して、市長・所長に提言している。この大学との連携は、次年度以降に大きく発展する可能性を持っている。

　最後になるが、戸田市政策研究所は、戸田市としての政策形成力の確立と向上を目的に設置されている。政策形成力を確立・向上するには、職員一人ひとりの政策形成能力の充実が重要である。そこで、同研究所は職員を対象とした研修教育にも力を入れている。その一つが第7章で紹介している「戸田ゼミ」

である。同ゼミは政策形成アドバイザーが主宰している庁内自主勉強会である。

　戸田市政策研究所に関心を持たれた読者は、同研究所のホームページをご訪問いただきたい（検索サイトで「戸田市政策研究所」❻と検索していただければホームページにたどりつきます）。

❻　戸田市政策研究所 ： http://www.city.toda.saitama.jp/438/437464.html

第6章 自治体シンクタンク「戸田市政策研究所」の取り組み

1 「強み」と「弱み」から"戸田市らしさ"を探る
～戸田市の現状と課題～

はじめに

● 進む地方分権

　地方分権改革の萌芽は、1989年の「臨時行政改革推進審議会（第2次行革審）」の「国と地方の関係等に関する答申」の中にみられる。同答申では、可能な限り自治体に権限の委譲を進めることがあげられている。その後、1995年に地方分権推進法が施行され、2000年には「地方分権の推進を図るための関係法律の整備等に関する法律（以下、「地方分権一括法」という）」が施行された。

　この地方分権一括法により、国と地方の関係が上下・主従の関係から、対等・協力へと変化し、中央集権型行政システムが地方分権型システムへと変革していくことになった。そして、2008年5月には地方分権推進委員会が、第1次勧告「生活者の視点に立つ『地方政府』の確立」を示した。これは「基礎自治体優先の原則」の下、主として基礎自治体である市町村の自治権の拡充を図る諸方策について勧告している。このように、「国から地方へ」「官から民へ」の時代の流れが押し寄せ、さらに加速している状況にある。

　2008年4月以降、戸田市は重要な行政計画などの策定が続く。例えば、「第3次総合振興計画」（2001年～2010年）から「第4次総合振興計画」への展開、第4次の行政改革である「経営改革プラン」の検証と次期行政改革の検討を行う時期にあたっている。

● 戸田市ってどんなまち？

　以上の背景より、現在、「戸田市を将来どのような市にしていくか」を検討

することは非常に重要である。また潤いある戸田市政を実現していくために、緊急に取り組むべき課題でもある。そこで本稿では、戸田市が今後の施策・取り組みなどの検討に当たっての基礎とする目的から、各分野における戸田市の現状と課題を検証する。また、読者には、本稿をとおして「戸田市とはこのようなまちである」ということを理解してもらいたい。

1 基礎調査の重要性と手法

(1) 戸田市政策研究所が考える基礎調査の重要性

　従来は、自治体の基礎調査を外部機関（シンクタンク、コンサルタント等）に委託する傾向があった。しかし昨今では、自治体が外部機関に委託せず、自ら実施する傾向が強まっている。特に、戸田市政策研究所のような自治体シンクタンクが基礎調査を行い、その成果を全庁的に共有する事例がみられつつある。

　例えば、横須賀市都市政策研究所は『よこすか白書』を発表している。同白書は統計データに基づき都市像を観察する「第Ⅰ部　横須賀市の姿」と、6つの政策分野について分析する「第Ⅱ部　横須賀市の現状とこれからの課題」と、長期的視点で将来への方向性を探る「第Ⅲ部　時代の視点」の3部から構成されている。そして、同白書は横須賀市の直面する「現在」と「将来」を探っている。

　また、中野区政策研究機構は『基礎調査研究―中野区の現状と課題の分析』を発表している。同報告書は、中野区の特徴を明らかにすることを目的とし、中野区の姿を概括的に把握することを念頭に置き、データの収集・分析を行っている。なお、いずれの報告書も、それぞれのホームページで公開されている。

　なお戸田市は、市の行政経営に資するために「戸田市行財政白書」（経営企画課）を1年ごとに作成している。同白書は、部の方針及び課のマネジメント、経営改革プランの進行状況、戸田市の財政状況など、現在の戸田市の行財政情報を取りまとめたものである。戸田市政策研究所においては、この白書を踏まえ、かつ先行事例を参考にし、各分野での現状と課題と対策を検証・考察している。

(2) 戸田市政策研究所における基礎調査の手法

　戸田市の行政経営に関する基礎データを収集・加工するために、次の3点の方法を採用した。

①　既存の資料の活用
②　戸田市の行政資料の活用
③　戸田市まちづくり戦略会議におけるSWOT分析

　はじめの「既存の資料の活用」では、国のホームページから入手できる総務省「統計でみる市町村のすがた　2008」などを収集・加工している。次の「戸田市の行政資料の活用」では、「戸田市経営改革プラン～第4次行政改革～」や「戸田市行財政白書　2007」などを活用している。最後の「戸田市まちづくり戦略会議におけるSWOT分析」では、戸田市まちづくり戦略会議（以下、「戦略会議」という）において、部門ごとの「強みと弱み」と「機会と脅威」の分析を行い、戸田市のおかれている現状と課題を明らかにした。

　戸田市における戦略会議の位置付けは、各部門の次長職を委員とし「21世紀において戸田市が、自己決定及び自己責任を基本理念とする個性豊かな自立したまちであるために、新時代にふさわしい施策や行財政システム等を調査研究し、かつ、それらの結果を市政運営にいかすため」に設置された会議である。

　なお、本調査研究の成果物は、第4次総合振興計画（2011年～2020年）の策定の基礎資料ともなる。その意味でも、SWOT分析は重要な位置付けである。

2　戸田市ってどんなところ

(1) 戸田市の歴史～川の流れとともに発展した戸田～

　戸田市は、縄文時代前期から既に人の住んでいた形跡があり、古くから集落も形成されている。また、江戸時代には徳川家康が戸田付近で鷹狩りを行い、徳川家光は笹目・早瀬付近を鷹場に指定している。また、戸田ボートコースでは東京オリンピックのボート競技が行われるなど、ボートのまちとしての歴史もある（表6－1）。

表6-1　戸田市の歴史

年代	できごと
約5000年前（縄文時代前期）	戸田市本町にて、この頃の十三菩提式深鉢形土器が発見されている。
約4500年前（縄文時代中期）	戸田市美女木にて、この頃の勝坂式、阿玉台式土器破片や打製石斧、石皿の破片が発見されている。
約3000年前（縄文時代後期）	戸田市美女木堤外にて、この頃の加曽利BⅠ式土器破片が発見されている。
250年頃（弥生時代後期）	この頃の遺跡として市内に鍛冶谷・新田口遺跡（～古墳時代前期）がある。
300年頃（古墳時代前期）	この頃の遺跡として市内に根木橋遺跡（～室町時代）、南原遺跡（～室町時代）、前谷遺跡（～平安時代）、上戸田本村遺跡等がある。
500年頃	この頃、上戸田に集落が営まれ、かまどを持つ竪穴式住居が作られる。（南原、上戸田本村遺跡）
1875年	戸田橋（木橋）が完成。
1889年	町村合併により下戸田村、上戸田村、新曽村が戸田村に、下笹目村と惣右衛門村が笹目村に、美女木村と内谷村と曲本村と松本新田村が美谷本村になる。
1910年	荒川、利根川の大水害。両流域で洪水により美女木地区の堤防が決壊し、浸水家屋、冠水田畑多数。
1912年	戸田橋（木橋土橋）が完成。
1932年	戸田橋（鉄橋）が完成。
1940年	戸田漕艇場（ボートコース）が完成。
1941年	戸田村、町制施行のため戸田町になる。

年代	できごと
1943年	美谷本村と笹目村が合併し美笹村になる。
1951年	戸田橋花火大会が始まる。
1957年	美笹村が戸田町と合併。
1964年	第18回オリンピック東京大会開催。戸田ボートコースがボート競技会場として使用される。
1966年	戸田町、市制施行のため戸田市になる。
1967年	戸田付近の新大宮バイパス、部分開通。
1978年	戸田橋（コンクリート橋）が完成。通勤新線（埼京線）が認可を受ける。
1984年	中国・開封市と友好都市締結調印。
1985年	東北・上越新幹線、大宮～上野間開業、埼京線開業。戸田公園駅・戸田駅・北戸田駅が開設。
1986年	戸田市が平和都市宣言。
1988年	人口が8万人を突破。
1990年	首都高速道路5号線（高島平～戸田南）が開通。
1992年	オーストラリア・リバプール市と姉妹都市提携締結。埼玉県・美里町と姉妹都市提携締結。
1993年	静岡県・戸田村と姉妹都市提携締結。福島県・大信村と姉妹都市提携締結。首都高速道路5号線が開通。
1996年	人口が10万人を突破。市制30周年。
2006年	市制40周年。

(2) 戸田市の人口～若さあふれるまち～

　1966年に戸田市は市制を施行している。当時の人口は約5万人であった。その後、交通網の整備により人口は増加傾向をたどり、1997年には10万人を突破している。現在、わが国は人口減少時代に突入したが、戸田市は、その影響を受けることなく、2008年には人口12万人を超えている（図6－1）。

　近年、首都圏では地方圏からの人口流入とともに高齢化が加速している。そのような中、戸田市でも老年人口増加率は、全国でも上位に位置している❶。しかし、年少人口や生産年齢人口の比率も、依然として高く（表6－2）、「子育てのまち」として埼玉県から2007年に「地域子育て応援タウン」として認定を受けている。

　現在は人口が増えつつあるが、例えば、今後の課題として、人口増加の過程や、あるいは人口増加から減少へ転じた場合に、老年人口の増加に伴う財源の減少や福祉サービスの利用の増加が問題となることが考えられる。また、その状況では「子育てのまち」からの方向転換なども検討することとなる。

図6－1　戸田市の人口の推移

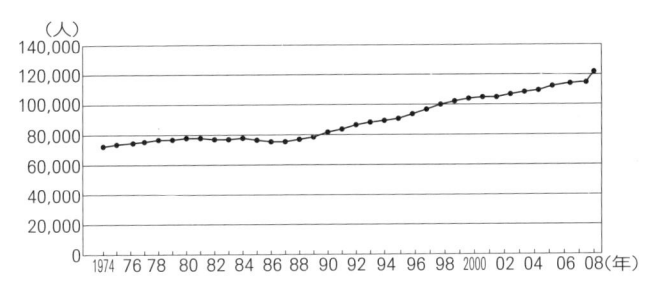

表6－2　戸田市の年齢層の推移

年度	年少人口（人／％） 0歳～14歳	生産年齢人口（人／％） 15歳～64歳	老年人口（人／％） 65歳以上	合計（人）
2007	19,263（16.22）	84,379（71.04）	15,128（12.74）	118,770
2002	18,569（16.73）	80,912（72.92）	11,483（10.35）	110,964
1997	17,344（16.70）	78,170（75.26）	8,347（8.04）	103,861

❶　『都市データパック　2008』東洋経済新聞社

(3) 戸田市の地形～坂道の少ない平坦な土地～

戸田市は、埼玉県の南東部に位置し（図6－2）、美しい緑と豊かな荒川の流れに抱かれた面積約18k㎡のまちである。東西に長い市域は、東は川口市、西は朝霞市と和光市、南は荒川を隔てて東京都板橋区、北はさいたま市と蕨市に接している（図6－3）。

図6－2　戸田市の位置

図6－3　埼玉県内における戸田市の位置

戸田市内は、海抜約1～4mと全体的に平坦な土地であり、沖積層地帯を母体として生まれた土地である。過去40年間で田畑がおよそ10分の1近くに減少し、宅地開発が進んでいる。その結果、2007年では、約43％の土地が宅地として利用され、田畑は2％未満となっている。

また、海抜が低いため、市境南西部を流れる荒川の堤防決壊時や、近年増加傾向のゲリラ豪雨発生時には、浸水被害の可能性が高いという課題がある。

(4) 戸田市の交通～都内への便利な玄関口～

戸田市は荒川を渡るための渡船場として、平安時代末には「早瀬渡船場」があった。この渡しから北に伸びる道筋は、旧鎌倉街道「中道」の脇街道か枝道の役割を果たしていたと考えられている。また、戸田市内を南北に貫く旧中山道は、荒川の「戸田渡船場」からはじまっていた。

現在は、戸田市内の東部に国道17号が南北に、市内の西部に新大宮バイパスが南北に、新大宮バイパスの上に首都高速道路5号線が、市内の北部に東京外かく環状道路が整備されている。また、東西の国道をつなぐ道路が整備され、戸田市外への自動車での移動の利便性とともに、市内の移動もスムーズに行え

る。なお、2007年4月1日現在の市道の舗装率は99％と埼玉県内1位であるとともに、歩道設置率も24.7％と埼玉県内2位と、道路交通網の整備が進んでいる。

　そのほかに、市内の中心部にJR埼京線が南北に走っており、戸田公園駅・戸田駅・北戸田駅と3駅の利用が可能である。1985年に3駅が開通した際には、1日平均の乗車人員がおよそ15,000人であったが、2007年度には60,770人と人口が住環境の整備とともに増加傾向にある。

(5) 戸田市の自然〜水と緑のあふれるまち〜

　戸田市は、市境南西部を流れる荒川堤防内に豊かな緑が広がっており、西部にある彩湖（荒川第一調整池）、隣には彩湖自然学習センターや彩湖・道満グリーンパークがある。彩湖・道満グリーンパークは667,000㎡（東京ドーム約15個分）という広大な敷地を生かし、運動場やバーベキュー広場や釣り場を設置し、年間100万人以上の利用がある。南部には荒川運動公園があり、運動場の隣には荒川親水公園が、堤防を挟み戸田桜づつみとして桜並木を形成している。

写真6-1　彩湖自然学習センター　　写真6-2　彩湖・道満グリーンパーク

　また、南西部を流れる荒川のほかに、市街地内には菖蒲川、笹目川、上戸田川、さくら川など多くの河川が流れている。その河川の周りには公園を整備し、

---

❷　「道路現況調書」埼玉県県土整備部道路環境課、2008年4月作成
❸　昭和61年度版「統計戸田」
❹　東日本旅客鉄道(株)「鉄道ライブラリー各駅の乗車人員」2007年度

水と緑のネットワーク形成にも力を入れている。

　そのほかには、屋上緑化「フェルトガーデン戸田」の普及促進や、市民・企業・行政とのパートナーシップによる花のまちづくり「花ロード美女木」による歩道周辺の植栽などにも取り組んでいる。しかし、市街地内には公園を多く整備しているが、敷地面積が広いものが少ないという課題や、人工緑地は豊富であるが自然環境が少ないという課題もある。

3　戸田市における行政分野別の現状・課題・対策

　戦略会議において、下記の形式のSWOT分析シート（図6－4）を用いて、「強み・弱み」「機会・脅威」を明らかにした。ここでは、その分析結果から明らかになった戸田市の現状と課題と対策について言及していく。

　このSWOT分析は、組織が経営戦略を策定する際に、現状を把握するために使われるツールの一つである。今回のSWOT分析では、第3次総合振興計画での大きな分野の柱である「7行政分野ごとのSWOT分析」を行っている。そのため、各分野に従事している者の専門的な視点からの分析であるため、同一の要素がA分野では「機会」に、B分野では「脅威」になっているケースも現れている。

図6－4　SWOT分析シート

SWOT分析シート		内部環境	
		強み（S）	弱み（W）
		① 強みと弱みが明らかにされている部分　現状と課題が明らかにされている部分	
外部環境	機会（O）ニーズの増大二役割の増加	② 現状と課題が明らかにされている部分	強みで機会を生かすための取り組み
			④ 戸田市の未来像が明らかにされている部分
		弱みを強化して機会を逃さないための取り組み	
		④ 戸田市の未来像が明らかにされている部分	
	脅威（T）ニーズの減少二役割の縮小	強みで脅威を克服するための取り組み	弱みを強化して最悪の事態を招かないための取り組み
		④ 戸田市の未来像が明らかにされている部分	④ 戸田市の未来像が明らかにされている部分

(1) 保健・福祉・医療
　○現状
- **平均年齢が埼玉県内一若く（38.5歳）、合計特殊出生率が全国平均（1.34）より高い（1.36）。埼玉県地域子育て応援タウンに県内で最初に認定された、「子育てのまち」である。**
- 平均年齢が若いことから、高齢化率（12.88％）は低い。
- 戸田市直営の医療保健センターと介護老人保健施設が併設されているため、保健・福祉・医療の連携が取りやすい。
- 障害者相談支援事業所が市内に3か所あり、障害者就労支援センターが福祉作業所に併設されている。

　○課題
- 若い世代の人口流入増加傾向が続いているため、各手当・医療費補助等が増加している。また、子育てに係る施設・空間・スタッフの確保が困難である。
- 医療保健センターと介護老人保健施設は、市の中心部でなく西部地区にあるため、市民の利便性に欠ける。併せて、医療保健センターは老朽化が進むとともに、施設が手狭な状況となっている。また、介護老人保健施設は入所待機者が多い。
- 市内4地域に、高齢者などが集える福祉センターを整備しているが、さらに地域福祉の活動拠点として活用する必要がある。

　○ＳＷＯＴ分析結果による今後の方向性
- 「強み」は、全国平均に比べ高齢化が緩やかであること、保健・医療・介護の専門職が揃っていることがあげられる。「機会」は、**子育て世帯が多く、共働き家庭が増加していること、団塊世代ボランティアの活用が期待されること、健康づくりに市民の関心が高まっていること**が検証された。
- 「弱み」「脅威」は、課題にあげられた内容が当てはまる。そこで、その課題の対策のために、既存保育園の建て替えや、大規模集合住宅などの建設時に保育施設の開設を協議し、保育需要に対応することが考えられる。
- 子育てボランティアやサークル活動の推奨及びコミュニティ意識の醸成を積極的に行うことで、市民による自主的な活動を支援することが検討

される。
- 医療保健センターを再構築し、保健部門は福祉部門との融合を図り、新たに整備する。医療部門施設については建て替えを行い、介護老人保健施設は増床のため増築する必要がある。

(2) 学校教育・生涯学習と文化
　○現状
- 基礎学力の向上ときめ細かな指導を目指し、「わくわくティーチャー」を小学校に、「生き生きティーチャー」を中学校に配置している。
- 小中学校全校にＡＬＴを通年配置し、英語活動や英語教育の充実を図っている。
- ２学期制、夏季休業期間短縮による授業時数の確保を進めている。
- 小中学校全校にエアコン配備を行い、学習環境の整備を進めている。
- 文部科学省・県教育委員会の委嘱を受けて、**特別支援教育モデル事業に取り組んでいる。**

　○課題
- 児童・生徒数の増加により、小中学校における教室不足が生じている。
- 学校施設の耐震化が100％に達していない。
- 学校給食センターの老朽化が進むとともに、単独調理場が未整備の小学校がある。
- 食物アレルギーの児童・生徒が増加傾向にある。

　○ＳＷＯＴ分析結果による今後の方向性
- **「強み」は、児童・生徒を取り巻く環境に対する住民の意識が高いこと、小学校における単独校給食調理場の整備が進み、５校（12校中）において自校給食を実施していることがあげられる。「機会」は、役割の増大という視点からアレルギーの子どもたちの増加**が検証された。
- **「弱み」は、ほとんどの校舎が築30年以上、学校給食センターが築38年経過し、老朽化していることである。「脅威」は、国内産加工食品の不安や価格高騰**が検証された。
- 「弱み」「脅威」に対処していくために、児童・生徒増の対応として、

プレハブ校舎の設置、通学区域の検討を行うことが必要である。
- 2010年度までに全校耐震補強工事の完了を目指す。また、2011年度の稼働を目指し、新給食センターの建設とともに自校式給食を推進し、食物アレルギー対策を図る。

(3) 環境と市民生活
○現状
- 環境の良さと経済の活力を両立させながら、生活面でも快適に過ごせる都市として、**サステナブル都市全国第3位（2007年）**となり、屋上緑化**「フェルトガーデン戸田」の商標登録**（2005年）後、多くの視察を受け入れている。
- 市民の環境意識が高いため、NPOや市民団体の活動が活発であり、行政との協働による環境関連イベントが盛んである。
- 警察との連携が強く、防犯・交通の面で警察官OBを採用している。
- 戸田市の**防災気象情報**を知らせる「**戸田市防災情報メール**」や不審者情報などを知らせる「**とだピースガードメール**」などの情報提供サービスを行っている。

○課題
- 人工緑地は豊富であるが自然環境が少なく、市内だけで温室効果ガスを削減するには限界がある。
- 埼玉県内犯罪発生率が県内（70市町村）ワースト4位（2007年）、内訳の大多数は刑法犯の自転車盗等である。
- 戸田市内の海抜が低く平坦な地形上、荒川の破堤時には全域が浸水にみまわれる。
- 人口1万人当たりの救急出動件数が県内ワースト2位である。

○SWOT分析結果による今後の方向性
- 「強み」は、自主防災組織率が100％であること、大規模災害時における相互応援・相互利用等に関する協定書が締結されていることがあげられる。また「機会」は、地震発生による市内全域にわたる液状化の危険性や、台風等大雨による荒川・中小河川等の水害及び集中豪雨による都

　　　　市型水害の恐れがあること**が検証された。
- 「弱み」「脅威」は、課題にあげられたものである。今後の方向性として、自然環境豊かな福島県白河市と友好都市提携をしており、環境モデル都市提案事業を連携して進めたい。
- 地域と連携した自主防犯パトロールの推進、充実を図る。
- 総合防災訓練、防災講演会等を実施し、防災知識・防災対策の普及、「自助・共助」の意識啓発を図るとともに、各地域自主防災会のリーダーを育成する。
- 救急車の適正利用を市民に促す。

(4) 産業と労働
　○現状
- 都心へ約30分で行ける立地と交通網の発達が進んでいるという**昼夜間人口比率が低くなりがちな立地条件にもかかわらず、市内事業所が多いため、県内20位97.9％と比較的高い。**
- 高齢者の就労支援として社団法人戸田市シルバー人材センターを設置している、市庁舎内に地域職業相談室を設置していることなど、生き生きと働く環境づくりを進めている。

　○課題
- 2006年度に「戸田市企業集積基本計画策定」を実施し、新たな企業の誘致が可能な土地について調査を行ったが、調査時点では市内大規模未利用地には企業誘致の可能性がないことが判明した。
- 人口当たりの大型小売店舗面積が広い反面、中心市街地が存在しない。

　○ＳＷＯＴ分析結果による今後の方向性
- 「強み」は、道路環境が整備されているが都内より家賃等が安いこと、企業支援センターを設置していることがある。「機会」は、地球温暖化防止・省資源をはじめとする環境保護の推進が希求されていることが検証された。
- 「弱み」は、製造業を中心とする事業所が市外流出傾向にあること。そして、「脅威」は、原油・原材料の高騰による収益の悪化が検証された。

- 「弱み」「脅威」に対応していくための方向性は、環境に配慮した設備投資をする事業所への支援制度や、産業立地推進のための支援制度等により、市内産業の振興を図るとともに市外流出を食い止める。
- 社会情勢に応じた制度融資の充実を図り、市内中小企業の育成と経営基盤の安定化に資する。
- 高齢化社会の進展や団塊の世代の大量退職に対応して、就労支援や雇用促進を図り、高齢者の技能・労働力を活用する。

(5) 都市基盤と生活基盤

○現状
- 都心に近く交通の便が良く、**道路舗装率が埼玉県内1位**である。市内住宅の耐震化率が87％と高水準となっている。
- 上水道普及率が100％、下水道普及率が85％と高く、**1月20㎥当たりの下水道使用料金が全国一安価**である。また、土地区画整理事業の整備率が89％と非常に高く、都市基盤整備が進んでいる。
- 都市マスタープランの進行管理、都市まちづくり推進条例制定、三軒協定（全国初）、景観行政団体としての同意を県内1番目に得る、都市景観条例の制定県内5番目と、制度制定の推進をしている。
- 首都圏にある自然と共生する広大な水辺空間として、彩湖・道満グリーンパーク公園（年間利用100万人以上）がある。また、**1人当たり公園面積が県内4位**である。

○課題
- 道路基盤の整備は充実している一方、交通事故発生率が県内ワースト9位である。
- 市街地に公園数は多いものの、広い公園が少ない。
- 市内の平均海抜が低いこと、また、雨水浸水被害の可能性が高い。
- 老朽化した水道施設の更新が、水道事業の経営に大きな影響を及ぼす。

○ＳＷＯＴ分析結果による今後の方向性
- 「強み」は、荒川をはじめ河川が多く、水に親しむための条件が整っていることがある。「機会」は、住んでみたいまち・住み続けたいまちと

しての市民意識の向上や環境に対する意識の向上があること、より安全な水道水の提供に対するニーズの高まりがあることが検証された。
- 「弱み」は、都市基盤未整備地区がまだ存在し、下水道整備が遅い地域があることがあげられる。「脅威」は、地震・異常気象による水害、テロ等による水への不安があることが検証された。
- 「弱み」「脅威」に対応していくための方向性は、景観の配慮や歩行空間の確保、生活環境重視の道路整備の推進、あんしん歩行エリアを設定し、エリア内の交通安全対策について事業計画の策定を行う。
- 個性ある公園づくりや市民ボランティアなどの参加による自然再生の事業化を推進する。
- 水道耐震化計画の策定及び耐震化の計画的実施、水道に係る再生可能エネルギー利用の検討や高効率設備への更新等、環境に配慮した取り組みの実施を行う。

⑹ 参加と交流
○現状
- 情報公開制度・個人情報保護制度・パブリックコメント制度・行政文書目録検索システムの整備など、行政に対する市民参加の機会が保障されている。
- 2002年度より「戸田市情報化推進計画　e-TODAプラン」によって地域情報化と行政情報化を計画的に推進している。情報インフラの整備が2003年度に完了し、現在は各種システムの再構築を進めている。
- ボランティア・市民活動の拠点施設ができ、活動団体等への場所や情報交換の支援を実施できるようになった。また、協働できる市民の「発掘」がこれまでより容易になり、拠点施設の運営を通じて市民参加が活発になっている。

○課題
- 急速な進展に伴う情報セキュリティや情報リテラシーの知識不足、情報化に対応するための調達経費や運用経費の増大が懸念される。
- 人口の流出入が激しいため、地域コミュニティの主体である町会の加入

率が減少傾向にある。
- ボランティア・市民活動の拠点施設と情報サイトはできたが、需要と供給に対応できる態勢に欠ける。

○ＳＷＯＴ分析結果による今後の方向性
- 「強み」は、住民票等の自動交付機を３台設置するなど先進的な取り組みを行っていることがあげられる。「機会」は、ネットワーク技術・情報化技術の急速な進展やネットバンキングが一般化されていることが検証された。
- 「弱み」は、市政情報室の利用者数が低下していることがある。「脅威」は、課題であげられたものであることが検証された。
- 「弱み」「脅威」に対応していくための方向性は、充実した制度の整備による「開かれた行政」「市民との協働のまちづくり」の積極的なＰＲを行う。
- 住民自治による「協働の必要性」を周知することと、行政の抱える構造的な問題点について市民に理解を求め、改善における協力を仰いでいく。
- 駅の利用者が多いことから、ＪＲ東日本（株）などとタイアップをした電子マネーの研究を行う。

(7) 行財政運営

○現状
- 1982年の「戸田市行政改革基本方針」から本格的に取り組んだ行政改革も、現在、第４次計画である「戸田市経営改革プラン」に基づき推進中である。
- 2007年６月に成立した**「地方団体の財政健全化に関する法律」の４つの指標すべてにおいて、「健全段階」**である。
- 2006年度決算における**財政力指数は全国782市中12位、県内１位、実質公債費比率全国５位、県内１位**である。

○課題
- 総合振興計画と財務会計との事業単位が不揃いであり、整合が取れていないことや、総合振興計画と部門計画間の施策の整合が取れていない部分がある。

- 2007年度市税の収納率は県内40市中11位であるが、国民健康保険税は県内ワースト9位である。
- 収納率の向上を目指し、積極的に財産の差押え等の処分を実施しているが、動産の実績はまだない。

○ＳＷＯＴ分析結果による今後の方向性
- 「強み」は、行政評価を実施していること、毎年実施計画を見直していることがある。「機会」は、民間企業における経営理念・手法に学ぶＮＰＭの考え方の浸透がされていることが検証された。
- 「弱み」「脅威」は、課題にあげられたものである。その対応策としては、事業単位の見直しや部門別計画との調整を行うとともに、行政評価の客観性を高めるために二次評価及び外部評価を実施する。
- 第４次総合振興計画では、施策単位での成果指標を設定し、目標を明確にする。
- 換価性の高い債権の差押えの強化、徴収事務の合理化・効率化のためのアウトソーシングの推進や収税方法の多様化による市民サービスの向上を図る。

おわりに

　本稿では、今後の戸田市の施策・取り組みなどの検討に当たって、基礎資料となるものを作成することを目的としてきた。そのため、現在の戸田市のおかれている状況や戸田市の特性などを明らかにする必要があったが、ここで各部門の次長職を委員とした戦略会議におけるＳＷＯＴ分析については、重要な役割を果たしている。このＳＷＯＴ分析により、前述のシートに一つの分野の現状と課題、強みと弱みをまとめることができ、簡潔にその分野について述べることが可能となった。

　なお、本稿を第４次総合振興計画の策定の基礎資料としていくが、本稿における「ＳＷＯＴ分析結果による今後の方向性」については、市政への約束ではない。戸田市政策研究所における調査結果であり、今後第４次総合振興計画や個別計画の策定等の中で検討を進めていくものである。

2 「看板」が売れるの？
～ネーミングライツの導入をめぐる考察～

はじめに
●財源確保及び地域活性化へ向けての新たな取り組み

　現在、戸田市は他自治体同様に、楽観できない財政状況が続いている。今後も持続可能な行政運営と地域運営を維持していくためには、あらゆる努力をしていく必要がある。こうした状況の下、行財政改革を積極的に進め、歳出の抜本的な見直しや税収以外の新たな工夫による自主財源の確保に努めている。

　戸田市が実施している歳入増加策の一つとして、市が持つあらゆる資産を広告媒体として活用することがある。具体的には広告収入を得るための有料広告事業である。戸田市の広告事業は、2004年4月から本格的に始まった。現在では、広報紙やホームページに加え、封筒に有料広告を掲載している。この取り組みは、全国の他自治体においても同様にみられる。さらに先行自治体においては、庁舎の玄関マットやバス停の広告など身近なものから、スポーツ施設や文化施設などにネーミングライツを取り入れるなどの大規模なものまで、その取り組みは急速に拡大している。

　戸田市でも、今後、既存の税収以外の新たな自主財源の確保や公共施設の適正な管理運営を継続するために、一つの方向性として既存施設等を活用した自主財源の確保を検討する必要がある。そして、その課題解決に向けた対策として、広告事業の強化が考えられる。

　そこで、本稿では財源の確保に主眼を置くため、広告主を地元企業に限らず、全国規模で募り、広告事業を展開するための手段を考えたい。その方向性として、既存施設などを活用したネーミングライツの導入を考えたい。

　例えば、今日、戸田市が誇れる有形・無形の資産として、「戸田市スポーツセンター」や「戸田市文化会館」、さらに「戸田マラソン　in　彩湖」が考えられる。これらに着目し、民間企業などと協力し合い、広告媒体の付加価値を上げ、戸田市の財政の健全化、ひいては地域の活性化につながる手段を検討する。

●語句の定義

　本稿では、「広告事業」と「ネーミングライツ」を次のように定義して使用する。まず、広告事業とは、「自治体の所有する様々な資産を民間企業などの広告掲載を通じて収入を得る事業に加え、また企業広告を掲載した物品の寄附を受けて経費を削減する事業」とする。

　広報紙などに、自治体が民間広告を掲載することの可否については、1958年に出された自治省（当時）の地方自治関係実例判例において、「広報紙の広告料は、私法上の問題で、広告掲載は差し支えない」が示されている。したがって、自治体が所有資産を利用した民間事業者の広告を掲載することは、各自治体の判断に任されている。

　次に、ネーミングライツとは、「スポンサー企業の社名や商品ブランド名を公共施設やイベントの名称として付与する権利」とする。すなわち、施設の所有者が命名権の売却益を受ける仕組みである。また、当権利は施設の壁面やイベントのパンフレット名に会社などの名称及び商品名を掲載することをいう。

本稿の目的

　本稿は、戸田市政策研究所が実施している調査・研究事業の「アンケート調査・政策企画」が土台となっている。この調査・研究事業では、次の6点を明らかにすることが目的となっている。

① 戸田市で実施している広告事業の現状を把握する。
② 他の自治体における広告事業の取り組み及びネーミングライツの導入の動向を把握する。
③ 自治体の施設に企業がネーミングライツを導入する理由を明らかにする。また、その導入が企業、施設所有者に及ぼすメリットやリスクを検証する。
④ 国内におけるネーミングライツの導入事例を参考に、メリットとリスクを検証する。
⑤ 市の公共施設等の広告媒体としての価値を検証する。
⑥ 今後、戸田市がネーミングライツを検討する際の基礎資料とし、市

> がネーミングライツを導入するにあたり、今後どのような方向性を持つべきかを明らかにする。

　上記の6点のうち、本稿では紙幅の都合上、⑤の具体的な検証は行わない。なお、同調査研究事業の最終成果は、2009年3月にまとめられる報告書を参照していただきたい。

1 戸田市の広告事業の概要

　戸田市における広告事業は、(1)「広報戸田市」の活用、(2)ホームページバナー広告、(3)その他の媒体、に大きく分けられる。それぞれについて概要を記す。

(1) 「広報戸田市」での広告事業（2003年5月から開始）

　表6-3のとおり、毎月47,000部発行している「広報戸田市」において広告掲載を行っている。この事業による年間収入は、480,000円（40,000円／月×12か月）となっている。

表6-3　「広報戸田市」における広告収入

広告媒体	掲載期間	掲載規格	募集枠	掲載料（月額）
広報戸田市	3か月	縦7.5cm×横5.5cm	4区画	1区画10,000円

(2) ホームページバナー広告

　表6-4のとおり「戸田市情報ポータル」のトップページにおいて広告掲載を行っている。この事業による年間収入は、720,000円（60,000円／月×12か月）となっている。

表6-4　ホームページバナー広告における広告収入

広告媒体	掲載期間	掲載規格	募集枠	掲載料（月額）
戸田市ホームページ	1か月単位で最長6か月	縦48ピクセル×横120ピクセル、10Kバイト以内、ＧＩＦ形式	6枠	1枠　10,000円

(3) その他の媒体での広告事業

　直接広告料収入を得るものではないが、経費削減につながる広告事業がある。市民課、税務課などの窓口で使用する窓口封筒は、広告付きのものを民間企業から現物提供をうけ、印刷物発行経費の削減効果を得ている。

2　ネーミングライツへの注目

(1) ネーミングライツとは

　ネーミングライツとは、1980年代以降にアメリカで定着したスポーツ施設の建設及び運用資金調達のための手法である。また施設の名称にスポンサー企業の社名やブランド名を付与する新しい広告概念である。

　表6－5はネーミングライツのメリット・デメリット（リスク）を施設所有者サイドとスポンサーサイドに分けて、類型化したものである。

表6－5　ネーミングライツのメリット・デメリット

所有者・スポンサー	メリット	デメリット
施設所有者サイド	○一定期間の安定的収入の確保 ○スポンサー企業とタイアップしたイベント等の実現 ○行政改革への取り組みをアピール	○契約企業の社会的な不祥事や経営悪化による施設イメージ悪化 ○地域住民や施設利用者から反発の可能性 ○施設名称変更等に伴うコスト負担の発生
スポンサーサイド	○広告媒体として経済的効果 ○企業イメージの向上（社会的貢献企業として認知等） ○施設来場者への告知、ＰＲ ○地域住民の好感度向上 ○社員のモチベーション向上	○施設所有者と同様のリスクがある ○ネーミングライツが確立された制度ではないため、費用対効果が不明

　日本では、調布市にある東京スタジアムに初めて導入された。この広告収入は、味の素株式会社が5年間12億円で買い取り、2003年3月から名称を「味の素スタジアム」に変更している。その後、このネーミングライツは国内に定着しはじめ、公共施設から民間施設、スポーツ施設から文化ホール、水族館、道路など、導入が拡大してきている。

(2) ネーミングライツの先行自治体の紹介

　国内で導入されたネーミングライツの先行事例の一部を、以下の表6－6にまとめた。

表6－6　先進自治体におけるネーミングライツの概要

所在地	新名称	旧名称	契約額	契約期間
調布市	味の素スタジアム	東京スタジアム	12億円	5年
横浜市	日産スタジアム	横浜国際総合競技場	23億5,000万円	5年
福岡市	福岡Yahoo! JAPANドーム	福岡ドーム	25億円	5年
渋谷区	渋谷C.C.Lemonホール	渋谷公会堂	4億円	5年
千葉市	フクダ電子アリーナ	蘇我スタジアム	4億7,500万円	5.5年
大分市	九州石油ドーム	大分スポーツ公園総合競技場	2億1,000万円	3年
新潟市	東北電力ビッグスワンスタジアム	新潟スタジアム	3億6,000万円	3年
さいたま市	NACK5スタジアム大宮	大宮公園サッカー場	1億8,000万円	6年
鳥取市	とりぎんバードスタジアム	鳥取市営サッカー場	900万円	3年
常総市	吉野サンビレッジ　マル英サッカー場	吉野サンビレッジサッカー場	300万円	3年

　表6－6の中で、導入した企業に着目すると、全国規模でスポンサーを募った事例と、地元企業を優先しスポンサーを募った事例に分けることができる。以下、この点について考察する。

　前者の「全国規模でスポンサーを募った事例」は、味の素スタジアム、日産スタジアム、福岡Yahoo! JAPANドーム、渋谷C.C.Lemonホールなどが該当する。一方、後者の「地元企業を優先しスポンサーを募った事例」は、九州石油ドーム、東北電力ビッグスワンスタジアム、NACK5スタジアム大宮などが該当する。

　これらの事例を参照すると、前者の方が後者より契約金が多いことが分かる。

これは、前者の施設は、施設の立地条件、マーケット人口に優れているだけでなく、全国規模でスポンサーを募集した方が、資金力のある企業から募集が多いと考えられるため、高額な契約に至ったと推測される。したがって、契約金はこれらの要件に大きく依存する傾向にあることが分かる。

3 アンケート調査の結果

　戸田市において、ネーミングライツ導入の可能性を探るため、独自のアンケート調査を実施した。この調査は、他自治体における有料広告導入の実態を把握することを目的としており、戸田市と同規模の人口を有する政令指定都市近郊の10万人程度の54市にアンケート調査を実施し、広告事業やネーミングライツの導入状況を調べたものである。

　また自治体を対象としたアンケート調査に加え、広告主となる企業などにも、戸田市がネーミングライツを実施した際の資産価値評価についてアンケート調査を実施した。この企業向けのアンケート調査は、任意に選んだ東証1部上場企業142社とした。なお、紙幅の都合上、本稿においては自治体に対して行ったアンケート調査結果のみを紹介する。

● 自治体を対象としたアンケート調査の結果

図6－5　有料広告の実施状況

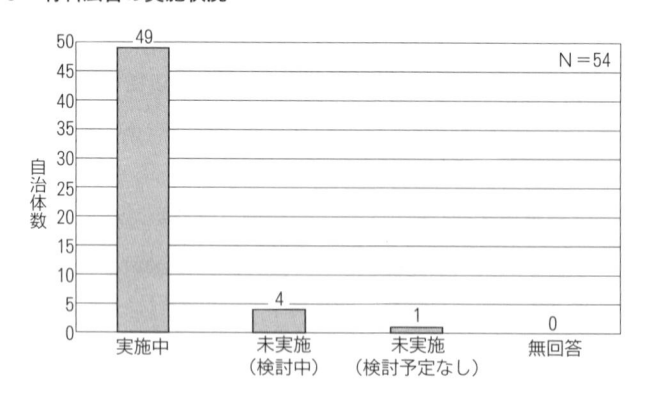

（棒グラフ：自治体数　N=54
実施中：49
未実施（検討中）：4
未実施（検討予定なし）：1
無回答：0）

　図6－5から分かることは、検討中を含めればアンケート実施自治体の多

くが、広告事業に関心があることである。この理由は、図6－6から分かるように、「財源の確保」「地域経済の活性化」が主である。したがって、広告事業が税収以外に新たな自主財源の確保策として、重要であることが分かる。

図6－6　有料広告実施の理由

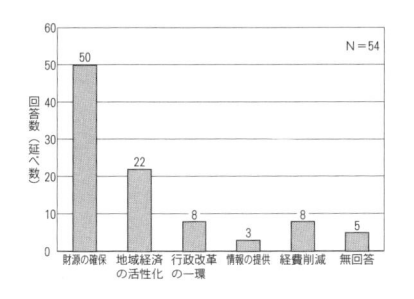

図6－7　広告料金について（広報紙）

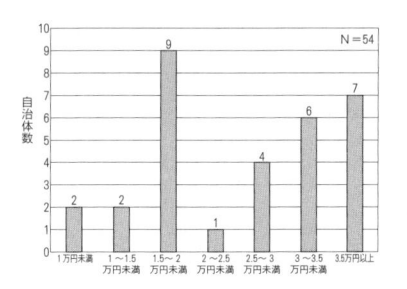

（注）23自治体は未実施、金額は月額

　図6－7から、戸田市の広告料金（1万円／月）が比較的低額であることが明らかになった。この理由として、税制の問題などが考えられるが、戸田市の場合は、料金を低めに設定することにより、地元の小規模な事業所も広告を利用できるようにしていることがあげられる。

図6－8　広告料金について（バナー）

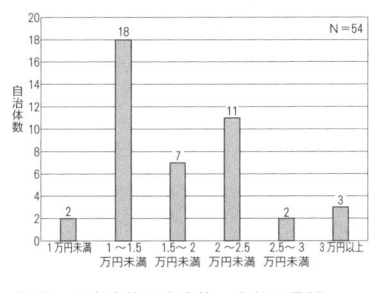

図6－9　ネーミングライツの実施状況

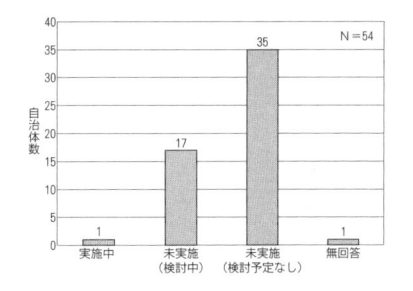

（注）11自治体は未実施、金額は月額

　図6－8から分かるように、広報紙の調査と同様な見解が得られた。
　図6－9から分かることは、ネーミングライツほどの大規模な広告事業までは、取り組んでいないことである。この理由として、アンケート実施対象

の自治体の規模では、広告媒体としての魅力が乏しいと思われ、広告主の確保などが困難であることがあげられる。

なお、本稿では企業向けのアンケート調査結果は省略している。しかしその中で、企業が「ネーミングライツに関心のない理由」について、興味深い結果が得られたため、紹介しておきたい。

○マスコミに向けたコミュニケーションは、ＴＶ、ラジオ、新聞などで対応しており、スポーツ競技のオフィシャルスポンサーとして契約を結ぶなど、既に取り組みを行っているから。
○ネーミングライツは注目度の高いスポーツ競技等で、かつ、スポンサーがホームとして利用して初めて効果が出ると考えている。
○地域密着を社是としているから。ただ、企業色だけが全面に出るのは避けたい。また、当社はナショナルチェーンであり、日本全国で店舗を展開しており、これがあまりに地域ごとに特殊な打ち出しをするのも避けたいということもある。
○全国にネットワークを持つ企業であり、全国に同等のサービス提供を行うことを常に意識している。宣伝効果についても、できる限り全国同等の内容で展開していきたいという考えがあるから。
○地域単位の取り組みについては、原則地元販売店が対応しているため。

4 戸田市における広告媒体の価値の検証

(1) 戸田市スポーツセンター

戸田市スポーツセンターは1980年9月1日にオープンした。同センターは市民の体育、スポーツとレクリエーションの普及振興を図り、コミュニティの活動の場として、市民の健康で文化的な生活向上に寄与する施設である。また、災害時の避難場所・避難所としての機能も有している（写真6－

写真6－3　戸田市スポーツセンター

3）。なお、同センターの管理運営は指定管理者制度を導入しており、指定管理者として財団法人戸田市文化体育振興事業団が指定されている。

同センターの利用状況は、2007年度の延べ利用者数は450,466人であり、1日平均利用者数（開場日数345日）は1,305人となっている。これらの数字から、同センターはネーミングライツ対象施設として可能性があると判断する。なぜならば、例えば2008年4月1日に新潟県三条市がネーミングライツを導入した三條機械スタジアムという施設は、2007年度の延べ練習利用者数は、23,231人、延べ観客数は54,452人であるからである。

(2) 戸田市文化会館

写真6－4　戸田市文化会館

1981年1月14日にオープンした戸田市文化会館は、戸田市スポーツセンターと同様の趣旨の施設であるとともに、有名なアーティストを招いたコンサートが行われたり、市内小・中学校等の音楽会の会場となったりして、人々に感動や喜びを与える場となっている。なお、同会館の管理運営は指定管理者制度を導入しており、指定管理者として財団法人戸田市文化体育振興事業団が指定されている。

同会館で特筆すべきは、披露宴・宴会室・応接室などを備えている点である。ここではシティ・ホールならではの安心と信頼で、結婚披露宴から各種宴会の開催場所となっている。そして開設以来、ここで生まれたカップルは実に4,000組以上に達している。また、様々なコンサートが開催されている。表6－7は、2007年度のコンサート実施状況である。

同会館では、表6－7のように、渡辺美里、大黒摩季、石井竜也など、日本を代表するアーティストが定期的にコンサートを実施している。このようなコンサートでは、全国から観客が集まり、客席数1,210席がほぼ満席になるほどであり、2007年度の延べ利用者数は、225,122人にのぼる。また、先行事例として、収容人数2,000人を誇る鳥取県立県民文化会館では2008年4月1日から、

ネーミングライツを導入した。これらの数字から、同センターがネーミングライツ対象施設として可能性があると判断する。

表6-7 2007年度コンサート実施状況

公演日	事業名	公演日	事業名
4／7（土）	第4回スプリング・オール・ライブ「OTODA」	11／3（土）	ザ・リバー「二本の櫂」再演
4／28（土）	シャカラビッツ	1／12（土）	ウルフルズ
5／12（土）	フォーリーブス	1／21（月）	早乙女太一
5／25（土）	松竹公演「牡丹燈籠」	2／2（土）	JAM Project Japan
7／8（日）	しまじろう ふしぎなもりの ものがたり	2／9（土）	大黒摩季
7／15（日）	くるり	2／16（金）	Golden Jazz Street Vol.4
8／16（木）	サウンドホライズン	3／5（水）	シド
8／23（木）	おでかけルミネ♪theよしもとin戸田	3／23（金）	桂文珍
9／23（日）	LIVE ACT 2007 IN AUTUMN	3／28（金）	石井竜也
9／29（土）	渡辺美里	3／30（日）	第44回戸田交響楽団定期演奏会
10／19（金）	SOPHIA		

(3) 戸田マラソン in 彩湖

「戸田マラソン in 彩湖」は、毎年11月に彩湖・道満グリーンパークで開催されるイベントである。また、マラソン雑誌「ランナーズ」の読者アンケートで、マラソン百撰の一つに選ばれるなど、戸田市が誇る一大イベントである。

写真6-5 戸田マラソン in 彩湖

参加者は、北は北海道から南は九州まで8,754人（2008年実績）がエントリーするなど、全国的に知名度が高い大会である。競技種目は、2km小学生・ファミリー、5km、10km、ハーフなどの

距離や、年齢に分けられた5種目18部門で実施される。また、毎年ゲストランナーを迎え、2007年は、シドニーオリンピック女子マラソン代表の市橋有里選手を、2008年は、大阪国際女子マラソンで優勝した安部友恵選手を迎えた。

当イベントでは、広報活動としてポスターを250枚、参加者用に配るプログラム、パンフレット18,000枚を市内JR3駅及び県外の施設等に配布している。また、インターネットでのエントリー者も6,000人を超えるため、ネット上での広告効果も大きいといえる。

施設以外のネーミングライツ導入事例では、2008年5月に公開したFlashアニメ『秘密結社 鷹の爪』のサブタイトルとして、サントリーが商品『黒烏龍茶』に命名権を得て使用した事例があげられる。これは、劇場やチケット売り場に配布・掲示するポスター約3,000枚、チラシ30万枚、インターネット上での広告効果に企業が着目したためであると考えられる。

したがって、「戸田マラソン in 彩湖」にサブタイトルとして商品名などを掲載することは、広告事業として十分に成り立つと考える。

5　ネーミングライツ導入に向けて

(1) 施設自体がもつ広告媒体としての価値を的確に把握する

ネーミングライツは、自治体の有する施設に魅力を感じ、企業がそれに資金を出す価値があることを見出してはじめて契約に至る。したがって、ネーミングライツを導入するには、スポンサー側である企業の視点に立って考えることが重要である。

企業は、ネーミングライツの購入に際し、先行事例で検証したように「マーケット人口」「施設の立地条件」「イベント内容とその注目度」「メディア等への露出度」などを重視する傾向がある。そこで、これらの要因を考慮した上で、自治体側としては、広告媒体としての施設価値を的確に把握することが大切である。

(2) 導入にあたり、市民及び企業の意見を十分に聞く

公共施設へのネーミングライツ導入には否定的な意見もある。実際に、市民

の反対により、導入に至らなかったケースもある。したがって、導入前に市民の意識調査などを行い、意見を十分に検証する必要がある。一方で、導入の実現可能性及び適正な価格設定、契約年数等について、対象施設の広告主となり得そうな企業に対する事前調査やアンケート調査を行うなど、企業側のニーズを十分に把握しておくことも重要である。

(3) 応募予定企業のコンプライアンス体制の把握

ネーミングライツは、対象施設と地域のイメージにも大きな影響を与える可能性がある。そこで、契約企業の選定には十分な検討が必要である。過去の事例では、企業側の不祥事などにより、数年の間に施設名称が何度も変わった事例もある。したがって、企業の管理規定や社員教育、監査制度など、企業倫理とコンプライアンス体制を把握することが重要である。

(4) 地元密着企業との信頼の形成

自治体の施設は、老若男女を問わず利用するものである。したがって、利用者にとって親しみのある地元企業であったり、名称であったりすることが望ましい。わが国のネーミングライツの導入状況では、アメリカと比べ契約年数が短い事例が多い。数年で何度も施設名称が変わってしまうのは、決して好ましいことではない。長期的に安定した財源を得るという目的からも、本来は地元に密着しようと考えている企業と長期的な信頼感を育てていくことが望ましい。その意味で、最低でも3年以上の契約期間が望ましいと考えられる。

(5) 地域の活性化につなげる仕組みづくり

ネーミングライツを「単なる財源確保策」「単なる宣伝広告ツール」として考えるのではなく、例えば、「スポーツや文化を支え、地域の活性化につながる一つの手段である」という意識を持つことが大事である。ネーミングライツを地域活性化やまちづくりへの取り組みの一つとして捉え、そのような認識を地域社会が共有することが求められる。そして、結果的に、それが地域の活性化と、スポーツや文化を大事にしたまちづくりに寄与すると考える。

おわりに

　公共施設や自治体が実施するイベントなどへのネーミングライツの導入は、少なからず課題はあるが、厳しい財政状況にある自治体にとっては、新たな財源確保策の一つとして大きく注目される。また、ネーミングライツの導入により、地域活性化に寄与する可能性があり、極めて注目すべき新しい方向である。

　戸田市においても、広告事業を強化するにあたって、ネーミングライツは新しい境地を開拓することになる。つまり、ネーミングライツの導入が財源などをはじめとして、市が施設のもつ魅力を広く市民に訴える努力をする結果、施設がより魅力的になるなど、様々な好影響を与えることが可能となる。

　本稿で述べたように、ネーミングライツは行政、企業及び市民の三者がうまく調和することによって、成立するものである。そのためにも、互いの信頼関係を築くことが求められる。ネーミングライツを導入することによって、地域を活性化する、文化を醸成するという意識を持つことが大切である。

　末筆となったが、本アンケート調査実施にあたって、ご協力いただいた企業及び自治体の皆様に厚く御礼を申し上げ、本稿を結びたい。

参考文献

『法務インサイド「命名権　使い勝手は？」』「日本経済新聞」2006年6月5日
『月刊体育施設　2月号』㈱体育施設出版、2007年
『致知　5月号』到知出版、2008年
『映画命名権を取得』「日本経済新聞」2008年3月27日
「読売新聞」2008年5月13日
『財源は自ら稼ぐ！横浜市広告事業のチャレンジ』ぎょうせい、2006年
『都市のネーミングライツ収入に関する調べ　資料第6345号』地方財政調査会、2008年
http://www.toda-spc.or.jp/
http://www.todacity-ch.com/
http://www.borderzero.com/
http://www.meimeiken.com/
http://www.pref.miyagi.jp/supoken/naming/miyaginaminggaiyo.html
http://www.kyodo-info.jp/

3 "きらめく水"と"魅惑の玉"を生む魔法の貝
～イケチョウ貝の不思議な力とは～

はじめに
● サステナブル都市に向けた戸田市の取り組み

　戸田市は荒川を境に東京都と隣接し、1985年の埼京線開通以来、都市化が著しく進展し、2008年6月に人口が12万人に到達した。このように都市化が進む中にあっても、豊かな荒川の流れとうるわしい武蔵野の大地に恵まれた自然環境の下、先人たちの知恵や足跡を大切に受け継ぎながら、現在も着実に発展し続けているまちである。

　戸田市では貴重な自然環境を次代へ継承するため、これまで様々な政策を講じてきた。しかし、今日の環境問題は多種多様化しており、「環境の時代」の幕開けとともに、更なる取り組みの展開が求められてきた。

写真6-6　フェルトガーデン戸田
フェルトガーデン戸田とは、戸田市独自のオールリサイクル屋上緑化システムのことをいう。古布をリサイクルしてフェルトを生成し、スーパーソル（ガラスの廃材）と生ゴミ堆肥をフェルトでサンドイッチしたものを基礎としている。2007年6月に市役所屋上に460㎡の本格的な屋上緑化施設が完成した。

　このような中、「フェルトガーデン戸田」（商標第4905173号）による屋上緑化をはじめとし（写真6-6）、花のまちづくりプロジェクト「花ロード美女木」❺、市内に植栽する花苗の栽培に加え、高齢者・障害者の雇用促進を目的とした「フラワーセンター戸田」❻の開設など、市と市民、企業などのパートナーシップを取り組みの基本とした、環境分野の政策を積極的に展開してきている。

---

　❺　花ロード美女木とは、国土交通省の認定を受けたボランティアサポートプログラムのことをいう。具体的には国道298号側道の清掃や、花の植栽を通じた環境美化活動を行っている。町会・学校などが、シバザクラなど55,000本を植栽している。

これらの結果、2007年に日本経済新聞社が実施した持続可能な都市を選ぶ「サステナブル都市」調査において、東京都三鷹市、東京都武蔵野市に次ぎ全国で第3位にランキングされた。これは、環境、経済・財政、暮らしのバランスがとれた都市として、戸田市の取り組みが高く評価されたものであると考えている。

● きれいな川、水辺の自然がよみがえるまち

　戸田市は環境基本計画において、「きれいな川、水辺の自然がよみがえるまち」を望ましい環境像の一つとしている。荒川をはじめとする市内河川、戸田ボートコースなどの水辺環境を保全し活用していくことは、戸田市にとって重要な政策の一つに位置付けられる。

写真6-7　都市空間のオアシス「戸田ボートコース」

　特に、1964年の東京オリンピックでボート競技の会場となった戸田ボートコースは、雨水や湧き水によって貯水された日本唯一の静水コースである。また、休日には都市空間のオアシスとして、市民に潤いと安らぎを与えてくれるシンボルとして親しまれている（写真6-7）。

　戸田ボートコースは、東京オリンピック開催から現在に至るまで約43年もの間、水の入れ替えを一度も行っていない。そのため、戸田ボートコースの水質は悪化が進んでいると考えられている。特に夏季にはアオコが発生し、悪臭が発生することにより、近隣住民やボート競技者などから水質改善を望む声がある。そこで、水質浄化が喫緊の課題となってきた。

---

❻　フラワーセンター戸田とは、花ロード美女木、市内小中学校、町会、公共施設などへ花苗を提供している生産基地のことをいう。循環型社会を目指し、生ゴミと花の交換事業を推進し、生ゴミ堆肥を活用して花苗を生産している。

1 戸田ボートコースの変遷

(1) 幻のオリンピックからの再生

　1937年2月8日、東京オリンピック大会競技場決定委員会は、戸田村（当時）をボート競技の第一開催候補地とすることを正式決定し、同年5月30日に起工式が挙行された。そして、工事は急ピッチに進んでいった。しかし、日中戦争が長期化し、戦争を遂行するためにはオリンピックの開催準備は負担が多すぎるとの理由から、オリンピック東京大会は中止された。

写真6-8　戸田ボートコースの全景（2003年撮影）

　しかし、この工事と同時に進められていた排水路工事は、水害を一掃し、湿地帯を換地して、埼玉県南の工業都市を造成する土地区画整理事業という永続的な繁栄を目指したものであったために、工事規模は縮小し続行された。その後、1940年10月31日、竣工式を迎え、幻のオリンピックの遺産である戸田ボートコース（全長2,400m、幅員70m、水深2.5m、工事費用982,000円）が誕生した（写真6-8）。

(2) ボート競技者の聖地「戸田ボートコース」

　1959年5月26日、ミュンヘンで行われた第55次国際オリンピック協会総会において、東京がオリンピックの開催地として決定された。その結果、戸田町（当時）が再びボート競技の開催候補地に浮上した。戸田町としても、オリンピックの開催により町の財政悪化を招かないように国や県と折衝を続け、1962年9月18日に埼玉県と戸田町の間で受け入れに係る覚書を交わした。そして、同年12月には改修工事の起工式が挙行され、ボートコースの20m拡幅及び周辺施設が整備された。

　1964年10月11日、戸田オリンピックボート会場に聖火が灯され、参加国27か国380名の選手たちによって、5日間にわたる東京オリンピックボート競技の

熱戦が繰り広げられた。その後、現在に至るまで数多くの国内・国際大会等が開催され、ボート競技者にとっての聖地となっている。

なお戸田ボートコースは、1964年12月に埼玉県の県営公園となり、2006年度から指定管理者である財団法人埼玉県公園緑地協会が管理及び運営を行っている。

2 戸田ボートコースにおける水質の状況

(1) 戸田市公共用水域水質調査について

戸田市環境クリーン室の協力の下、戸田ボートコースの現在の水質状況について、1978年以降30年間の戸田市公共用水域水質調査を基にデータ分析を行った（図6－10）。

図6－10　過去30年間におけるCODとSSの推移

COD（化学的酸素要求量）　　　　SS（浮遊物質量）

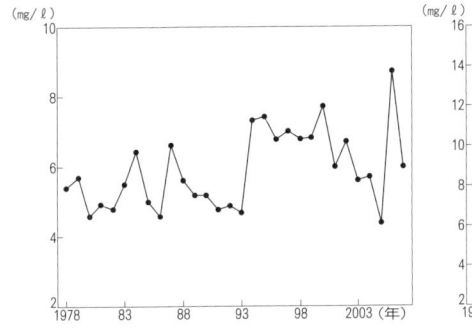

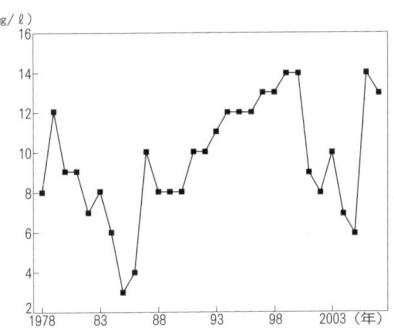

（注）　COD（Chemical Oxgen Demand　化学的酸素要求量）
　　　　水中の有機物質などが過マンガン酸カリウムによって化学的に酸化・分解される際に消費される酸素量。数値が大きくなるほど汚濁していることになる。湖沼や海域の水質汚濁の一般指標として用いられる。
　　　　SS（Suspended solids　浮遊物質量）
　　　　水中に混濁している物質のことであり、2mmのふるいを通過し、孔径1μmのろ過材上に残留する物質を浮遊物質としている。水質汚濁に係わる環境基準により、河川及び湖沼の基準値が定められている。

資料：戸田市公共用水域水質調査（1978～2008）

ＣＯＤ（化学的酸素要求量）は、計測当初5～6㎎／ℓで推移していた。しかし、近年は7～8㎎／ℓ付近で推移し、微増傾向にある。一方でＳＳ（浮遊物質量）は、年度によるばらつきが大きいものの、計測当初の8㎎／ℓ前後から、近年は14㎎／ℓ付近で推移している。

　これらの測定結果は、他の湖沼と比較しても決して高いものではなく、❼「比較的良好な状態が保持されている」との判定も可能である。その要因として、戸田ボートコースは他の湖沼と異なり、汚濁の原因となる生活排水の流入がないことがあげられる。

　しかし、この水質調査におけるサンプルの採水は、戸田ボートコースのうち最も澄んだ上層部である。閉鎖性水域の中層部と深層部のヘドロの堆積状況を考慮すれば、ボートコース全体の水質を勘案するには、全水域層を詳細に調査する必要がある。

(2) 現地アンケート調査の実施

　2008年8月4日、戸田市政策研究所が受入れをしていた法政大学のインターシップ生の協力の下、ボート競技者の生の声を研究に反映させるために、「戸田ボートコースに関するアンケート調査～水質浄化のために～」を実施した。同調査は、戸田ボートコースにおいて開催された全国高等学校総合体育大会ボート競技大会に参加した選手と関係者を対象としており、299名（男性：159名、女性：140名）から回答を得た。

　まず、水質に関する質問では、「かなり汚れている」が19.7％、「汚れている」が53.8％であり、約7割以上の方が視覚的に汚れを感じていることが分かった（図6－11）。

---

　❼　戸田ボートコースに類似する平地性の湖沼は、近隣では千葉県の手賀沼があげられる。戸田ボートコースの面積は約0.25㎢で手賀沼の26分の1ほどであるが、手賀沼の水深は平均0.86m、最大でも3.8mで、この部分での類似性が高いため、手賀沼の環境基準を準用している。手賀沼の環境基準は、ＣＯＤ：5㎎／ℓ以下（75％値）、ＳＳ：15㎎／ℓ以下（年平均値）である（75％値とは、年間の日間平均値の全データ（n個）を、値の小さいものから並べたとき、n×0.75番目の測定値のこと）。

図6−11　戸田ボートコースの水質について

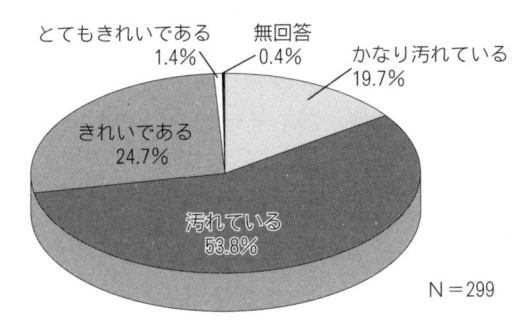

とてもきれいである 1.4%
無回答 0.4%
かなり汚れている 19.7%
きれいである 24.7%
汚れている 53.8%
N＝299

　また、戸田ボートコースの水質状況を漢字一文字で表すとしたらとの質問では、6つの選択肢から1つを選択する形式をとった。その結果、「濁」が52.5％であり、「汚」が16.1％となった。水質に関する質問と同様、約7割以上の方が戸田ボートコースに対して汚濁イメージを抱いていることが分かった（図6−12）。なお、においに関する質問では、「くさい」と感じた者が29.8％であった。

図6−12　戸田ボートコースのイメージについて

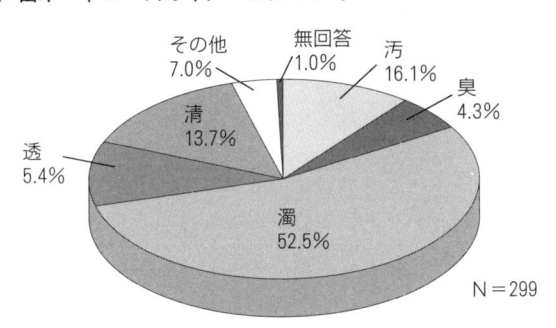

その他 7.0%
無回答 1.0%
汚 16.1%
臭 4.3%
清 13.7%
透 5.4%
濁 52.5%
N＝299

　最後に自由意見を求めたところ、「ボート競技者にとって貴重な施設であるため、水質浄化してほしい」という内容の意見が多く、「水が汚くて臭いがするので、戸田ボートコースにはもう来たくない」という回答もあった。

3 埼玉県ボート協会における戸田ボートコースの水質浄化活動

(1) イケチョウ貝の生育実証実験

戸田ボートコースの水質汚濁を重く受け止めた埼玉県ボート協会❽（以下、「協会」という）は、浄化された荒川の水を取り入れる方法、ヘドロの浚渫、浄化機の設置など、様々な浄化方法を思案した。しかし、いずれも膨大な経費負担は避けられないため、実現は困難であった。

そこで経費が少なく、生態系への影響も少なく、プランクトンなどを食べ水質浄化に効果があるとされる「イケチョウ貝」に注目し、2006年4月から水質浄化のための生育実証実験を行ってきた。またイケチョウ貝からは、副次的な産物として淡水産真珠が採取され、真珠養殖の専門業者から商品化の可能性も示されている（写真6－9）。

写真6－9 **イケチョウ貝と淡水産真珠**

2006年4月から2008年3月まで、約1,400個のイケチョウ貝を投入した。そこでは「イケチョウ貝が現在の水質状況で生育できるか」、また「どの程度、成長できるか」などの実証実験を行った。その結果、死んでしまったイケチョウ貝は約100個であり、約90%❾という高い生存率であることが明らかとなった。専門家の意見では、毎日、何百という艇が練習し、オールで水をかき混ぜることによって、水中に酸素が供給されているためではないかと推察されている。

また、投入前後のイケチョウ貝の成長を計測した。その結果、2006年4月に3.6cmであった幼貝が、約1年7か月後の2007年11月には約3.6倍の13cmに成長

---

❽ 埼玉県ボート協会は1951年に設立し、同時に埼玉県体育協会に加盟した。現在の会長は戸田市長である。ボート競技の普及を推進する観点からボート教室を開催し、ボートの楽しさを一般の方にも理解していただく活動を積極的に展開している。

❾ 茨城県の新利根川下流域で真珠養殖を営んでいる専門業者によると、新利根川下流域のイケチョウ貝の生存率は、約60～70%とのことである。

していることが分かった。2008年3月18日には、イケチョウ貝に淡水産真珠ができているか確認をするため、専門業者立ち会いの下、外套膜を施術したイケチョウ貝を開貝したところ0.5cm前後の淡水産真珠が確認された。

(2) イケチョウ貝の特性

ここでは既存の文献から、イケチョウ貝の特性について言及する。イケチョウ貝（学名：Hyriopsis schlegeli（MARTENS 1861））は、軟体動物門、二枚貝綱、イシガイ目、イシガイ科に属する琵琶湖淀川水系の固有種の二枚貝で、水深20cmまでの砂泥から軟泥底に多く生息し、日本の淡水に生息する貝としては最大級（殻長約25cm）である。

イケチョウ貝は成長がよければ2年（殻長5cm以上）で性成熟に達し、最大寿命は約40年に達する。妊卵期は5月から7月で、放出された幼生はギギやゼゼラ等の底生魚に寄生する。

イケチョウ貝は淡水産真珠の母貝として使われ、当初は琵琶湖水系だけに生息していた。1936年に真珠養殖のために茨城県の霞ヶ浦に移植されたが、1963年頃には真珠養殖も途絶え、また乱獲や生息環境の悪化により、成長や繁殖力の低下が起こった。そのため、個体群密度が急激に低下し、現存個体数は極めて少ない。このことから、環境省のレッドデータブックでは絶滅危惧Ⅰ類（CR＋EN）❿に分類されている。

(3) 内閣府「地方の元気再生事業」とイケチョウ貝の関係

協会は、イケチョウ貝による水質浄化活動を実証実験から本格稼働へ移行させるため、まずイケチョウ貝の水質浄化能力を科学的・生物学的なデータにより立証していく必要に迫られた。そこで、より大規模に実験を行い、大学等の専門機関による分析を進めるために、2008年4月に内閣府から募集のあった

---

❿ 環境省が野生生物の保全のため、絶滅のおそれのある種を的確に把握し、一般への理解を広めるため作成・公表しているもの。絶滅危惧Ⅰ類（CR＋EN）は絶滅の危機に瀕している種の分類であり、絶滅危惧ⅠA類（CR）のごく近い将来における絶滅の危険性が極めて高い種の分類と、絶滅危惧ⅠB類（EN）のⅠA類ほどではないが、近い将来における絶滅の危険性が高い種の分類を併せ持っている。

「地方の元気再生事業」に「戸田オリンピックボートコースの水質浄化を目指して」というテーマで提案し、採択を受けた。

元気再生事業では、次の3点の調査を実施している。

① イケチョウ貝の浄化能力試験

戸田ボートコースの汚濁の詳細を把握するため、コース内の水質及び底質、底層から発生するガス、付着藻類などの現場環境調査を2008年秋季と2009年冬季の各1回行った。次に、イケチョウ貝の持つ浄化能力を定量的に把握するため、大型水槽を用いた短期試験及び現場内での試験を実施した。現場内での試験は、ボートコース内でイケチョウ貝を生育させ、その前後におけるイケチョウ貝の体組成変化を調査することにより、イケチョウ貝への汚濁物質の固定の状況を把握した。季節等の影響を観察するため、イケチョウ貝の投入は、2008年秋季が750個、2009年冬季が750個で、イケチョウ貝投入前の水質初期値の状況を測定した。

なお、いずれの調査も国立大学法人埼玉大学科学分析支援センターと共同で進めている。

② イケチョウ貝の里親制度の検討

将来的に、水質浄化活動事業の資金を安定的に確保するため、ボートコースの環境に関心のある個人、企業、団体などを対象に、イケチョウ貝及びそこから採取される淡水産真珠のオーナーを募る里親制度について検討し、制度設計を進めている。

③ 淡水産真珠を使ったPR事業

淡水産真珠を使った「淡水産真珠アクセサリー教室」を開催し、浄化活動のPRを行うもの。この教室は、協会が進めている水質浄化活動の周知及び普及を促進し、市民の環境活動に対する意識向上を図るとともに、戸田ボートコースをはじめとする戸田市への愛着を高めることを目的とする。

なお、2008年度は、12月14日に戸田公園管理事務所において開催された。52名の参加者は、戸田ボートコースから採取された色とりどりの淡水産真珠で、ストラップやピアスを制作した（写真6－10）。

戸田ボートコースの水質が悪化していくことは、協会だけでなく戸田市にとっても憂慮すべき事態である。そこで、今後は協会の進めている水質浄化活動を、市民の環境活動として定着させ、継続から成熟へのプロセスを確立していくための政策研究を進めていく必要があると考えている。

写真6－10　アクセサリー作りを楽しむ参加者たち

　また、埼玉県との協力体制をさらに強化していくため、「地方の元気再生事業」の採択を契機に、2008年9月11日より、「地方の元気再生事業連絡調整会議」を発足させている。

4　新たなブランド構築に向けた展望

　地方の元気再生事業で取り組んでいる内容は、モデル性の強い市民主体の取り組みである。これを契機として「戸田＝水質浄化に取り組む環境のまち」というプラスイメージを広めることができれば、戸田市のイメージアップにつながる方程式が成り立つ可能性がある。

　また副次的な産物として採取される淡水産真珠は、彩りも豊かで、イヤリングやネックレスといったアクセサリーとしての活用が可能である。今後、「オリンピックコースで採取された戸田の真珠（パール）」として、戸田市のイメージアップに貢献する可能性がある。

　また市民等が持つ環境問題への「関心度」や、活動場所が東京オリンピックのボート競技会場であるという「知名度」に加え、副次的な産物として淡水産真珠が採取できる「魅力」の三者が有機的に連携した水質浄化活動であることから、特徴のある水質浄化の取り組みとして、今後、戸田市のシティセールスに活用する可能性が期待できるだろう。

　「水質浄化が進み、さらに真珠も採取できる」という、まさに一石二鳥の効果が得られるこの水質浄化活動は、戸田市の名を全国へ売り出す絶好の機会となり得る。今後は、小さな真珠の一粒が、戸田市の将来を輝かせることのでき

る活用方法について、更に研究を進めていきたいと考えている。

おわりに

　今回、紹介した取り組みは、水質浄化活動を推進することを通じ、戸田市のシンボルとも言える戸田ボートコースにおいて、自然にいたわりや愛情を注ぎながら、環境活動に参加する機会を提供できる有効な施策になり得ると考える。

　このイケチョウ貝を活用した水質浄化活動は、大阪府の道頓堀川が先行事例としてあげられる。しかし、戸田ボートコースのような閉鎖性水域で、イケチョウ貝の化学的・生物学的なデータから、その仕組みを立証する試みは、全国的に見て希な取り組みではないかと考えている。膨大な経費がかからず、生態系に影響の少ないこの方法は、河川や湖沼等の水質汚濁に頭を悩ませている他の自治体等にとっても水質浄化活動の一つのモデルケースとなり得る可能性があると思われる。

　最後に、今後の取り組みについて言及しておきたい。2009年度以降は、イケチョウ貝の投入量を増やし、水質浄化の実効性を確認するとともに、里親制度やPR事業などを更に充実させ、本格稼働に向け市民や企業の広範な参加を求めていくことが望まれる。そして、この水質浄化活動を軌道に乗せるためには、国の「地方の元気再生事業」の支援が終了した後の事業存続のあり方、例えば、先に述べた里親制度による事業の継続や、淡水産真珠の売却益をイケチョウ貝の稚貝の購入に充てるという、事業の資金サイクルの確立等も研究していく必要がある。

参考文献

　『戸田市環境基本計画』戸田市、2007年3月
　『戸田市いまむかし』戸田市、1989年3月30日、P.216〜221
　環境省レッドデータブック（http://www.biodic.go.jp/rdb/rdb f.html）

コラム 小さな貝がきれいな水と美しい真珠をつくる～戸田の真珠伝説？

　戸田市のシンボル「戸田ボートコース」で、イケチョウ貝による水質浄化実験が本格的に始動した。プランクトンを食べて水質浄化に効果があるといわれるイケチョウ貝は、琵琶湖淀川水系の固有種で、淡水産真珠の母貝としても知られている。あくまで水質浄化に力点を置いた実験ではあるが、人々の関心の的は淡水産真珠である。この実験を広くＰＲするために行われた「淡水産真珠アクセサリー教室」には、市内外から多数の参加者が集まり、たいへん盛況であった。

　真珠は、美の象徴として古来から人々を魅了し続けている。例えば、日本に現存する最古の歌集『万葉集』でも「淡海の海 沈く白玉 知らずして 恋せしよりは 今こそまされ」（万葉集巻十一・2445）など、真珠は白玉（しらたま）として数多く登場する。世界に目を向けると、古代ローマのプリニウス（大プリニウス）は、百科全書的な書『博物誌』（紀元77年）で、「自然により完成され、その美を高める為になんの技術も要さず、真珠は当然ながら、有史以前の人類に知られた、最初の宝石であった」と述べているほか、ギリシャ神話では、愛と美の女神アフロディテが海の泡から誕生した時に体から払い落とされた泡の水滴が、海に沈み彼女のように美しく輝いた真珠になったといわれている。また、古代インドの神話によると、神への供え物として、大気は虹を、火は流星を、大地はルビーを、海は真珠を贈り、その虹は後光になり、流星は灯火、ルビーは神の額を飾り、真珠は神の心に飾られたという。

　まだ始まったばかりではあるものの、イケチョウ貝による水質浄化と淡水産真珠の活用を目指す取り組みが地域にしっかりと根付き、子々孫々にまで引き継がれていった暁には、「小さな貝がきれいな水と美しい真珠をつくる戸田の伝説」として語られる日が来るかも知れない。

＊：淡海（あふみ）の海…琵琶湖のこと。

4 家庭も仕事もイキイキと
～共働き家庭を支える仕組みを考える～

はじめに
●「共働き」という価値観の選択

　近年、労働者の価値観やライフスタイルの多様化などにより、雇用環境は大きく変化している。昨今では「共働き」という言葉も一般的となり、夫婦共働きで子育てをしている家庭も珍しくない。共働きの理由としては、経済的な要因が考えられる。また、女性の社会進出が進み、社会で男性と平等の扱いをされることが今強く求められていることも、共働きの増加の一因である。

　今日、バリバリ働く女性ほど、仕事と育児のどちらかを選択することは酷である。現在では、「結婚して子どもを産んでも仕事を続けたい」と考える女性は増えつつある。しかしながら、「今の環境で子どもを育てながら仕事を続けることは難しい」という意見があるように、女性の働きたい気持ちと子育てを支援する環境には大きなギャップがある。

　このギャップが一因となり、晩婚化や晩産化、そして少子化に歯止めがかからなくなっていると指摘することができる。今後は、このような「仕事か育児か」という二者択一の現状を脱却し、「仕事も育児も」という両立した社会的環境を、企業・行政・地域が連携し合って創出していくことが求められている。

●仕事と生活の調和の実現に向けて

　国は、2007年12月に「仕事と生活の調和（ワーク・ライフ・バランス）憲章」と「仕事と生活の調和推進のための行動指針」を策定した。また、これらを踏まえた具体的な取り組みとして、2008年には「仕事と生活の調和推進モデル事業」が実施されている。同モデル事業の取り組みの状況や成果を国民全体に広くPRすることで、仕事と生活の調和に向けた社会的な気運の醸成も図る。

　今後、共働きによる夫婦が協力して子育てをしていくためには、職場環境の整備だけでなく、特に父親の子育てへの参加と理解は不可欠である。子育ての大変さを、いかに母親と共有していけるか。これは、新しい子育て支援の分野

として期待される。また、新しい子育て支援を実現し充実させていくためには、自治体や企業のすべてが連携しあっていく社会全体の仕組みの構築も必要である。

● **本稿の目的**

戸田市は埼京線の開通などの要因により、交通網が発達し、東京都を就業場所とする働き盛りの世帯が多く転入してきた。その結果、人口が安定的に増加してきている。戸田市の平均年齢は、約38.5歳（2008.1.1現在）であり、埼玉県において、最も若い市民が集うまちである。

このことから子育て世帯も多く、休日の公園は親子連れで遊ぶ姿が多く見受けられる。戸田市においても、子育て支援の充実を重要課題として掲げ、積極的な施策展開を進めている。この取り組みが評価され、2007年11月に、埼玉県が子育て支援サービスが充実している市町村を認定する「地域子育て応援タウン」に県内で最初に認定された。

戸田市の場合は、妊娠中から出産後6か月までの家事・育児を支援する産前産後支援ヘルプサービスなど、子育て家庭の「困った」に応えるサービスや子育てニーズを的確に捉えた成果といえる。

ワークライフバランスが実現した社会は、男女がともに子どもや家族と過ごす時間が増え、親としての子育ての喜びと仕事から得られる充実感に加え、さらに、社会からの承認を実感できることにつながっていく。そこで、本稿はワークライフバランスを取り上げ、その現状と背景などについて言及する。

1 共働きの現状

(1) わが国における共働きの現状

従前は「夫が働き妻が専業主婦」として、家庭や地域で役割を担うという姿が一般的であった。しかし、今日では女性の社会参加が進み、勤労者世帯の過半数が共働き世帯になるなど、従来とは異なった生活様式が台頭しつつある。

図6-13は、わが国における共働き世帯の推移を示したものである。1980年は「男性片働き世帯」が「共働き世帯」の2倍近くあった。しかし1992年には

「共働き世帯」が「男性片働き世帯」を上回り、現在も増加傾向にある。

図6-13　共働き世帯の推移

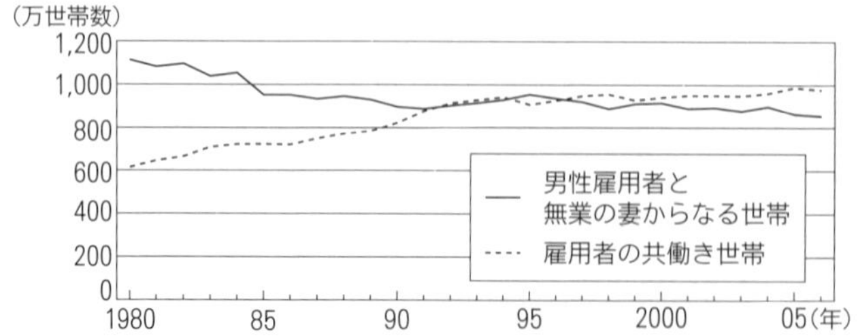

資料：内閣府

　しかしその一方で、働き方や子育て支援などの環境基盤は、必ずしもこうした変化に対応したものとはなっているだろうか。依然として、職場や家庭に加え、地域では、男女の固定的な役割分担意識が残っているケースが少なくない。もちろん、従前にみられた男女の役割分担を否定するものではないが、本稿で指摘したいのは、その役割分担が現在の実情に合わなくなってきているという点である。

(2)　戸田市における共働きの現状

　図6-14は、戸田市の状況を示したものである。図6-14によると、戸田市は「夫婦ともにフルタイムで働いている家庭」が19.5％となっている。また、「夫婦のどちらか、またはともにパートタイムで働いている家庭」が20.4％となっている。これらの結果から、約40％が共働きということが理解できる。

図6-14　戸田市における共働きの現状

- 共働き（ともにフルタイム）19.5％
- 共働き（どちらか、またはともにパートタイム）20.4％
- 夫（男性）だけ仕事を持っている 37.5％
- 妻（女性）だけ仕事を持っている 2.0％
- 夫婦（男女）とも無職 11.7％
- その他 0.5％
- 無回答 8.4％

N＝368

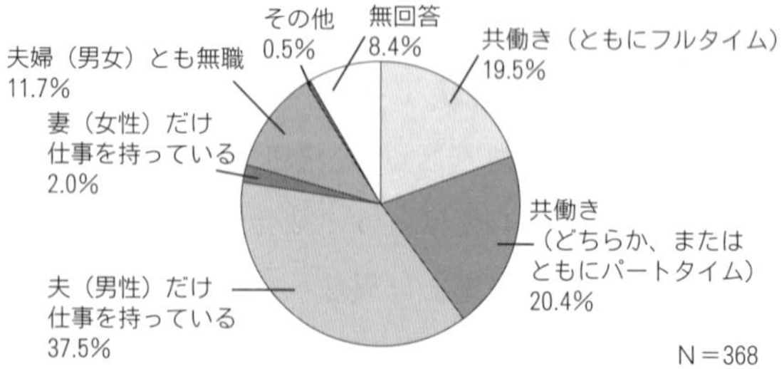

資料：男女共同参画に関する市民意識調査報告書　2008年3月

2 共働き世帯が求める子育て支援策

(1) 戸田市における家庭での育児・家事の分担の意識の現況

　2004年に戸田市が実施した、次世代育成支援行動計画に関するアンケート調査結果によると、家庭における育児や家事の分担のあり方として、「男性もできる限り協力し分担すべき」が保護者・市民ともに最も高い結果となっている。続いて、「男性も積極的に分担して行うべき」という意見となり、さらに「それぞれの労働時間に応じて分担すべき」という意見が多くなっている。この調査結果から、戸田市においては、「家事＝女性」という認識は薄くなっていることが理解できる（図6－15）。

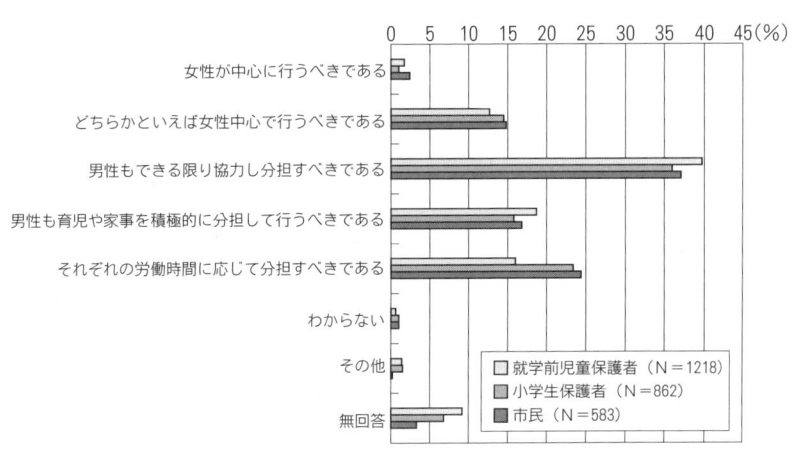

図6－15　戸田市民が考える家庭での育児や家族の分担のあり方

資料：戸田市次世代育成支援行動計画　2005年3月

(2) 子育てをしながら働き続けるために必要な要件

　また、同アンケート調査は、「子育てしながら保護者が働き続けるために必要なこと」を尋ねている。その結果は、子育て保護者、市民とともに「配偶者が家事や育児を分担すること」が6～7割と最も高い回答となっている。すなわち、家事や育児の分担が重要ということが理解できる。

　また、「保育施設の充実や保育時間の延長」に続いて、「自分の職場の労働条

件・制度の充実」や「在宅または家の近くで仕事に就ける」といった労働環境の整備を求める声も多くなっている（図6－16）。

図6－16　子育てをしながら保護者が働き続けるために必要なこと（主なもの3つまでに○）

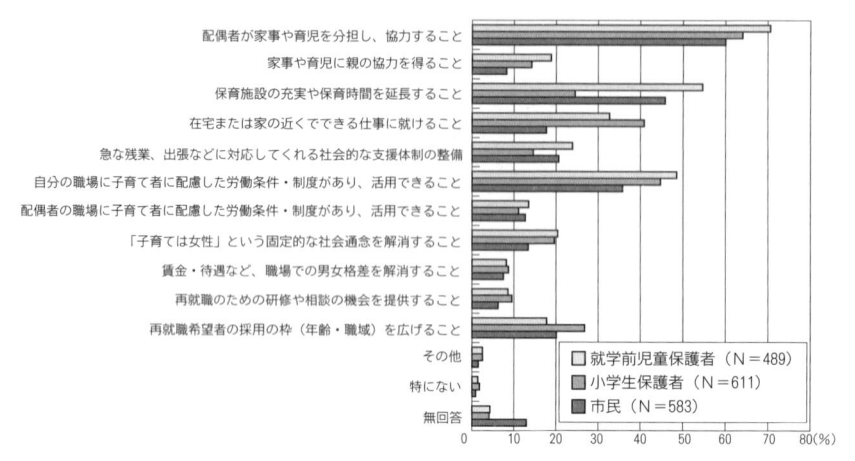

資料：戸田市次世代育成支援行動計画　2005年3月

3　「ワークライフバランス」という考えの浸透

(1)　ワークライフバランスとは何か

　ワークライフバランスという概念は、欧米で発展・普及した概念である。その定義を端的に記すと、「働くすべての人が仕事と生活をうまく調和・融合させ、いきいきとした人生を送ることができる状態」という意味であり、「仕事と生活の調和」と称されている。わが国においても、この概念が少しずつ浸透してきている。

　例えば、2007年12月に、総理大臣官邸において開かれた「官民トップ会議」において、「仕事と生活の調和（ワーク・ライフ・バランス）憲章」と「仕事と生活の調和推進のための行動指針」が、関係閣僚、経済界、労働界の代表者等によって調印・決定された。これは「子どもと家庭を応援する日本重点戦略会議」「男女共同参画会議」「経済財政諮問会議」など、それぞれの検討会が様々

な立場で、ワークライフバランスの策定を求めた結果である。

　この「仕事と生活の調和（ワーク・ライフ・バランス）憲章」は、国民的な取り組みの大きな方向性を示すという位置付けとなっている。同憲章では、「今なぜ仕事と生活の調和が必要か」「それが実現した社会の姿はどうなのか」「その実現に向けて関係者が果たすべき役割は何か」などを分かりやすく示したものとなっている。

　ここでは、国民一人ひとりが、やりがいや充実感を感じながら働き、仕事上の責任を果たすとともに、家庭や地域生活などにおいても、子育て期・中高年期といった人生の各段階に応じた多様な生き方が選択・実現できるような社会が、「仕事と生活の調和が実現した社会の姿」とされている。

　また、「仕事と生活の調和推進のための行動指針」は、企業や働く者の効果的な取り組み、国や自治体の施策の方針を示すものとなっている。社会全体の目標としては、年齢階層別就業率、年次有給休暇取得率、第1子出産前後の女性の就業継続率など、14項目の数値目標も設定している。

(2)　ワークライフバランスの誕生した背景

　ワークライフバランスが浸透してきた背景は、多々あると思われる。その中で、本稿では①労働市場の2極化、②出生率の低下、③人材有効活用の重要性、の3点に絞って言及する。

　第1に労働市場の2極化を取り上げたい。わが国は1997年の金融危機などを契機として、さらなる不況期に突入した。そのため、正規社員は減少し、嘱託職員や契約社員などの非正規労働者が増加した。その結果、格差の問題が浮上している。例えば、所得階層の推移を見ると、1998年以降、年間所得が300万円以下と2,000万円以上の階層の給与所得者が増加する一方で、中間階層給与所得者が減少している。また、週60時間以上労働している人が増加しており、長時間労働の高止まりの状況がある。

　第2に出生率の低下が考えられる。わが国は出生率の低下により、今後、生産年齢人口（15〜64歳）が減少していく。2055年には、現在の8,442万人から3,847万人に減少すると言われている。この減少する労働力を少しでも維持していくためには、若者、女性、高齢者、障害者など、すべての人が働きやすい

環境をつくる必要がある。

　第3に人材有効活用の重要性を指摘しておきたい。一般的に「家庭との両立が困難」と考える人は、専業主婦となり就業しない。また、結婚を機に仕事をしたくても諦めてしまう人もいる。厚生労働省の「第1回21世紀出生時縦断調査結果」によると、第1子出産前後の女性の就労状況の変化で、出産1年前は73.5％の人が有職だったのに対し、出産後はそのうち67.4％が無職になっているという調査結果が出ている。なお図6－17は、出産に伴い退職した人が、退職した理由を示している。約3割が希望に反して退職している現状がうかがえる。

図6－17　育児に関する調査（仕事を辞めた理由）

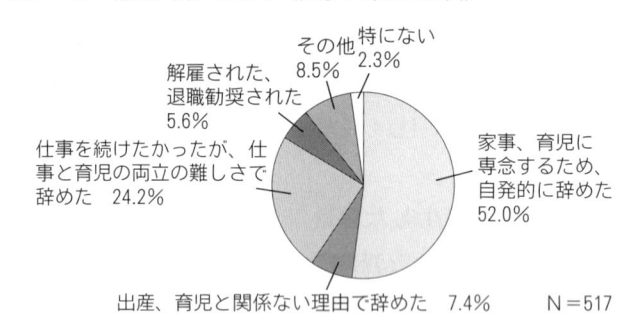

- その他　8.5％
- 特にない　2.3％
- 解雇された、退職勧奨された　5.6％
- 仕事を続けたかったが、仕事と育児の両立の難しさで辞めた　24.2％
- 出産、育児と関係ない理由で辞めた　7.4％
- 家事、育児に専念するため、自発的に辞めた　52.0％
- N＝517

資料：日本労働研究機構「育児や介護と仕事の両立に関する調査」2003年

　就業率を引き上げて、労働力人口を増やしていくためには、1人が長時間労働をして生産性を上げるという方針をとるのではなく、1時間当たりの生産性を上げていくことが重要である。すなわち、時間の長さではなく、あらゆる人がそれぞれのライフステージに合わせて、能力を発揮できる多様な働き方を模索することが大事である。この「多様な働き方」を目指すのが、ワークライフバランスの一つの考えである。

　わが国は、男女雇用機会均等法の施行により、企業においては女性の活用が進み、男性と変わりない処遇を得られるようになってきた。しかし、男性と同じ機会を得られているのは、従来の男性と同じように「仕事優先の働き方」をしている女性ともいえる。従来の働き方が色濃く残る組織においては、出産・

育児で女性のキャリアがペースダウンしかねない状況とも指摘できる。

　必ずしも、キャリアアップを第一義的に考えている人ばかりではないが、女性が働き続け、育児期を経過し、その後、企業復帰（社会復帰）していけるような職場環境が整えば、その企業の女性の活躍も促進されるだろう。働くすべての人の能力を十分に生かすという意味でも、ワークライフバランスの推進は必要と思われる。

おわりに
●戸田市におけるワークライフバランスの一つの方向性

　アメリカでは、父親の子育ては「参加」ではなく「義務」だと考えられている。わが国においては、これまでの男性は、生き方や生活において、プライベートの充実よりも、仕事の中での出世や成功に価値をおく人が多かったと思われる。しかし近年では、その意識が少しずつ変わりつつあるようだ。

　例えば、仕事一辺倒の生き方に対する疑問や、失業率の増加といった雇用状況の変化などにより、男性にも「仕事以外のところでの生き方」を選択する新しい視点を提供し、自らがより豊かに生きていくことへの意識が移ることになった。その一つの具体的な動きが、ワークライフバランスと考えられる。

　また、父親の子育てに関する意義を考えると、①違った視点、行動、価値を持ち込むことにより、より多様で豊かな環境で子が育つ。②母親への理解をすることにより、安定や子どもも含めた家族の成長に関与できる。③子を育てることの大変さと面白さ、親として生きることの責任の重さを認識し、自ら成長できる、などがあげられる。

　以上を踏まえ、戸田市の方向性を考えてみる。その一つとして考えられることは、父親が子どもと向き合うことで、母親が感じている孤立感や大変さを理解することのできるような取り組みが求められる。また、それには、どうしたらよいか戸惑うお父さんでも入りこみやすい講座の実施や、子育てガイドブックを配布するなど、自然と自信をつけていけるような環境づくりが求められる。

●意識改革の必要性

　共働き家庭の支援に必要なのは、企業や個人の意識改革である。今、ワーク

ライフバランスを一つのキーワードとして、国をあげての取り組みが行われている。仕事と育児の両立といっても、そのバランスは人それぞれであり、色々な子育ての仕方がある。その中で問題なのは、「今、そのバランスが取れない」ということである。生き方が多様化している時代に、各々が人生における仕事とプライベートの在り方を選択でき、バランスを取ることのできるような社会が望まれる。

　当初、筆者は「子育て家庭のニーズに答えること」が必要な子育て支援策と思っていた。しかし、出産や子育てに関する希望と現実がかい離していることが、少子化にもつながっていることがわかった。今あるニーズに答えることはもちろんであるが、本来持っている希望を叶えるためには、「何が必要なのか」を逆算して考えていくことも大切であると気付かされた。

　戸田市は、ベッドタウン的イメージが強いまちと思われているが、単なるベッドタウンでは都市間競争には生き残れない。子育てに優しいまち、住み続けたいまちを実現していくために、市民一人ひとりが一番輝ける道を見つけられるまち、ワークライフバランスが実現するまちにしていく必要があると思っている。

　子どもの笑顔は親の笑顔があってこそのものであり、親に余裕がなければ子どもにも影響を与えてしまう。子どもも大人もキラキラ輝けるように、うまく仕事と子育ての両立支援を実施できる戸田市になっていく必要があるのではないだろうか。

　本稿は、2008年4月から10月初旬までの研究の成果である。
　2008年後半に米国で発生した金融危機に端を発した世界同時不況により、わが国でも景気後退が進んでいる。経済状況の悪化や派遣切りなど雇用環境の悪化が大問題となっている。本研究は、当初2年間で取り組む予定で計画しており、次年度では先行事例の調査、戸田市への導入可能性の研究をする計画であったが、社会状況の急変により、今後の調査計画の見直しを行う予定である。しかし、ワークライフバランスの本質である、働き方を見直し効率化を図ることや、自分自身の家族や生活を大切にするということは、不況だからこそ、今後より大切になってくることだと考えていることを申し添える。

参考文献及びホームページ

厚生労働省　モデル企業のアクションプログラム
（http://www.mhlw.go.jp/bunya/roudoukijun/sigoto-seikatu/index.html）2008年10月16日

内閣府　仕事と生活の調和推進室
（http://www8.cao.go.jp/wlb/index.html）2008年10月16日

株式会社ワーク・ライフバランス
（http://www.work-life-b.com/）2008年10月16日

『戸田市次世代育成支援行動計画』戸田市、2005年3月

『男女共同参画に関する市民意識調査報告書』戸田市、2008年3月

『育児や介護と仕事の両立に関する調査』日本労働研究機構、2003年7月

『月刊福祉9月号』全国社会福祉協議会出版部、2008年9月

『平成19年度政策課題共同研究報告書』彩の国さいたま人づくり広域連合

5 いつでもどこでも簡単に
〜電子申告・納税のメリットとデメリット〜

はじめに

●進む地方分権と電子化行政

　自治体にとって行政手続の電子化は、効率的な行財政運営と多様な住民ニーズへの対応の一つの戦略的な手段である。21世紀に入り、わが国は社会・経済構造の激変に直面し、人々の価値観の変化や地域社会の変容を経験してきた。その中で、自治体を取り巻く状況も変化し、地方分権の流れが加速してきている。

　「地方分権の推進を図るための関係法律の整備等に関する法律」（地方分権一括法）の制定により、地方の時代がきたと言われるようになった。その後、2000年代に入り財政的な要請から三位一体の改革が行われ、従来に比し国から地方へと税源が大幅に移譲された。その結果、自治体には、効率的な行財政運営と自立的な地域運営とが、ますます求められている。特に、健全な財政運営と、住民の多様なニーズに対応するサービスの提供の両立は大きな課題となっている。

　そうした中で、戸田市でも、2000年の国の「e-Japan重点計画」を受け、「第三次総合振興計画」（2010年までの年次計画、2001年策定）及び「e-TODAプラン」（戸田市情報化推進計画、2002年度策定）によって行政の電子化に取り組んできたところである。

　現在、全国の自治体における電子化の基盤である情報インフラの整備は、自治体の行政専用のネットワークである総合行政ネットワーク（以下、「LGWAN」という）の霞が関WANとの接続や全市区町村の接続完了によって達成されつつある。そして、今後は自治体業務や住民向けサービスの電子化といったソフト面の整備を検討する段階にきている。

　以上のことを踏まえ、戸田市にとってどのような行政サービスの電子化を進めることが住民福祉の向上に寄与するのかを考え、本稿では特に電子納税・電子申告について取り上げる。

● 語句の定義

本稿で使用する語句は、次のとおりとする。

語　句	定　　義
電子申告	インターネットを通じて主な申告・申請ができる仕組み
電子納税	納税者が通信機器などを通じ、ネットワークを介して電子的に納税を行う仕組み
eLTAX（エルタックス）	地方税における諸手続をインターネットを通じて行う仕組み
e-Tax（イータックス）	国税における諸手続をインターネットを通じて行う仕組み
Pay-easy（ペイジー）	インターネット電子決済サービス
WAN（ワン）	Wide Area Network＝ワイド　エリア　ネットワーク。広域通信網。電話回線や専用線により離れた地点にあるコンピュータ同士を接続し、データなどをやりとりできるようにするネットワーク
霞が関WAN（かすみがせきワン）	中央省庁のLAN（庁舎内ネットワーク）を結ぶ省庁間ネットワーク
LGWAN（エルジーワン）	Local Government WAN＝ローカル　ガバメント　ワン。総合行政ネットワーク。地方自治体の庁内LAN同士を結ぶ自治体間ネットワーク。霞が関WANとも接続されている
ASP（エーエスピー）	Application Service Provider＝アプリケーション　サービス　プロバイダ。アプリケーションソフトをインターネットを通じて顧客にレンタルする事業者
LGWAN-ASP	LGWAN（総合行政ネットワーク）を利用したASPサービスのこと

1　行政手続電子化の進展の経緯

　電子化・情報化が行政の主要な課題となって久しい。情報通信技術はイノベーションの速度が速く、ＩＴ化という言葉も、2000年前後に一般的になってきた言葉であり、決して古いものではない。しかし、歴史が浅いことから、事業の経緯が分かりにくいのも事実である。そこで以下では、行政手続の電子化が進展する社会的背景について、(1)国の場合、(2)地方及び総務省の場合、(3)戸田市の場合の3通りに分けて、行政手続電子化が進展する背景を考察する。

⑴　国における取り組み

　日本において、パソコンの普及とインターネット利用率が増加に転じたのは、1990年代半ばであった。高度情報化社会という新しい技術が活用される社会への変化に対応するため、1994年8月、高度情報通信社会推進本部が内閣に設置された。その後、パソコン普及率とインターネット利用率は急上昇を続ける。2000年7月、国はＩＴ戦略会議を設置し、同年11月にはＩＴ基本戦略を決定、高度情報通信ネットワーク社会形成基本法（ＩＴ基本法）が成立した。

　これを受け、2001年1月には高度情報通信ネットワーク社会推進戦略本部（ＩＴ戦略本部）が設置された。このＩＴ戦略本部が、その後におけるＩＴ政策の中心的役割を果たすことになった。ＩＴ戦略本部はｅ－Japan戦略を決定した。同戦略は、2006年までの5年間のＩＴ政策の基礎となるものであった。なお、ｅ－Japan戦略は前半と後半に分かれ、前半はＩＴ基盤の整備を主目的とし、後半のｅ－Japan戦略ⅡにおいてはＩＴの利活用を謳っている。

　この間を、行政手続電子化の観点から確認すると、ｅ－Japan戦略決定当時である2001年当時には、電子申請・届出の基盤である公的個人認証システム等の基盤整備が推進され、実質的にすべての申請・届出手続が、原則として24時間自宅や事務所から行える社会が目指された。また、総務省及び全省庁で、国・自治体等の届出等手続のオンライン化に関するアクション・プランが策定された。この中で、自治体については、国が必要な支援を行うこととするとしている。

　基盤整備を目標にしたｅ－Japan戦略を通じ、2004年末時点で各省庁の申請・届出の96％の電子申請・手続が実現された。しかし、利用率は1割にも満たない数で推移していた。

　2006年には、ｅ－Japan戦略の終了とともに、わが国のＩＴ政策の新たな指針としてＩＴ新改革戦略が発表された。これは、2010年までの5か年計画である。同戦略の目的は「いつでも、どこでも、誰でもＩＴの恩恵を実感できる社会の実現」とし、「世界一便利で効率的な電子行政」の中で、オンライン申請率50％達成という目標を掲げ、さらに一歩踏み込んだ行政の電子化を目指している。

(2) 地方・総務省の取り組み

　総務省では、国のe-Japan戦略・e-Japan戦略Ⅱと呼応しながら、自治体の電子行政推進のため、2003年には「電子自治体推進指針」を策定した。主に電子自治体の基盤整備と行政手続のオンライン化等が目指され、LGWANの霞が関WAN接続が完了するなど、一定の成果を果たした。

　2007年になると、総務省は自治体を取り巻く環境の変化に対応し、同指針を継承したものとして、新たに新電子自治体推進指針を策定した。これが現在、地方自治体が電子行政を推進していくに当たって、よりどころとなっている。

　ここでは、2010年までに利便・効率・活力を実感できる電子自治体を実現することを目標とし、電子自治体の一層の推進を謳っている。その中で、国のIT新改革戦略を受けた形で2010年までに、すべての自治体で行政手続のオンライン化を実現すること、オンライン利用率50％達成、行政手続等の完全オンライン化の目標を掲げている。

　また、情報システム調達の透明化・効率化や、共同化・標準化の一層の推進も共通的な推進事項としてあげられている。

(3) 戸田市の取り組み

　戸田市では、第３次総合振興計画後期基本計画（後期は2006～2010年、2005年策定）で、情報化に対応した地域づくりを進めるとしている。同計画の中で、ＩＴ化について戦略的な取り組みとして高度情報技術を活用して行政運営の効率化や高度化、市民サービスの利便性の向上を推進することとしている。

　2002年に第３次総合振興計画に基づき策定された戸田市情報化推進計画（e-TODAプラン）において、2010年までの年次を第１ステップ（前期）、第２ステップ（中期）、第３ステップ（後期）の３つの期間に分け、それぞれの期間にアクションプランを設定した。

　2008年現在、戸田市は第３ステップ（後期）のアクションプランに取り組んでいる最中である。第３ステップにおいては、電子市役所をより一層推進することとし、高度情報化に対応した市民サービスの拡充を目標としている。この中で、電子申請の普及が謳われている。

　以上のように、電子行政推進の背景を概観した。ＩＴという言葉が生まれ、

行政の中で主要な取り組みが始まった初期は基盤整備ありきだったが、それが完了した今、より一層の質の向上と、費用対効果に厳しい目が向けられている。電子行政推進という流れが加速する中、自治体はより知恵を絞り、電子行政に取り組む決意が必要であると思われる。

2 税務業務における電子化の可能性

ここでは、税務業務における業務電子化の可能性を詳細に検討する。

(1) 業務電子化における現状把握

業務を電子化するにあたって、実際の現状について言及する。前述したように、国の e-Japan戦略の推進等により、2004年末には国の各省庁の申請・届出のうち約96％の電子化が達成された（衆議院予算委員会第164回第5号〔2006年2月6日〕における中川秀直自民党政調会長（当時）の発言より）。これだけ多くの申請・手続の電子化が達成された例は他国に例がないという。反面、その利用率は同時点で0.7％にとどまっていた。

例えば、その中で電子化されたものに、外務省のパスポート電子申請システムがある。このシステムは悲しい結末を迎えた。パスポートの電子申請システムは、インターネット経由でいつでも申請手続ができるのを売り文句に、2004年3月にスタートしたが、2006年時点で申請件数が133件にとどまっていたという。

パスポート申請という高度なセキュリティが要求される案件という理由もあり、手続の煩雑さを指摘する声も多く、かかった経費を申請件数で割ると、1件当たり1,600万円にもなるとも言われている。このように巨額の経費が投入された事業だったが、2006年には運営費がかかりすぎることを理由に、この事業の停止が決まった（2006年8月23日、毎日新聞）。

この事例は、次のことを示している。すなわち、パスポートの申請には個人認証の重要性から、いくつもの提出書類を必要とするが、例にあげた電子化は、従来の手続を電子に置き換えた手続であった。しかしそのため、出来上がったシステムは利用しづらいものとなってしまった。

電子化においては、一連の業務のあり方を根本から見直す目線も必要であっ

たし、また、パスポート（旅券）というものの性質に注目すると、ライフサイクルにおいて5年若しくは10年に1回手続を行うのみで、人によっては生涯一度もパスポートを持たない人も存在する。そうしたことを考えると、申請手続の電子化のメリットは、充分に吟味されただろうか。当然、どんな手続でも、むやみに電子化を進めればよいということではなく、どの手続が電子化に適しているか熟慮する必要がある。

(2) 税務業務の電子化適合性

　業務を電子化するにあたって、現状を踏まえた上で、税務業務についてそれをあてはめる場合、電子化適合性はあるだろうか。この点について考えたい。

　前述のパスポート電子化の場合、手続のオンライン化というメリットが、5年あるいは10年という長期のタイムスパンでしか享受できない。しかし、それに比して手続1回にかかる登録や認証の手間が大きいというデメリットがあった。

　翻って税務業務の特徴として、所得税や個人住民税などは、多くの人が1年に一度申告をしなければならず、またその数も大量であり、定型的・定量的な業務ということがあげられる。一度登録をすれば毎年利用できるという継続性もある。これは、電子化を考える際のメリットとして捉えることができる。また、税法改正があっても税務業務それ自体がなくなることはないから、事務自体が廃止になることはないと考えてよい。

　こうしたことを考え合わせると、税務業務は比較的電子化したときのメリットが大きく、適していると言えるだろう。

(3) e-Tax・eLTAXの概要

　現在、確定申告の時期になると多くの人が目にする「e-Tax」は、国税庁の運営する国税の電子申告システムである。一方、一般の人があまり目にしない「eLTAX」とは、地方税ポータルシステムの名称である。eLTAXは自治体個々の加入によって成り立っており、現在のところ全国一律に市町村が加入しているわけではない。しかし、急速に普及しつつある最中である。

　eLTAXの運営主体は、社団法人地方税電子化協議会（以下、「地方税電子化

協議会」という）である。その目的は次のように記されている。[11]

> 　地方税に係る電子化に当たっては、全国の多数の地方公共団体が関係することから、次のような点で利用者の利便性向上を図る必要があります。
> 1．システムを標準化して使い方の統一を図る。
> 2．データ送信先を一元化して、複数の地方公共団体に何度も送信する不便を解消する。
> 　このため、地方税に係る電子システムは、個々の地方公共団体でそれぞれ開発するのではなく、全国共通システムとして地方公共団体が共同で開発・運用を行うものとしました。

　国税のように全国一組織、一律制度のe-Taxに比べ、地方税の課税主体は各市町村である。しかし、地方税法によって規定された地方税の根幹制度はほぼ全国一律であるから、自治体個々で開発を行うものでなく、共同で開発・運用を行うという発想である。

　地方税である個人住民税の電子申告の概要を具体的に見ると、まず、①納税者が直接各市町村へ申告する際の電子化、②企業や税理士が納税者に代わって市町村へ申告する際の電子化、の2つが大きな柱であると言える。

　そのうち、①納税者が直接各市町村へ申告する際の電子化は、従来電子申告に対して抱いているイメージに近いものである。

　一方、②企業や税理士が納税者に代わって市町村へ申告する際の電子化（主に申告の必要のない一般的な給与所得者がこれに該当する）というものは、従来データを紙ベースで収受していたものから電子データで収受するものへと変更するものである。この場合、それまでであれば企業内部などでデータ化されていた課税資料などを、いったん紙に打ち出して市町村に提出し、市町村では提出された紙資料を電子化するためにデータ入力していた。この作業が紙媒体を介さず、ストレートに電子情報でのやりとりができるということになる。

---

[11] eLTAXホームページ（http://www.eltax.jp/）　2008年9月30日現在

⑷ 戸田市としての税務業務電子化の可能性

　前述の議論を踏まえ、戸田市としての税務業務電子化の可能性について考えたい。

　戸田市においても税務業務の特性として、定型的・定量的、大量反復的なものであるということは例外ではなく、電子化が実現すればメリットのある分野であることは想像に難くない。また、そこで、次の段階として、現実の選択肢として重要性を帯びてくるのは、税務業務電子化においてどういった方法を選択するかである。この選択に関しては、次であらためて議論することとする。

　行政の手続・申請の電子化がたどってきた道を振り返ると、電子化を闇雲にすすめればよいというわけではない。過去の例から教訓を学び、戦略的に電子化を進めることが肝要である。税務業務は定型的・定量的、大量反復的なものであるから、電子化に適していると言える。

3　税務業務電子化のとるべき道

　ここでは、戸田市が実際に個人住民税課税業務の電子化を進めるに当たって、採用すべき道を具体的に検討する。

⑴ 現在導入されている3つの方法

　個人住民税課税業務の電子化にあたっては、総務省及び地方税電子化協議会の推進するeLTAXを導入することが必須となると考えられる。その理由は、すでに個人住民税の公的年金からの特別徴収が2009年10月から始まることとなっており、その作業にeLTAXを利用することとなっているからである。

　もちろん、現段階（2008年9月現在）ではeLTAXを導入予定の市町村は7割（2008年9月8日、官庁速報）程度のため、2年間の猶予期間が設けられている。こうした状況の中、戸田市のみeLTAXを導入しないような「eLTAX鎖国」は、戸田市の住民福祉の減退を招くと考えられる。

　そこで、eLTAXを導入することを前提に議論を進めると、現在、個人住民税課税業務の電子化に当たっては3つの方法がある。

① LGWAN-ASP方式

　2008年9月末日現在、秋田県秋田市、和歌山県田辺市が導入している方式。総務省が推奨する方式で、2008年10月に埼玉県三芳町で導入予定。同年12月から川口市でも導入を予定している。

② 共同利用方式

　複数の団体で独自にサーバーを設置するなどしてシステムを構築し、費用を負担しあって運用する形態。現在、eLTAXをこの方式で運用している団体は存在しない。

③ その他の独自方式

　全国47都道府県と政令指定都市で導入されている方式である。埼玉県では、埼玉県とさいたま市で運用されている。

(2) 税務業務電子化の導入に向けた現状の選択肢

　ここでは、それぞれの方式についてのメリット・デメリットについて検討してみたい。

① LGWAN-ASP方式

　[メリット] LGWANは、すべての自治体を結ぶ総合行政ネットワークであり、セキュリティ面や運用面での信頼性や安定性が非常に高い。また、ＡＳＰとはアプリケーションサービスプロバイダの略であり、一般的に利用者がインターネットを介してアプリケーションを利用するシステムのことである。既存のネットワークを活用することで、利用可能であるというのは利点である。

　[デメリット] 総務省が推奨する方式であり、導入時期は他市町村の動向を踏まえ、タイミングの熟慮が必要である。全国一律の方式のため、自前のシステムと不適合の可能性がある。

② 共同利用方式

　[メリット] 複数の市町村が集まってシステムを構築するため、融通がき

き自前システムに適合性の高いシステムを構築できる可能性がある。また、費用についても複数市町村での負担となるので、自前システムを構築するより廉価になる可能性がある。

［デメリット］共同開発では、各市町村の綿密な調整が必要であり、かつ共同開発に名乗りを上げる市町村を見つけるのが難しい。また、戸田市の近隣市町村で共同開発を手がけている団体はない。

③　その他の独自方式

［メリット］独自のシステムが開発でき、自前システムに最も適合するシステムを開発できる可能性がある。

［デメリット］ある程度の規模の市町村でないと、コスト面・運用面に不安が残り、また、1年ごとの法改正への対応に追われる可能性がある。

(3)　**埼玉県内他自治体へのアンケート調査の結果**

2008年8月に、埼玉県内のすべての市町村を対象に、地方税電子申告についてのアンケート調査を行った（埼玉県内70市町村対象に実施し、全市町村より回答を得た）。図6−18は、eLTAX導入の現状である。

図6−18　埼玉県内市町村におけるeLTAX（地方税ポータルシステム）導入の現状

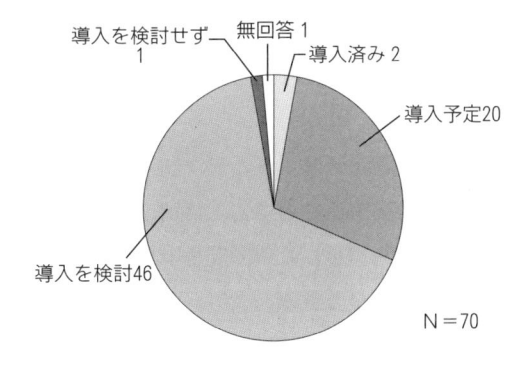

導入を検討せず　1
無回答　1
導入済み　2
導入予定　20
導入を検討　46
N＝70

ほとんどの市町村で、eLTAX導入に関する何らかの取り組みを行っていることが分かる。市町村のeLTAXに対する関心の強さがうかがえる。

次いで、図6−19は埼玉県内市町村におけるeLTAXの導入予定の方式、ま

たは導入を検討している方式について尋ねた結果である。

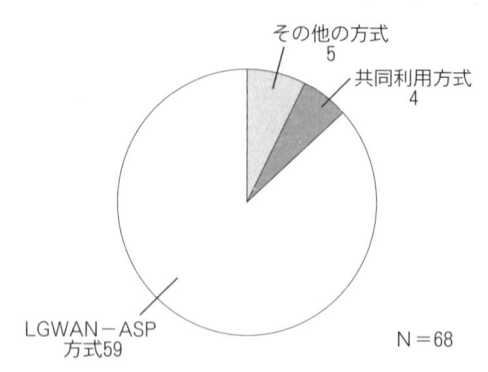

図6-19　埼玉県内市町村におけるeLTAX導入方式の検討状況

その他の方式 5
共同利用方式 4
LGWAN-ASP方式 59
N=68

　eLTAX導入を検討している市町村の中では、LGWAN-ASP方式で導入を検討している市町村が突出して多い。
　以上の結果を見ると、埼玉県内の市町村においてはeLTAXをLGWAN-ASP方式で導入する市町村が大半を占めることがうかがえる。

　ここではeLTAXを導入するにあたり、3つの方式のメリット・デメリットとアンケートの結果を示した。これを踏まえて、次では本稿の締めくくりとして、戸田市としてどのような選択があり得るかを検討する。

おわりに
●戸田市における電子市役所のメリットとデメリット
　これまでに検討した3つの方法を踏まえ、戸田市で導入するにはどのような方策を採るべきかを描く。戸田市において電子申告等の導入を検討する場合、次の表6-8にまとめることができる。

表6−8　戸田市において電子申告等の導入のメリットとデメリット

3つの方式	メリット	デメリット
① LGWAN-ASP方式	導入への工程がはっきりしている。総務省が推奨している全国統一方式のため、利用者からも分かりやすい。	既存システムとの適合性に不安が残る。
② 共同利用方式	自前のシステムとの適合性を高められる割には、費用負担が軽いことが予想される。	開発・調整に時間がかかり、相手先市町村をみつけるのが難しい。
③ その他の独自方式	戸田市にとって、やりやすい方式でシステムが設計できる。	費用負担・システム維持が難しい。

● 戸田市における電子市役所の未来像

　本稿では個人住民税の電子申告・納税の施策化へ向け、メリットとデメリットの洗い出しを行った。いずれの方式にしても実施までにはいくつも乗り越えなければならない困難がある。

　実際、戸田市が個人住民税の電子申告・納税を実施する場合、採り得る最もメリットの高い方式は、上記3つの中のLGWAN-ASP方式であろう。なぜなら、既存のネットワークを利用し、全国一律のサービスを提供できるシステムに参加することは、利用者にとっても利便性の向上が一番見込めると判断できるからである。また、eLTAX導入により、Pay-easy（電子決済ネットワーク）を導入できれば、収納面でも市民の利便性は格段に上がるはずである。

　また、戸田市の場合、共同利用方式や独自方式の場合、そういった方式でシステム開発を行った経験がないため、実行には不安が残る。

　施策化へは関係する各課の連携が欠かせない。電子申告・納税の取り組みを、電子市役所への布石とし、最大限の効果を得るために、個々の業務のみに注目するのではなく、市役所全体という一つのシステムを電子化していくという、全体最適化の視点が最重要だと考える。職員一人ひとりが、限られた資源を効率的に使い、行政手続の電子化を通じて次のステップに進む土壌作りをしていけば、10年後20年後の未来の電子市役所像は、よりよいものになっていくはずである。

　最後に、課税業務でお忙しい中、アンケートにご協力いただいた埼玉県内各

自治体の課税担当課のみなさんに対し、この場をお借りしてお礼を申し上げたい。

参考文献及びホームページ

首相官邸　高度情報通信ネットワーク社会推進戦略本部（IT戦略本部）（http://www.kantei.go.jp/jp/singi/it2/）2008年10月16日

国税庁　e-Tax（http://www.e-tax.nta.go.jp/）2008年10月16日

eLTAX（http://www.eltax.jp/）2008年10月16日

デジタルコミュニティズ推進協議会編（2007）『市民が主役の自治リノベーション』ぎょうせい

寺崎　秀俊「地方税の電子化の現状と今後の展望」(2008)地方財務協会『月刊地方税第59号』

相場　一範「秋田市の地方税電子化への取組状況」(2008)地方財務協会『月刊地方税第59号』

財団法人　日本都市センター（2007）「成果に結びつくITガバナンス－自治体現場の取り組みと課題－」

畔上文昭（2006）『電子自治体の○と×』技報堂出版

6 "わがまち"を売り出す
～シティセールスをめぐる都市イメージの考察～

はじめに
●都市間競争時代の幕開け

わが国は、右肩上がりの時代が終わりを告げ、不安定な経済情勢の下、戦後はじめて経験する人口減少社会を迎えた。社会全体が大きく変貌する中、自治体を取りまく環境も大きく様相を変えている。地方分権や様々な行財政制度の変革が進められ、自治体には自己責任・自己決定の姿勢に基づくまちづくりが求められるようになった。

この状況を異なる視点からみれば、自己責任・自己決定で行財政運営を進めた結果、夕張市のような自治体破綻という最悪の結末を迎える可能性をも併せ持つものである。その責は、自治体自らが負わなければならない。

このような状況は、「都市間競争の時代」という言葉によく表されている。現在は、住民や企業が自治体を選ぶ時代である。住民や企業が望む条件にあった都市に移っていくことが、比較的容易にできる社会状況にある。それぞれの自治体は、選ばれる対象になるために、独自の政策展開でほかとの差別化を図り、それらを積極的にアピールしながら、自らの都市イメージを向上させようとしている。これらの動きが目指すものは、自治体の経営資源といわれる「ヒト・モノ・カネ」を獲得し、都市間の競争に勝ち抜き、将来にわたる活力を維持することであり、担税力のある住民や企業を自治体内に呼び込み、とどめる状況をつくり出すことが、競争を勝ち抜くために必要であるという考えに基づくものである。

●本稿の目的

本稿は、「戸田市にとってシティセールス活動が必要なのか」「シティセールスを実施する場合にはどのように行うべきか」などを検討し、その方向を明らかにすることが目的である。

なお、本稿は戸田市政策研究所が取り組んでいる研究テーマ「戸田市におけ

るシティセールスの必要性と成功する要件について」の一部を紹介している。同研究は2008年度と2009年度の2か年で実施されている。

　そこで本稿においては、途中段階ではあるが、①現在戸田市が持たれているイメージを明らかにする、②先行自治体の事例調査により取り組み内容を明らかにする、という2つの部分について言及するものである。

1 戸田市のイメージ把握

(1) 参考とした3つの調査

　まず、戸田市がシティセールスを検討していくためには、現在、戸田市が持たれている都市イメージを明らかにする必要があると考えた。参考とした調査は次の3つである。

---

① 地域ブランド調査2007
　調査の概要
　　実施主体：株式会社ブランド総合研究所
　　調査方法：インターネット調査
　　調査対象：10〜60歳代の消費者
　　　　　　　2007年6月現在の全市（762市）と東京23区、ほか一部町村　計1,000市区町村
　　調査時期：2007年6月－7月
　　有効回答：34,851人（1自治体の回答者数は588〜773人）

② 戸田市市民意識調査
　調査の概要
　　実施主体：戸田市
　　調査方法：郵送
　　調査対象：20歳以上の市民3,000人（無作為抽出）
　　調査時期：2008年7月
　　有効回答：1,312人（43.73％）

③ 法政大学と東京農業大学の学生に対する調査
　調査の概要
　　実施主体：戸田市政策研究所
　　調査方法：集合調査
　　調査対象：法政大学「地方自治論」「地方自治ゼミ」、東京農業大学「行政学」の受講生年、対象者307人
　　調査時期：2008年6月－7月
　　有効回答：241人（イメージ調査部分）

次に、それぞれの調査から得られた知見について言及する。

① 地域ブランド調査2007

　株式会社ブランド総合研究所が実施した「地域ブランド調査2007」によれば、戸田市の認知度は「名前も知らない」（54.4％）が一番多く、「名前だけは知っている」（24.4％）、「少しだけ知っている」（8.4％）、「知っている」（8.6％）、「よく知っている」（3.1％）となっている。また認知度の全国順位は、1,000市区町村の中で442位である。

　過半数の人にとって、戸田市は「名前も知らない」まちという結果であった。地域資源の質問では「スポーツの参加・観戦が楽しめる」「道路や交通の便がよい」の回答が多い。市のイメージ想起率では「生活に便利・快適なまち」「スポーツのまち」に高い数値が出ている。

② 戸田市市民意識調査

　質問の一つで戸田市のイメージについて尋ね、市民が戸田市に対してどんなイメージを持っているかを把握した。

　質問は、意味微分法（SD法）を用い、戸田市を形容するにふさわしい言葉を、その反対の意味を持つ言葉と対にし、イメージの尺度として回答者に選択させたものである。調査に用いた尺度は、次の10組の言葉であり（表6－9）、表6－10が回答結果である。

---

[12] 本調査にあたっては、市川虎彦（2002）「松山市のイメージ～市内若者層の都市イメージ調査～」松山大学論集　vol.14, no5を参考とした。

表6-9　戸田市民を対象としたイメージの尺度

①新しい	－	伝統的な
②若者の	－	大人の
③成長する	－	成熟した
④都会的な	－	のどかな
⑤のんびりした	－	せわしい
⑥おしゃれな	－	野暮ったい
⑦活気がある	－	落ち着いた
⑧個性的な	－	平凡な
⑨便利な	－	不便な
⑩誇れる	－	誇れない

回答は、対になる言葉のどちらか一方を選択する形とし、すべてに「どちらともいえない」という選択肢を入れている。

質問形式例

以下のまちのイメージをあらわす対極的な言葉について、戸田市にはどちらの言葉があてはまると思いますか。あてはまるものを1つ選んでください。

新しい　　　どちらともいえない　　　伝統的な

表6-10　戸田市民を対象とした各尺度の回答結果

①新しい － 伝統的な

新しい	431人	32.9%
どちらとも言えない	628人	47.9%
伝統的な	109人	8.3%
無回答	144人	11.0%

②若者の － 大人の

若者の	174人	13.3%
どちらとも言えない	789人	60.1%
大人の	187人	14.3%
無回答	162人	12.3%

③成長する － 成熟した

成長する	746人	56.9%
どちらとも言えない	381人	29.0%
成熟した	56人	4.3%
無回答	129人	9.8%

④都会的な － のどかな

都会的な	85人	6.5%
どちらとも言えない	611人	46.6%
のどかな	467人	35.6%
無回答	149人	11.4%

⑤のんびりした － せわしい

のんびりした	499人	38.0%
どちらとも言えない	523人	39.9%
せわしい	144人	11.0%
無回答	146人	11.1%

⑥おしゃれな － 野暮ったい

おしゃれな	48人	3.7%
どちらとも言えない	726人	55.3%
野暮ったい	387人	29.5%
無回答	151人	11.5%

⑦活気がある － 落ち着いた

活気がある	214人	16.3%
どちらとも言えない	640人	48.8%
落ち着いた	312人	23.8%
無回答	146人	11.1%

⑧個性的な － 平凡な

個性的な	100人	7.6%
どちらとも言えない	439人	33.5%
平凡な	628人	47.9%
無回答	145人	11.1%

⑨便利な － 不便な

便利な	688人	52.4%
どちらとも言えない	373人	28.4%
不便な	120人	9.1%
無回答	131人	10.0%

⑩誇れる － 誇れない

誇れる	340人	25.9%
どちらとも言えない	722人	55.0%
誇れない	101人	7.7%
無回答	149人	11.4%

　調査結果から得られた、市民が持つ戸田市のイメージは、以下のようなものであった。回答の割合が多いものを順にあげると、「成長する」（56.9％）、「便利な」（52.4％）、「平凡な」（47.9％）、のんびりした（38.0％）、のどかな（35.6％）、新しい（32.9％）、野暮ったい（29.5％）、誇れる（25.9％）という結果である。

　また本調査の別質問として、「住みやすさ」について聞いている。選択肢は、「住みよい」「まあ住みよい」「どちらともいえない」「どちらかといえば住みにくい」「住みにくい」の5段階である。その結果は、「住みよい」（34.4％）、「まあ住みよい」（50.2％）で、合わせると84.6％の市民が「住みよい」と感じている。さらに、「住み続けたいか」についての質問では、「ずっと住み続けたい」（38.1％）、「当分の間転居するつもりはない」（43.4％）となり、合わせると81.5％であり、定住志向が高いことがうかがえる。

③　法政大学と東京農業大学の学生に対する調査

　本調査は、法政大学と東京農業大学の講義の中で実施した。調査対象の構成は、居住地が東京都（55.4％）、神奈川県（23.8％）、埼玉県（11.4％）、千葉県（5.5％）、その他（3.9％）となっている。

　まず戸田市の認知度の質問をしたところ、「知らない」（43.3％）、「名前だけは知っている」（40.1％）、「知っている」（16.6％）という結果であった。また、首都圏の市区境界の入った白地図を載せ、戸田市の場所を示す質問をしたところ、「不正解」が87.9％、「正解」が12.1％であった。

　以上の結果から、認知度については、「地域ブランド調査2007」（54.4％）と比較すると、「知らない」（43.3％）の割合が低くなっている。これは、全国を対象に行った「地域ブランド調査2007」に対し、本調査では、対象である学生

の居住地がほぼ首都圏であることによるものと推測される。

　また、本調査では前掲の戸田市市民意識調査（以下、「市民意識調査」という）とほぼ同様の質問を設け、対比ができるようにした。なお、イメージの尺度は、市外居住者が対象という理由から来訪意欲などの質問を加えているため、市民意識調査とは若干異なる、次の13組の言葉である（表6－11）。回答結果は表6－12のとおりである。

表6－11　大学生を対象にしたイメージの尺度

①新しい	－	伝統的な
②若者の	－	大人の
③成長する	－	成熟した
④都会的な	－	田舎的な
⑤住みやすい	－	住みにくい
⑥安全な	－	危険な
⑦のんびりした	－	せわしい
⑧おしゃれな	－	野暮ったい
⑨活気がある	－	落ち着いた
⑩きれいな	－	きたない
⑪個性的な	－	平凡な
⑫便利な	－	不便な
⑬訪れてみたい	－	訪れたくない

　回答は、対になる言葉のどちらか一方を選択する形とし、すべてに「どちらともいえない」という選択肢を入れている。

質問形式例

　以下のまちのイメージをあらわす対極的な言葉について、戸田市にはどちらの言葉があてはまると思いますか。あてはまるものを1つ選んでください。

新しい　　どちらともいえない　　伝統的な
|―――――――|―――――――|

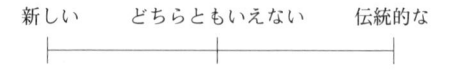

表6－12　戸田市民を対象にした各尺度の回答結果 ⑬

①新しい　－　伝統的な

新しい	80人	33.2%
どちらとも言えない	111人	46.1%
伝統的な	50人	20.7%

②若者の　－　大人の

若者の	35人	14.5%
どちらとも言えない	106人	44.0%
大人の	100人	41.5%

③成長する　－　成熟した

成長する	118人	49.0%
どちらとも言えない	67人	27.8%
成熟した	56人	23.2%

④都会的な　－　田舎的な

都会的な	69人	28.6%
どちらとも言えない	98人	40.7%
田舎的な	74人	30.7%

⑬　本調査において、選択肢の無回答はなかった。その理由は、大学の講義の中で実施した集合調査であるためと推測される。

⑤住みやすい － 住みにくい

住みやすい	156人	64.7%
どちらとも言えない	72人	29.9%
住みにくい	13人	5.4%

⑥安全な － 危険な

安全な	136人	56.4%
どちらとも言えない	82人	34.0%
危険な	23人	9.5%

⑦のんびりした － せわしい

のんびりした	155人	64.3%
どちらとも言えない	59人	24.5%
せわしい	27人	11.2%

⑧おしゃれな － 野暮ったい

おしゃれな	34人	14.1%
どちらとも言えない	150人	62.2%
野暮ったい	57人	23.7%

⑨活気がある － 落ち着いた

活気がある	56人	23.2%
どちらとも言えない	68人	28.2%
落ち着いた	117人	48.5%

⑩きれいな － きたない

きれいな	114人	47.3%
どちらとも言えない	110人	45.6%
きたない	17人	7.1%

⑪個性的な － 平凡な

個性的な	40人	16.6%
どちらとも言えない	88人	36.5%
平凡な	113人	46.9%

⑫便利な － 不便な

便利な	109人	45.2%
どちらとも言えない	105人	43.6%
不便な	27人	11.2%

⑬訪れてみたい － 訪れたくない

訪れてみたい	77人	32.0%
どちらとも言えない	134人	55.6%
訪れたくない	30人	12.4%

　本調査は、都内の大学2校の2講座と1ゼミの大学生が対象であり、年齢や学生という限定された条件のため厳密とはいえないが、少なからず戸田市のイメージは把握できると考えられる。そこで、本調査の結果を市外居住者の戸田市に対するイメージととらえ、前掲の市民意識調査による市民のイメージとの比較をした。

　回答の割合が多いものを順にあげると、「住みやすい」(64.7%)、「のんびりした」(64.3%)、「安全な」(56.4%)、「成長する」(49.0%)、「落ち着いた」(48.5%)、「きれいな」(47.3%)、「平凡な」(46.9%)、「便利な」(45.2%)、という結果が出た。

　このうち、市民意識調査にない質問の回答を除いたうち、「のんびりした」

「成長する」「平凡な」「便利な」の回答は、すべて市民意識調査の回答の上位に位置するものであった。

次に、市民意識調査の結果と大きな差異が出た回答を中心にみる。回答結果の次にある（　）は戸田市民意識調査の結果である。「大人の」41.5％（14.3％）、「成熟した」23.2％（4.3％）、「都会的な」28.6％（6.5％）、「のんびりした」64.3％（38.0％）、「落ち着いた」48.5％（23.8％）などの回答で大きな差が出ている。

(2) 戸田市のイメージについてのまとめ

表6－13は、今回の調査結果を一覧表にしたものである。

表6－13　市民と市外居住者（大学生）の戸田市に対するイメージ比較

調査	上位にあげられたイメージ	共通のイメージ	大きな差異のあるイメージ
市民	成長する、便利な、平凡な、のんびりした、のどかな、新しい、野暮ったい、誇れる、（住みやすい＝別質問による回答）	のんびりした 成長する 平凡な 便利な （住みやすい）	大人の（14.3％）、成熟した（4.3％）、都会的な（6.5％）、のんびりした（38.0％）、落ち着いた（23.8％）
市外居住者（大学生）	住みやすい、のんびりした、安全な、成長する、落ち着いた、きれいな、平凡な、便利な		大人の（41.5％）、成熟した（23.2％）、都会的な（28.6％）、のんびりした（64.3％）、落ち着いた（48.5％）

（注）「住みやすい」については、市民意識調査のイメージ調査の選択肢には入れていないが、別の質問項目で同様の質問をしているため、その結果を比較対象とした。

本調査の集計により、戸田市民と市外居住者（大学生）が持つ戸田市に対するイメージを把握した。また、両者が共通して持つイメージも明らかにすることができた。今後は、これらの結果を基に、シティセールスの検討を進める中で、戸田市が自治体として目指す明確な都市イメージを設定し、そのイメージを広めるために、どのようなシティセールス活動を行うかを明らかにする必要があると思われる。

2 自治体におけるシティセールスの意義

　ここでは、先行自治体の事例研究を基に、シティセールスの意義を考える。なお、今回取り上げた先行自治体の事例では、「シティセールス」という言葉に加え、「シティプロモーション」「（都市）ブランド」という3種の語句が使われている。いずれも、その活動により「都市のイメージを高め経営資源の獲得を目指す」という意味合いから、本稿では同義であると捉えている。

(1) 先行自治体の取り組み調査

　事例調査対象の選択にあたっては、自治体として明確な計画や指針を持ち活動を開始している、あるいは調査研究に基づいた活動の方向を定めていることを基準とし、戸田市に移転可能な取り組みを行っていると思われる7自治体を対象とした。調査内容は、各自治体のホームページ、報告書等に基づくものである（表6－14）。

表6-14 対象とした先行自治体の一覧表

調査名・計画名	目的	概要	特徴	推進体制
仙台市シティセールス戦略プラン（2004年策定）	目指す都市像を実現し、都市に魅力と活力ある生活を提供していくために、市民経営・世界戦略的な視点に立つシティセールスを都市政策の重点に据える必要があり、シティセールスを効果的に展開するために本プランを策定。	シティセールスを、都市づくりに必要な資源を外部から獲得するための活動と位置づけ、4つの目標と6つの戦略を掲げ、相互に関連づけ、有機的に結びつけながら展開する。4つの目標は、①交流人口の増加②成長分野産業の誘致・対内投資の増加③高次な技術やノウハウの蓄積④人的資源の獲得、6つの戦略は、①ブランド戦略②産業誘致・経済交流戦略③観光集客戦略④コンベンション集客戦略⑤学術・文化交流戦略⑥スポーツ交流戦略、である。	シティセールスを、都市づくりに必要な資源を外部から獲得するための活動と位置づけ、シティセールスにより獲得すべき資源を整理し具体的に挙げている。前提とする資源は、経済活力、雇用創出、税収増等である。	推進体制として「オール仙台のシティセールス体制」の確立をめざし、行政、市民、市民団体、集客交流産業等関係業界、大学等学術研究教育機関等として情報交換しながら連携して取り組みを進める。
川崎市シティセールス戦略プラン（2005年3月策定）（戦略プラン10年、期間10年、重点戦略3年））	基本構想の基本政策の1つ「個性と魅力が輝くまちづくり」の推進を目的とし、「川崎の魅力をもっと発見育て、川崎らしさを活かした都市の魅力や活力の創出」、「都市イメージの向上」を図ることを主眼として本プランを策定。	プランの目標は、次の3点である。①川崎の対外的な認知度やイメージの向上②市民による川崎の魅力の再発見③川崎らしさを活かした川崎ならではの魅力や活力の創出。これらの目標に基づき、戦略の基本方向を設定し、取組方針を決定、さらに重点戦略とプロモーション戦略を設定している。	2004年5月より民間有識者10名で構成される「シティセールス推進懇話会」を設置し、約1年間にわたり議論。この結果を基に、総合計画の策定作業と連携を図りながら本プランを策定。	庁内推進体制の充実と民間との連携による推進体制の構築を図る。

188 第Ⅱ部 「パートナーシップでつくる人・水・緑 輝くまち」の実現に向けて

調査名・計画名	目的	概要	特徴	推進体制
浜松市シティプロモーション戦略(2006年3月策定(取組期間2006年度～2010年度の5年間))	シティプロモーション推進にあたっての考え方や方策を示し、活動を進めることにより、浜松といる都市ブランドを確立し、交流人口や定住人口の拡大を図り、都市の振興・発展を図る。	3つのキーワード別戦略を設定、具体的な取組事項を掲げる。キーワードは、①知って・来てもらう②見て・感動してもらう③好きになって・住んでもらう、である。	シティプロモーションの目的を、来訪者の誘致による交流人口の拡大、さらにはまちづくりの担い手となる定住人口の拡大と位置付け、目標年度である22年度の交流人口と定住人口の目標値を掲げている。また、プロモーションを行わなかった場合のマイナス点を整理している。また、事業評価について、内部・外部評価の手順を明確にしている。	オール浜松推進体制として、民間団体、行政機関等で構成される「浜松シティプロモーション推進協議会」を設置。行政内部では、シティプロモーション推進アドバイザーを設置し、専門的な見地からアドバイスを受ける。
都市ブランドとシティセールスに関する調査研究(宇都宮市)(2005～)2006年度(調査研究期間))	人口減少社会において、地域資源を活用したまちづくりや、良好な都市イメージづくりを行い、今後も発展を続ける都市を目指すための調査研究を行う。	都市ブランド化の目標は、交流人口、定住人口の増加、産業の活性化、財政収入の増大、短期目標は交流人口の増加、中期目標は企業の優位と定住人口の増加。市内外は首都圏、市内住民をターゲットとする。重点項目は次の6点である。①企業及び宇都宮市のブランド戦略の調査と宇都宮市の「個別まち資源」とその魅力の把握③「個別まち資源」と都市全体のイメージのブランド性の分析④「個別まち資源」のブランド化の検討⑤都市ブランド化に必要な要素や仕掛けの検討⑥シティセールスのあり方の検討。	立教大学教授佐藤喜子光氏による講演「都市ブランドとシティセールス(計5回)」を開催。	研究体制として、職員による政策研究グループ「宇都宮売り込み隊」を設置し、シティセールスにおける効率的・効果的なPRについて検討を実施。

調査名・計画名	目的	概要	特徴	推進体制
静岡市シティセールス基本方針〜「集客交流都市の実現〜(2006年12月策定)	シティセールスの目標を、気になる静岡市、行きたい静岡市として、情報発信を繰り返し、世界に誇れる都市を創る。具体的には、①まちの魅力の向上②認知度、イメージの向上③市民の誇りや愛着心の向上を図る。	ターゲットと対象エリアを明確にし、実施戦略として、①ブランドとしての売り込み②シティセールスとまちづくりの連携③戦略的なPR④行政、市民、企業、大学などの戦略的連携とオール静岡の取り組む⑤静岡市ファンの育成、を掲げている。また、5つの重点分野を設け、実際のシティセールス活動を推進する。	シティセールス活動の展開にあたり、共通理念（約束）を設定。シティセールスのターゲット（女性、子ども、趣味等関心層、シルバー層）とターゲットエリア（首都圏、甲信越地域、静岡空港空港就航先、東アジア地域）を明確にしている。	庁内に、委員会と事務局を設置する。
千葉市シティセールス戦略プラン(2007年10月策定（計画期間2007年度〜2015年度の9年間))	目標像は「個性ある資源を活かした都市イメージの向上による千葉市ブランドの確立」による効果的な情報発信をすることにより、都市イメージの向上と、都市ブランドの確立をめざす。	4つのプロモーション戦略を設定。①対外的な情報発信のためのメディアの活用②市民による魅力の再発見③市民、民間団体、企業などの連携による魅力づくりや情報発信④地域特性を活かした新たな魅力や活力の創出、である。また、短期間で効果的に成果を挙げられる最初の4年間を集中期間とし3つの重点プロジェクトを設定。①「花・緑・水辺」プロジェクト②「ホームタウン」プロジェクト③「フィルムコミッション」プロジェクト、である。	2006年6月に、市民、民間有識者で組織する「シティセールス推進プラン懇話会」を設置、プラン策定に対しての意見・助言を受けた。	庁内関係部局で構成される「シティセールス推進会議」と地域の様々な主体で構成される「シティセールス推進協議会」を設置し、推進体制の強化や近隣都市との広域的な連携を図る。

調査名・計画名	目的	概要	特徴	推進体制
上越市ブランド戦略（2008年3月策定（2008年度～2017年度の10年間））	最終的な目標を、観光による交流人口の増加や産品の輸出を通じた「外貨」の獲得とし、上越市の個性と「らしさ」を活かした新しい外貨獲得手法（経済振興策）が、本戦略であると位置付けている。	市のブランドの中核イメージを「雪」とし、それをわかりやすく伝えるフレーズを「雪月花の城下町、上越～美しい四季のまちと設定。ターゲットとする地域を「関東エリア」（1都6県）に、対象者を4つに絞り込んだ上で、5つの基本戦略と、それに基づく3つの基本プロジェクトで取組を進める。	ターゲットとする地域を「関東エリア」（1都6県）に絞り込み、対象者を①現在、新潟県を多く訪れる「シニア層」②開発の余地がある「まちあるき、都市散策」③これから上越ファンになっていただきたい「非日常の雪を見て喜ぶ地域の人」④マイカー利用、鉄道利用のお客様、と設定。	本戦略を策定するために、アドバイザーを含む民間有識者10名で構成される上越市ブランド戦略会議を設置し5回の審議を重ねた。

第6章 自治体シンクタンク「戸田市政策研究所」の取り組み

(2) 先行自治体の事例の検証

戸田市のシティセールスの検討に生かすために、7自治体の先述の調査を行った結果から、参考とすべき点について、5W1Hで整理した。

① Who（誰が）推進主体、体制など

民間との連携、推進アドバイザーの設置など、行政だけにとどまらない、幅広い推進体制で強化を図る市がほとんどである。

例えば、浜松市は民間団体と行政機関で構成する「浜松シティプロモーション推進協議会」を設置、行政内部に「推進アドバイザー」を置き、専門的見地からのアドバイスを求めている。千葉市では、庁内関係部局で構成する「シティセールス推進会議」と、地域の様々な主体で構成される「シティセールス推進協議会」を設置している。上越市では、アドバイザー等民間有識者で構成される「上越市ブランド戦略会議」を設け、計画の策定を行っている。

② What（何を）目的、目標など

得るものを明らかに、最終的に何を目指すのかを明確にすることが必要と思われる。

例えば、千葉市は目標を「資源を生かした都市イメージの向上による千葉市ブランド確立」と位置づけている。仙台市は「都市づくりに必要な資源を外部から獲得する」ことを目的とし、獲得すべき資源を具体的にあげている。浜松市は「都市ブランドの確立により交流人口や定住人口の拡大を図り、都市の振興・発展を図る」としている。

また、目的の設定に自治体の強み（あるいは弱み）を有効に使っている事例が参考となる。上越市は中核となるブランドイメージを雪に設定し、最終的な目標を「観光による交流人口の増加や産品の輸出を通じた外貨の獲得」とし、観光をシティセールスの中心に位置付けている。

③ When（いつ）計画期間など

計画の策定時期、あるいは研究の実施時期は2004年から2008年の間となっている。また、計画期間を定めているものと、定めていないものがある。

計画期間を定めているのは、川崎市、浜松市、千葉市、上越市である。合

併、空港開設など、目標年次が決まっている場合は、計画期間をそれに合わせている。また、総合振興計画、個別計画などとの関連を明らかにし、計画の位置付けを明確にすることも必要と思われる。

④　Where（どこで）対象地域など

　対象地域を明確に示すと、計画が分かりやすい。静岡市は、「首都圏、甲信越地域、静岡空港就航先、東アジア地域」とし、宇都宮市が「市外のターゲットは首都圏」、上越市は「関東エリア（1都6県）」としている。

⑤　How（どのように）

　すべての市が重点となる戦略、分野、プロジェクト、テーマ等を示し、取り組んでいる。また、対象を具体的にあげると、より取り組みの方向が明確に示される。例えば、静岡市は対象者を「女性、家庭、子ども、趣味等関心層、シルバー層」とし、重点ターゲットとしている。

おわりに

　本稿では、戸田市のイメージを明らかにするとともに、他自治体の取り組みについて言及した。その意味では、シティセールスの研究としては準備段階ということになる。なお、本稿で記した調査に加え、本年度は法政大学の学生をインターンシップとして戸田市政策研究所に迎え、大学生の視点からみたシティセールスの調査研究に取り組んできた。その調査結果はレポートとして提出される予定である。

　この戸田市政策研究所と大学が同じテーマで研究を行い、成果を相互に生かす取り組みは、本研究所の今後の活動方向を検討する上でもプラスとなったと考えている。

　既に記述したが、研究テーマ「戸田市におけるシティセールスの必要性と成功する要件について」は、戸田市政策研究所の2年間の調査という位置付けである。そこで、次年度（2009年度）は戸田市のまちを象徴する要素を抽出し、何をどのようにセールスするかを明確にしていく予定である。

　研究体制としては、今年はじまった戸田市政策研究所と大学との連携方法も

模索しながら、庁内においてプロジェクトチームを設置し、進めていく方向を考えている。

> **コラム　市民に気付かせていただいた戸田市の魅力**
>
> 　「戸田市は段差の大きい歩道が少なく、移動するのにとても楽で助かっています」私の質問に答えてくださった高齢者夫婦の言葉です。
> 　当時、私は広報紙の特集企画「戸田市の魅力紹介」を制作するため、市民の方々から意見を聞いていました。戸田市の特長といえば、「子育て支援が充実している」「緑や自然が多い」「都心に近く、交通の便が良い」などが代表的で、市民の方々もそう感じていると思っていました。そのため、この高齢者夫婦の回答に私はとても驚き、また、市民に感謝されている戸田市を誇りに思いました。
> 　歩道の段差の解消に限らず、市民のニーズは多岐にわたりますが、それらを的確にとらえ、一つひとつの課題に地道に取り組んでいくことこそが、将来、市の魅力を高めることにつながると感じました。
> 　当たり前のことですが、このことに気付かせてくださったこのお二人に、今でも感謝しています。

第7章 「住んでみたい、住み続けたいと思われるまち戸田」に向けた実践

1 新しいムーブメントの興り
～若手自主勉強会「戸田ゼミ」の実践～

はじめに

●求められる自治体の政策形成力

　近年、自治体において、研究機関であるシンクタンクが相次いで誕生している。2008年では、約40の自治体シンクタンクが設置されている。また、特別区では2007年、2008年に世田谷区、中野区、新宿区が自治体シンクタンクを設置している。また、2009年以降に新設を検討している区も多数ある。

　このような状況において、戸田市も2008年4月の組織改正で政策秘書室内に戸田市政策研究所を設置した。その背景としては、高齢社会の進行、人口減少社会の到来、住民ニーズの多様化、地方分権改革による都市間競争の時代の中で戸田市がいかに勝ち抜いていくか、その方向性を検討しなくてはいけないからである。

　今日では、地方分権改革により、自治体の自己決定権が拡大され、より地域色のある政策を展開することが可能となってきている。それを体現していくためにも、今まさに自治体には政策形成力が求められていると言える。

　これらのことから、戸田市は政策研究所を設置した。そして、自治体としての政策形成力を向上させるための手段の一つとして、職員一人ひとりの政策形成能力の向上を目指すことにした。なお、ここでいう政策形成能力とは「一定の政策を構想し、目標を立て、それを実現するために必要な枠組みと仕組みを創出し、政策を達成していく能力」と捉えている。

　政策形成能力を確立させ、向上していく手段は多々ある。その中の一手段として、本稿で紹介する「庁内自主勉強会『戸田ゼミ』」（以下、「戸田ゼミ」と

いう）があると考えている。

1　戸田ゼミの概要

(1)　戸田ゼミの目的

戸田ゼミは、次の2つの目的を持って取り組まれている。

> ①　戸田市の政策形成力を確立・向上させる。
> ②　職員一人ひとりの政策形成能力の確立・向上をさせる。

なお、戸田ゼミがモデルとしたのは、八王子市が実施している「自主研究グループ活動・基礎職務能力の向上を目指す会」（以下、「目指す会」という）である。八王子市では、自主研究グループ活動助成制度を設けている。同制度は、次のように説明されている。

> 　市政の様々な課題について自主的に調査研究を行う3名以上の職員のグループ活動を支援し、自己啓発意欲の高揚や政策形成能力の向上を図ることなどを目的としています。助成の対象は、図書などの購入費や指導・助言者に対する謝礼などです。また、平成17年度からは都市政策アドバイザーから活動内容に対する助言を受けられるようになっています（八王子市政策審議室『まちづくり研究はちおうじ第5号』の「自主研究グループ活動紹介」より引用）。

同制度を活用し、地方自治の諸分野に関する知識を深め、政策形成や事務改善を行う上で不可欠な基礎職務能力の向上を目指す目的で「目指す会」は設立され、月1回程度のペースで開催されている。

(2)　戸田ゼミの内容

次代の戸田市を担う主任相当職以下の職員を対象として、6月から翌3月にかけて月1回程度で開催している。この戸田ゼミは、「自主勉強会」という形を採用しているため、業務終了後の18時から超過勤務手当の支給は行わず、自発的な参加により実施されている。

表7-1　戸田ゼミの概要

回数	日時	内容
6月30日	講義	「求められる職員像」山田　一彦　研究所長 「あなたの政策形成能力をチェックします」牧瀬　稔　政策形成アドバイザー
7月17日	図書講読	『都市自治体の政策研究』（財）日本都市センター編 自由討論：①政策とは？②事務事業評価について③様々な自治体ランキングについて
9月18日	図書講読	『公務員の異常な世界』若林　亜紀著 自由討論：①著書の公務員像は？②公務員批判の原因は？③公務員の仕事の取り組みについて
10月16日	講義	「政策研究の作法等について」（財）日本都市センター研究室　中西　規之　研究員
11月27日	図書講読	『知事の世界』東国原　英夫著 自由討論
12月16日	議論	課題討論：人口減少社会における地域運営について

（注1）　上記に加え、2009年2月5日と3月19日にも開講予定である。
（注2）　2008年12月19日現在

具体的な活動としては、下記の3点があげられる。

①　戸田市政策研究所政策形成アドバイザーによる講義と意見交換
②　有識者・学識者による講義と意見交換
③　指定図書の共通講読と意見交換

現在の戸田ゼミの中心は、「③指定図書の共通講読と意見交換」となっているが、この3点の活動をとおして、職員一人ひとりの政策形成能力の確立と向上、さらなる充実を目指している。

2　戸田ゼミの実際

戸田ゼミは、年度内に8回ほど開催される予定である（本稿執筆時においては、既に6回開催されている）。以下では、その中で、第1回～第4回における実際の活動に言及しておきたい。

(1) 研究所長による気合の注入（第1回戸田ゼミ）

　第1回目の戸田ゼミでは、所長である副市長の記念講演、政策形成アドバイザーの講演という形で開催した。山田所長はゼミ生に対して、求められる職員像を松下幸之助氏の「執念ある者は可能性から発想する。執念なき者は困難から発想する。」という言葉を用いて講演された。また、所長は2007年度まで市役所職員として行政改革等に力を注がれ、そのために常にアンテナを高く張り、何事にも全力投球をされていたことを取り上げ、将来の戸田市を担う若手職員に気合を注入された。また、牧瀬政策形成アドバイザーは、政策形成能力の必要性、政策形成能力向上の手段、ゼミ生の現在の政策形成能力のチェックについて講演された。また、政策形成能力を高めるには「『一般的に言われていることに対して、疑いの目を持つことが重要』と思っている。通説に対して疑いの目を持って考察する。このことが、政策形成能力の向上につながる。なぜなら、その過程で考えるから。」とし、ゼミ生に講演をされた。

　写真7－1　第1回戸田ゼミの模様

(2) 政策とは何か？（第2回戸田ゼミ）

　第2回目の戸田ゼミでは、指定図書の共通講読と意見交換という形で開催した。指定図書に（財）日本都市センター編『都市自治体の政策研究』を用いたのは、戸田ゼミにおいて今後政策形成能力の確立と向上を目指す上で、政策研究とは学術的にはどのような定義があるのかを学ぶ必要があるという点からである。

　また、この指定図書を用いたことで、フリーディスカッションでは「政策と

は何か？」というテーマから、「事務事業評価について」「様々な自治体ランキングについて」など、ゼミ生の中からテーマがあがった。

(3) 批判論者の論調について（第3回戸田ゼミ）

第3回目の戸田ゼミでは、第2回同様、指定図書の共通講読と意見交換という形で開催した。今回は指定図書として公務員批判本を選定しているが、第5回の指定図書の公務員肯定本とセットで選定をしている。これは、批判論者と肯定論者の論調を学び、第6回の課題討論「人口減少社会における地域運営について」を討論する際に参考としていくためである。

フリーディスカッションでは、「批判論者の根拠について」「公務員がなぜ批判されるのか」「批判されないためにはどうすればよいのか」などがあがり、最後には戸田市職員としてあるべき姿への意見が出された。

(4) 政策研究のイロハ（第4回戸田ゼミ）

第4回目の戸田ゼミでは、外部より学識経験者をお招きし、講演という形で開催した。今回お招きしたのは（財）日本都市センター研究室の中西規之研究員であり、中西氏より「政策研究の作法等」と題して、政策研究のイロハについて講演いただいた。講演内容は「『政策研究』とは何か？」「研究において最重要なのは『問題意識』」「デー

写真7－2　第4回戸田ゼミの模様

タを見る際の『留意点』」であり、データの見方などについては実例を交えながら分かりやすくお話をいただいた。

今回の戸田ゼミは学識経験者の講演ということで、参加者を拡大募集し、時間帯や超過勤務手当無支給という原則に従って庁内募集をかけたところ、積極的な職員が参加をした。

3 戸田ゼミの成果

ここでは、戸田ゼミの成果について考える。その成果を検証する前に、はじめに掲げた戸田ゼミの目的を再度確認しておきたい。戸田ゼミは、①戸田市の政策形成力を確立・向上させる。②職員一人ひとりの政策形成能力の確立・向上をさせる、の2つの目的をもって実施されている。

今日、地方分権の流れは止まることなく進み、自治体を都市間競争の渦に飲み込んでいる。その中で、政策形成能力の高い人材が必要であることは間違いない。そのため、下記の設問を戸田ゼミに参加する職員に投げかけ、検証してみた。

(1) 戸田ゼミ参加職員の意識の変化

図7-1のように、戸田ゼミに参加してから、業務に生かせたことや新たに取り組み始めたことがあるなど、本来業務の中での自分の業務の位置付けを理解し、実践・改善等を行っていることがうかがえる。

図7-1 戸田ゼミ参加職員の意識の変化

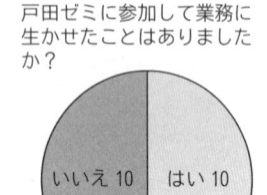

戸田ゼミに参加して業務に生かせたことはありましたか？
いいえ 10　はい 10
N=20

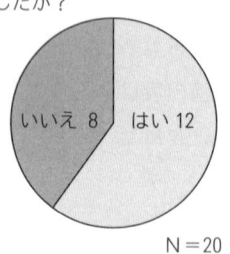

戸田ゼミに参加してから職務に対する意識は変わりましたか？
いいえ 8　はい 12
N=20

戸田ゼミに参加してから新たに始めたことはありますか？
いいえ 13　はい 7
N=20

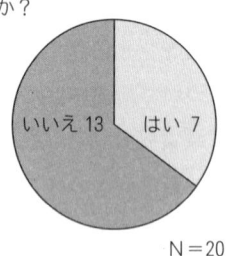

(2) 戸田ゼミ参加者の中での新たなコミュニティ形成

図7-2の結果から、新たなコミュニティ形成が達成されたことが理解できる。また、庁内における新たなコミュニティの形成は、次の副次的効果を生んでいると考える。それは、戸田ゼミをとおして新たなコミュニティが形成され

ると、自分が所属する部署以外の分野の悩みや課題を戸田ゼミ参加者と共有することができ、自分の部署の課題に取り組むだけでなく、他部署の課題について考察することにより知的刺激を受け、スキルアップにつながっていく。

図7－2　戸田ゼミ参加職員の意識の変化

戸田ゼミを通じて職場以外のコミュニティは形成されましたか？

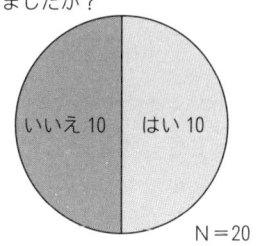

いいえ 10　はい 10

N＝20

(3)　**職員提案制度実績数の推移**

戸田市では、職員に市政に関する政策提言及び業務改善に関する創意、工夫、考案などの提案を受け付ける職員提案制度を設けている。同制度を利用し提案を行っているのは毎年10件弱である（図7－3）。しかし、この数年間で提案する職員の状況や提案数に変化がみられる。

これまでは提案する職員は、職歴が中堅の職員がほとんどであった。しかし、職員提案制度自体の制度改正もあり、この2年間をみると若手職員（採用から10年未満の職員を指すこととする）の提案が増加傾向にある。2008年では、この若手職員が提案全体の70.83％を占めている。この結果は、戸田市の政策形成力が向上しはじめている一側面とも指摘できると思われる。

図7－3　職員提案制度実績数

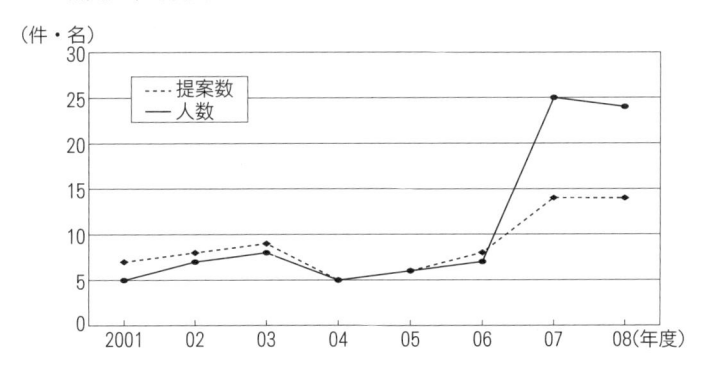

なお、2008年は、戸田ゼミに参加した職員の中から4名が政策提言を行っている。政策形成能力の確立と向上を目的とした戸田ゼミ参加者から、このよう

な提言が行われたということは一定の目標達成と考えられる。

⑷ 戸田ゼミ「政策形成能力」のはしご

かつて、アメリカの社会学者であるシェリー・アースティンが住民参加の概念として「住民参加のはしご」を提唱した。ここでは、その考えを参考にして、戸田ゼミをとおした職員の政策形成能力のはしご（戸田ゼミ「政策形成能力」のはしご）をまとめてみた（図7－4）。これは、目標の達成のための段階とも換言することができる。

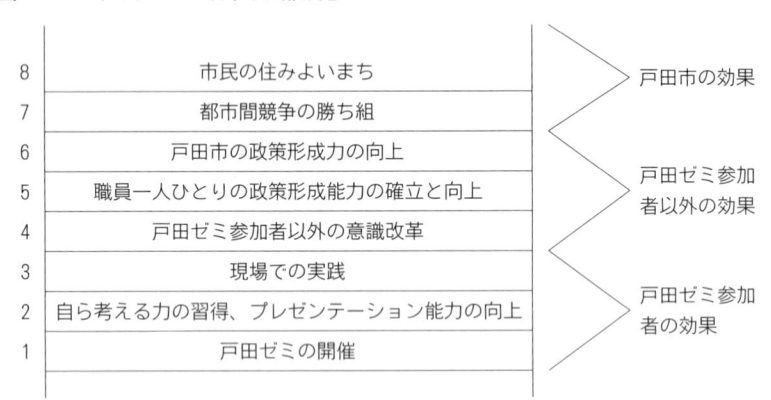

図7－4　戸田ゼミ「政策形成能力」のはしご

8	市民の住みよいまち	戸田市の効果
7	都市間競争の勝ち組	
6	戸田市の政策形成力の向上	戸田ゼミ参加者以外の効果
5	職員一人ひとりの政策形成能力の確立と向上	
4	戸田ゼミ参加者以外の意識改革	
3	現場での実践	戸田ゼミ参加者の効果
2	自ら考える力の習得、プレゼンテーション能力の向上	
1	戸田ゼミの開催	

まずは若手職員を集め、「1段目　戸田ゼミの開催」を行うことからはじまる。そして、戸田ゼミでの技能習得として「2段目　自ら考える力の習得、プレゼンテーション能力の向上」が図られる。その後、「3段目　現場での実践」により、知識が知恵へと変化していく。

次いで、戸田ゼミ参加者が自らの職場において伝道師となり、「4段目　戸田ゼミ参加者以外の意識改革」が行われ、「5段目　職員一人ひとりの政策形成能力の確立と向上」につながっていく。そのことは、「6段目　戸田市の政策形成力の向上」へと結実していく。

そして、戸田市としての政策形成力の確立・向上は「7段目　都市間競争の勝ち組」となり、最終的には住民の福祉の増進が実現され、「8段目　市民の

住みよいまち」と変貌していく。

　今回の戸田ゼミでは、参加者の意見から少なくとも「3段目　現場での実践」まで到達していることは間違いない。また「4段目」は、職員提案の実績を考慮しても、少しずつではあるが向上しつつあると思われる。

4 戸田ゼミの課題

　戸田ゼミにまったく課題がないわけではない。参加者の意見やコメントなども含め、現時点で把握している課題は、次の3点が考えられる。

---
① 戸田ゼミに参加する人数
② 職員一人ひとりの政策形成能力の確立と向上
③ 実践の場の提供
---

(1) 戸田ゼミに参加する人数

　図7-5のように、回答者の60％が「参加者数が多い」と回答している。

　戸田ゼミの主内容は、ディスカッションにおかれている。しかし、参加者が多いため必ずしも活発なディスカッションが行われていない現状がある。あまり多くの人数でのディスカッションは、緊張の場であったり、お互いを知り合うことが不十分であったりと、話し合いにおいて重要である「場づくり」が欠けてしまう傾向がある。

図7-5　戸田ゼミの参加人数について

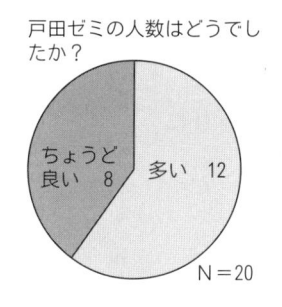

戸田ゼミの人数はどうでしたか？
ちょうど良い　8
多い　12
N＝20

　また、「場づくり」に関しては、アイスブレイク（安心して発言できる空間をつくること）が重要である。しかしながら、多人数の場合、作業にかかる時間的制限などから困難となるケースがある。

(2) 職員一人ひとりの政策形成能力の確立と向上

　次に「職員一人ひとり」の政策形成能力の確立と向上である。戸田ゼミ「政

策形成能力」のはしごの例を用いて、現在の戸田ゼミは「第4段目」までは、ある程度、成果が出ていることを指摘した。

　しかし、現時点においては、戸田ゼミ参加者以外の意識改革にとどまり、限られた若手職員に対して政策形成能力の確立と向上が図られても、全庁的に波及するには至っていない。この理由は「3段目　現場での実践」にある「現場」とは、戸田ゼミに参加している職員の配属されている現場のみとなっているためである。つまり、戸田ゼミに参加している職員を輩出していない部署については、戸田ゼミの効果が発揮されないということにつながっている。

(3) 実践の場の提供

　最後の課題として、いま取り組んでいる戸田ゼミは開始したばかりであり、最終成果を明確に設定していなかったために、「2段目　自ら考える力の習得、プレゼンテーション能力の向上」に重点をおいた内容となった点が反省としてあげられる。

　確かに実践の場としては、現場での実践ということも考えられる。また、戸田市が実施している職員提案制度もその一つであると考える。しかし、「実践の場」として考えると、少し弱い気がする。今後は、この「実践の場」をどのように確保していくかが、課題である。

おわりに

　最後に、今後の戸田ゼミのあり方と進め方について考えたい。それは先述した課題に対応して3点ある。

　1つ目の課題の対応策は、現在の戸田ゼミは人数の制限を設けず広く募集をかけていることから、戸田ゼミにおいて構成人数の調整は困難である。そこで、考えられる方向性は、「1グループ8人制」とし、戸田ゼミの開催をグループごとに行うことが考えられる。

　現在、月1回開催しているが、グループが3グループになれば月3回に変更し、戸田ゼミ参加者は自分のグループのみ参加する形式をとるようにする。また、その際のグルーピングの考慮すべき点としては、戸田ゼミは新しいコミュニティの形成による副次的効果も期待しているため、同部署の職員または同期

採用職員を同グループに配属させることなく配置することである。

　その他の対策としては、話し合いの「場づくり」のためにアイスブレイクを使用することにより、参加者をリラックスさせ、お互いを知り合い、気づきや学びを得ることができる。このことによりディスカッションをより活発化させることができ、効果的な運営が可能となる。

　２つ目の課題については、今年、第４回戸田ゼミで行った公開講座形式の講義開催が一つの解決策であると考える。通常、戸田ゼミでは、若手職員に限定して行っているが、課題としてあるように「職員一人ひとり」に反映させるためには、限定的な取り組みではなく、全体を取り込んだ取り組みも必要となる。なぜなら、公開講座を設定することにより、若手職員以外の職員が戸田ゼミに参加し、お互いに良い刺激を与えることとなり、相乗効果を生むことが期待されるからである。実際に、第４回の戸田ゼミでの公開講座に参加した職員からは、若手職員との交流を通して「励みになった」「また参加したい」などの意見が出ている。

　以上の取り組みを通じ、戸田ゼミによって庁内に図７－６のようなサイクルが作られることが、理想だと考えている。

図７－６　新規採用職員の育成

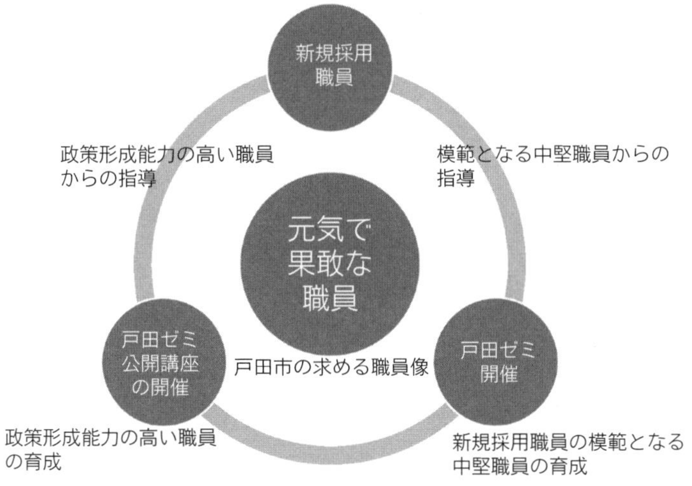

（図：中心に「元気で果敢な職員」「戸田市の求める職員像」、周囲に「新規採用職員」「模範となる中堅職員からの指導」「戸田ゼミ開催」「新規採用職員の模範となる中堅職員の育成」「戸田ゼミ公開講座の開催」「政策形成能力の高い職員の育成」「政策形成能力の高い職員からの指導」）

これは、団塊の世代が定年退職となり、新規採用職員の割合が増加している中、新規採用職員の教育は中堅職員等の業務を見ながら自ら学ぶケースが少なくない。この場合、中堅職員等の業務に対する意識の高低も反映されやすく、情熱に満ち溢れた新規採用職員が、残念なことに入庁して数年後には模範となる職員でなくなることも考えられる。そこで、新規採用職員を指導する中堅職員を、模範となる職員へと育成し、新規採用職員を次なる模範となる職員へとすることにより、「職員一人ひとり」の政策形成能力の確立と向上へとつながると考える。

　3つ目の課題への対応は、既に「戸田ゼミの成果」で指摘した効果の中で一つの解決策を見出しているととらえる。それは、戸田市で行っている職員提案制度の活用である。前述したとおり、若手の職員提案数が伸びており、さらに戸田ゼミ参加者も4名提案をしている。今後は、戸田ゼミで培った新しいコミュニティを土台とし、自ら考える力やプレゼンテーション能力を発揮し、市政に関する政策提言及び業務改善に関する創意、工夫、考案等の提案を行うことは、戸田ゼミの効果をさらに強化するものと考える。

　なお、本稿は戸田ゼミの第6回を終了した時点でのものになるため、最終報告は2009年3月に政策研究所で発行する報告書を参照いただきたい。

2 都市間連携によるサステナブル都市へ

はじめに

●サステナブル都市に向けて

　2007年、日本経済新聞社が全国市区を対象に、「環境保全度」「経済豊かさ度」「社会安定度」の3つの側面から「サステナブルシティ調査」を行い、戸田市は総合評価全国第3位にランキングされた。この結果には、「経済豊かさ度」が全国第3位であったことが大きく寄与しているが、総合評価におけるウエイトが高い「環境保全度」も全国第5位となったことが最大の要因であると思われる。「環境保全度」調査では、自動車交通抑制（コミュニティバス*の導入）が高く評価された。

　また、大気保全（全国第1位）（大気汚染の常時監視測定、ダイオキシン調査、低公害車導入比率など）をはじめ、自動車保有率、都市環境（緑化率、都市公園面積、バリアフリー化など）、エネルギー対策（公共施設の省エネ対策・再生エネルギーの導入、住民への補助制度など）、廃棄物対策（一般廃棄物の排出量やリサイクル率）などの各分野もおおむね良好な評価を得たために、全国第5位にランキングされたと考えられる。

●本稿の目的

　地球温暖化への対応が世界的に重要課題となる中で、その対策として持続可能な都市を目指すためには、「低炭素型社会」への転換が急務となっている。そんな折、国が「低炭素社会」実現のための先行事例となる「環境モデル都市」を募集した。

　戸田市では、短期間に知恵を振り絞り、果敢に「環境モデル都市」への挑戦を試みた。この経過や提案内容、今後の方向などについて触れてみたいと思う。

　　＊　用語については稿末に解説を設けている（216頁）。

1 戸田市と白河市の交流

(1) 戸田市の紹介

　戸田市は、荒川を隔てて東京に隣接する都市（市域は荒川河川敷を含めてもわずか18k㎡ほど）であり、その地形は標高約1～4ｍの平らな土地である。かつては田園風景の広がるまちであったが、1985年のＪＲ埼京線開通に伴い都市化が急速に進展し、中高層マンションが林立しつつあり、このような住宅供給状況を背景に、少子・高齢化が進む中で人口が増加中の特異な都市である。

(2) 白河市の紹介

　友好都市である白河市は、約305k㎡という広大な市域を持ち、その57％を山林が占め、奥羽山脈につながる標高976ｍの権田倉山など自然度の高い地域を有し、かつ歴史のある都市である。

図7－7　白河市の位置

　戸田市と白河市のつながりは、1993年4月25日にさかのぼる。この日、当時の大信村と戸田市は姉妹都市となり、様々なイベントを通じての住民相互の交流や、産直特産物の定期的な販売、水害時などにおける復旧応援など、密度の高い都市間交流を行ってきた。そして、平成の大合併のうねりの中、2007年1月20日、隣接する大信村と白河市は合併し、姉妹都市・大信村が友好都市・白河市となって現在の交流が始まった（図7－7）。

　このような交流の中で、戸田市の職員も相互の訪問をとおして、白河市の豊かな自然や景観に触れてきた経過がある訳だが、この度の「環境モデル都市」の素案については、そのような経過と経験の中で生まれてきた発想ということができる。

2 「環境モデル都市」応募に向けて

(1) 戸田市の提案概要及び白河市との連携の理由

　「環境モデル都市」という言葉は、2008年初頭から新聞等にその名が出るようになり、4月11日に、内閣官房地域活性化統合事務局がその募集要領を正式に発表した。

　戸田市は、「環境モデル都市」の最重点課題を「温室効果ガスの大幅な削減」であると考えた場合、市域の狭い戸田市だけでは温室効果ガスを大幅に削減することには限度があると考え、市域の広い友好都市・白河市との連携が思い起こされた。

　短期間で慌ただしく準備を整えての検討開始ではあったが、即座に白河市の山地の風況が良いことが判明した。そして、近くには郡山布引高原発電所（写真7-3）というウィンドファームがあることから、十分採算がとれる可能性が考えられた。

写真7-3　郡山布引高原発電所

　そこで、大規模風力発電システムの導入をコアとする発想が生まれ、さらに山地特有の高度差を生かした小水力発電などの自然エネルギー*活用の発想へとつながっていったのである。

　また、白河市には間伐が行われていない山林が多い。すなわち、それは潜在的に豊富な森林資源があることを意味する。一方、戸田市のような大都市周辺部には団塊世代をはじめとし、元気な高齢者が多く住んでいる。そこで、彼らを中心とする「森林間伐隊」を養成・派遣できれば、森林資源の有効利用と間伐を必要としながら、人手の不足する白河市の現状を少しでも打破できるという考えに至った。

　さらには、間伐材と木質バイオマス*の活用（白河市には、木質チップを燃料とするバイオマス火力発電所もあった。）とともに森林再生が図れれば、二酸化炭素（CO_2）吸収効果が高まるという副次効果も期待できる。さらに、未耕作地や休耕田を活用し、植物由来のバイオ・ディーゼル・フュエル*（以下、

「BDF」という）やバイオエタノール*を製造することも可能となる。まさに、白河市は、未利用エネルギーの宝庫であり、エネルギーを自給自足できる適地なのである。

こうして、都市部と農山部との様々なハード・ソフト両面の連携により、ヒト・モノ・カネ、そして新エネルギーまで生み出して「複合型低炭素社会*」を創出していく、という提案になっていったのである。

3 「環境モデル都市」提案の概要

ここで、改めて提案内容の概要とその効果について整理したい。なお、全体の概要は図7－8のとおりである。

図7－8 環境モデル都市のイメージ図

資料：戸田市環境クリーン室

(1) エネルギー自給率の向上と雇用の創出

自然エネルギー、植物由来燃料、間伐材・木質チップなどの複合的活用により、地域での新たな雇用創出と、エネルギー自給率の向上を図り、温室効果ガス（主にCO_2）排出総量の大幅な削減を促進していく。

自然エネルギーの宝庫である白河市の山地に大型風力発電所、高度差による上水道の水圧を利用した小水力発電所を、戸田市からの出資によって建設することにより、発電した電気をグリーン電力として、戸田市のCO_2削減に活用することができる。

これらに併せて、戸田市内では、太陽光発電への補助制度を継続して、自然エネルギーの普及を促進していく（写真7－4）。

写真7－4　戸田市役所庁舎屋上太陽光発電システム

(2) 自然エネルギー施設の副次効果

白河市では、大型風力発電施設の整備により、エネルギー供給のみならず、施設等に対する固定資産・償却資産への課税が考えられ、新たな財源となり得る。

また、大規模な風力発電所の景観は、新たな観光資源としての付加価値を生み出す可能性があり、ウィンドファームのような一団の施設となれば、ネーミングライツ（第Ⅱ部第6章2を参照のこと）による財政負担の軽減も図れる。

(3) エネルギー依存度の低減

エネルギー自給率の向上とともに、両市民の省エネ意識の高まりと定着によりエネルギー依存度が低下し、1人当たりのCO_2排出総量も減少していく。これは、原単位としては小さいが、両市の人々がより多く係わるようになるほど、その削減効果は加速する。

写真7－5　コミュニティバスtoco

化石燃料の消費を抑制するために、ハイブリッド車、低燃費車や電気自動車の普及を促進するとともに、ＢＤＦやバイオエタノールを活用する。電気自動車の電気は、自然エネルギーで発電した電気を利用することにより、CO_2排出ゼロとする。

戸田市では、コミュニティバス（写真7-5）路線の拡大や、整備可能な道路に自転車レーンを設けることにより、サイクルシティの形成を図り、自家用車の利用を控える。

また、エコライフDAY*、エコドライブ*などの普及をとおして、市民が生活者の視点から取り組める個々の省エネ活動を意識したライフスタイルを促進する。

(4) 森林再生の効果

荒廃した森林への長期的かつ継続的な間伐・枝打ちにより、森林が再生・成長し、森林はCO_2吸収効率が高まり、良質な森林資源となっていく。また、森床への日射が回復し、多種多様な下草が繁茂するようになり、豪雨時の土砂流出が抑制され、防災力が高まる。

さらに、荒廃地に植林し、新たな森林（複合森）を整備することにより、上記と同じ効果が期待できるようになる。

写真7-6　フェルトガーデン戸田

間伐材については、建材やガードレール材として活用し、環境への配慮をアピールするとともに、端材は木質チップやペレットとして、バイオマス火力発電やストーブ燃料に用いることにより、カーボンニュートラル*を目指す。

戸田市では、商標登録した「フェルトガーデン戸田*」（写真7-6）の屋上緑化システムを普及し、都市部のヒートアイランド対策を促進する。

(5) 休耕地・廃耕地の再生

① BDF

白河市の未利用農地を再生し、ボランティア団体等によりアブラナを栽培する（CO_2吸収）。その菜種油を搾油し、副産物として肥料（油かす）を得る。菜種油は学校給食等で調理に利用後、その廃油を専用装置で精製し、B

DFとする。このBDFを間伐材や農産物、肥料等の輸送用車両に用いることにより、カーボンニュートラルとなる。

写真7－7　白河市の農地　未利用農地が点在している

② バイオエタノール
　白河市の休耕田に多収米を栽培し、この米及び稲わらからバイオエタノールを精製し、搾りかすはバイオマスとしてメタンを発酵させ、精製プラントの熱源とする。このバイオエタノールをガソリンに一定量添加することにより、化石燃料由来CO_2を削減する。以上の植物由来燃料は、原油価格の高騰時には、販売による収益も視野に入ってくる。

(6) 人的交流の促進
　都市部と農山部との新たな人的交流は、都市部の人には自然体験、潤いや健康増進の機会を与え、農山部には新たな産業創出と雇用の機会を生み出す。また、団塊世代がセカンドライフを豊かに過ごすため、林業や農業の体験をとおして、健康増進や２地点居住につなげていくことも期待できる。
　さらに、小・中学生の頃からこうしたエコ事業を体験させ、年少の頃から自然環境等に興味を持たせることにより、環境教育・情操教育とともに継続的な人材育成を図り、将来にわたり人材を供給するサイクルをつくる。

(7) その他の取り組み
　上記のほかにも、考えられる限りのCO_2排出総量削減につながる取り組みを複合的・継続的に行い、都市部と農山部の人々の交流をとおして、新たなグリー

ンエネルギーの獲得と雇用を創出しつつ、地域の活性化と様々な場面でのCO_2を大幅に吸収・削減していく。

図7－9は、環境モデル都市の概念図である。

図7－9　環境モデル都市の概念図

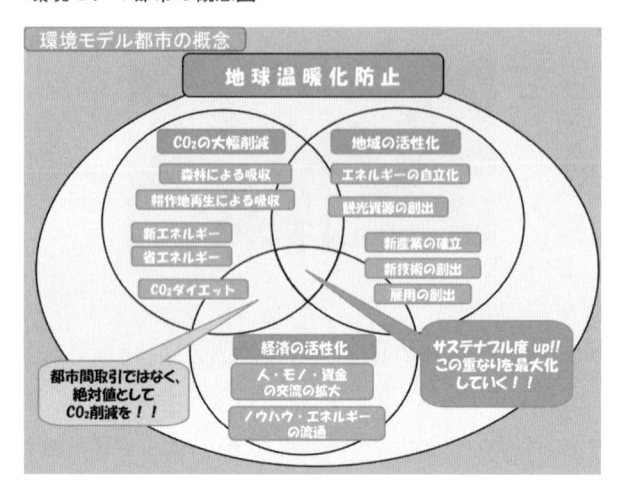

資料：戸田市環境クリーン室

おわりに

「環境モデル都市」には残念ながら選外となったが、戸田市では2005年度から太陽光発電システム設置市民への補助を開始、2007年度からは高効率給湯器等への補助を追加するなど、地球温暖化対策に力を注いでいる。また、戸田市では環境関連の住民団体が多数活動しており、こうしたマンパワーの活用も視野に入れながら、白河市と調整し、実現性の高い施策から推進していくこととしている。

また、「環境モデル都市」の提案内容については、今後も実現に向け取り組みを進める方向で考えている。

まず、白河市の西部山地は、ＮＥＤＯ（独立行政法人新エネルギー・産業技術総合開発機構）の局所風況マップによると、風力発電に適する風況とみられている。電源開発株式会社（J－POWER）でも関心を持っていることから、

白河市及び電源開発株式会社と調整し、詳細な風況調査を考えながら、風力発電施設設置候補地の選定や費用負担などについて検討していきたい。

さらに、白河市の約60％を占める森林の資源の有効利用と雇用創出、環境教育を念頭におき、間伐材利用と森林間伐隊の構成、環境教育を実践していきたい。

これらの取り組みをとおして、戸田市のような都市部と白河市のような農山部の都市間連携が軌道にのれば、国内の他の都市部と農山部でも同じように都市間連携が可能となり、地域の活性化が図れるのではないだろうか。

また、国内だけでなく、海外の姉妹都市との連携へと発展すれば、京都議定書で定められた京都メカニズムのＣＤＭ＊プロジェクトへと地球温暖化対策が展開できる可能性もある。

●本稿における専門用語（文中の＊箇所の用語）

用　　語	用　語　の　意　味
バイオマス	再生可能な生物由来の有機性資源で化石資源を除いたもの。家畜の排せつ物、食品廃棄物、植物、木材、下水汚泥などがある。
ＢＤＦ（バイオ・ディーゼル・フュエル）	（Bio Diesel Fuel）植物性廃食用油の資源化技術のひとつ。廃食用油を生成した再生油を軽油代替燃料として、ディーゼルエンジン車両の燃料として使用できる。
バイオエタノール	植物を原料として製造されるエタノールで、再生可能エネルギーとして注目されている。植物が成長段階で吸収したCO_2を大気中に再放出することから、カーボンニュートラルな燃料とされている。
複合型低炭素社会	単にCO_2の排出が少ない社会でなく、地域の活性化、人、物、金の交流による経済の活性化と複合的に連携していく社会。
自然エネルギー	太陽光、太陽熱、風力、水力、バイオマス、潮力、地熱など自然現象から得られるエネルギー。
コミュニティバス	市町村などの自治体が運行に関与して、駅・公共施設など住民生活の利便性を図るための移動手段として運行するバス。
エコライフＤＡＹ	地球温暖化防止のため、簡単なチェックシートを利用して、1日、省エネ・省資源など環境に配慮した生活をみんなで送ろうという日。
エコドライブ	自動車から排出されるCO_2量を減らすために、運転の際、ゆるやかな発進、加減速の少ない運転、早目のアクセルオフ、アイドリングストップなど環境に配慮した自動車使用。
カーボンニュートラル	吸収されるCO_2と排出されるCO_2が同じ量となること。植物では、成長過程での光合成によるCO_2吸収量と、焼却時のCO_2排出量が相殺され、大気中のCO_2の増減に影響を与えない。
フェルトガーデン戸田	戸田市では、循環型社会の構築に向け、土壌にかわるリサイクル古布を主材料とし、家庭から排出された生ごみを堆肥化したもの、化学肥料にかわって自然素材の有用微生物や廃棄ガラスの再生品を利用した屋上緑化システム。
ＣＤＭ	（Clean Development Mechanism）クリーン開発メカニズム。京都議定書に基づいて温室効果ガスを削減するための国際的ルール。途上国に先進国が投資して温室効果ガスの排出量を削減するプロジェクトを実施し、その削減量をクレジットとして獲得できる仕組みのこと。

3 四季を彩るおしゃれな風景づくり

はじめに
●戸田市の景観イメージとは何か

「戸田市」と聞いて、皆さんはどのようなまちをイメージするだろうか。このイメージこそ、戸田市の景観そのものといっても過言ではないだろう。また、最近「景観」という言葉を耳にする機会が増えており、「景観」が身近なものとなりつつある。このように、まちのイメージにもつながり、日常生活の一部でもある「景観」は、戸田市のまちづくりにおいて、重要な要素の一つである。

また、まちづくりにおいて、優先すべき施策がたくさんある中で、景観施策を実施することは決して簡単なことではないが、「景観10年、風景100年、風土1000年」❶という言葉が示すとおり、一度失われた良好な景観は簡単には元に戻らないことから、良好な景観の形成は戸田市の施策として欠かせないものである。

「景観」と言えば、歴史的な都市や観光地等における「保全する景観」のイメージが一般的だが、一方で今、我々の目の前に広がる光景も景観である。むしろ、その日常の景観と向き合う時間の方がはるかに長く、最も大切にすべき景観である。身近な景観こそ、その良さに気付きにくく、客観的に評価されて改めて気付くことが多い。

戸田市の景観を構成するものとして、東京オリンピックのボート競技会場として使用された「戸田ボートコース」や、レクリエーションスポットとして市内外の多くの人に利用されている「彩湖・道満グリーンパーク」などの景観資源はあるが、その他の大部分を占めるのは市街地の景観である。したがって、戸田市の景観形成においては、日常的で身近な市街地の景観を「戸田らしい景観」としてとらえ、市街地において新たに良好な景観をつくりだすことが必要

---

❶ 戸田市では、良好な景観が形成されるまでには10年を要し、さらにそれが地域に根付き、風景や風土となるまでには、長い歳月を要するものであるととらえている。

である。

● 戸田市らしい景観行政

　変化が早い昨今の都市環境において、「戸田らしい景観」をつくるということは、様々な取り組みを行う過程で、みんなで考えて導き出すという選択肢もあるのではないかと考えている。そこで、戸田市は後述する「戸田市美しい都市づくりプラン」に、「四季を彩るおしゃれな風景づくり」という目標を掲げ、市民・事業者・市との協働により、景観形成の普及啓発も図りながら施策を実施してきた。

　戸田市の景観行政は1999年度に始まり、2008年度で10年目を迎えるが、短期間に様々な施策を実施してきた。また、2004年6月に景観法が公布され、戸田市は埼玉県内第1号の、景観法に基づく景観行政団体となり、いち早く景観に取り組む姿勢を内外に示した。

　こうした取り組みを積み重ねる過程で、2002年度「都市景観の日」中央行事（後援：国土交通省）にて開催されたパネルディスカッション「住民参加・住民主体の景観づくりは可能か」に、神保市長がパネラーとして招かれ（写真7－8）、後述する全国的にも独創的な施策である三軒協定を紹介したことを機に、一躍、戸田市の名前が全国に知れわたることとなった。では、なぜ人口約12万人の都市の景観施策が注目を浴びることになったのか、三軒協定をはじめとした戸田市がこれまで取り組んできた施策・事業の概要を紹介する。

写真7－8　2002年度「都市景観の日」中央行事とパネルディスカッション（左から3人目戸田市長）

財団法人都市づくりパブリックデザインセンター（2002年度）『平成14年度「都市景観の日」報告書』

1　戸田市における景観行政の施策・事業の概要

戸田市がこれまで実施した景観形成に関する施策・事業は、以下のとおりである。

1 基本計画・条例・ガイドラインの策定

「四季を彩るおしゃれな風景づくり」の実現に向け、まず、戸田市の景観形成に関する基本的な考え方や方向性を示す計画や、計画を具現化するための手法が必要となる。そこで、基本計画、条例、ガイドラインを策定した。

(1) 基本計画：「戸田市美しい都市づくりプラン」（戸田市都市景観形成基本計画）

「戸田市都市マスタープラン」における都市景観の形成方針を基に、戸田市らしい都市景観の実現を図るため、戸田市の景観形成に関する基本的な計画として策定した。また、同時に重点施策（ファイブリーディングプロジェクト）をはじめ、規制・誘導❷、普及啓発等の具体的な推進方策を示した。基本計画の構成は以下のとおりである。

①　景観特性と景観形成の課題
②　景観形成基本方針
③　地域別景観形成方針
④　推進方策

重点施策は以下のとおりである。
1）シティ・ガーデニング事業（都市の庭づくり）
2）小さな顔づくり市民参加事業
3）大きな顔づくり事業
4）まちの彩り事業（色彩誘導）
5）景観条例の制定

---

❷　規制については、助言・指導を主とする行政指導によるものを指す（以下同様）。

(2) 条例：「戸田市都市景観条例」

　基本計画の重点施策5）の「景観条例」を制定し、規制・誘導、普及啓発等に必要な制度を位置付けた。条例の構成は以下のとおりである。

①　景観づくり推進地区
②　景観づくり協定地区
③　大規模建築物等行為届出
④　三軒協定
⑤　景観アドバイザー制度
⑥　都市景観審議会
⑦　表彰・助成制度

(3) ガイドライン

　景観の規制・誘導を実施するためには、条例に基づく制度のほかに、市が具体的なデザイン指針を示すことが必要となる。事例を豊富に用いた具体的なデザイン指針を示すことにより、協議・調整の実効性が高まり、一定の指導が可能となる。ただし、ガイドラインは一定のデザインレベルを確保するための指針であり、さらなる魅力的なデザインは各事業者・設計者の創意工夫に委ねられる。

　戸田市が策定したガイドラインは以下のとおりである。

①　「建築物等デザインガイドライン」
②　「公共施設等デザインガイドライン」
③　「まちの彩りガイドライン」（基本計画の重点施策4）の「まちの彩り事業」）

2 規制・誘導

　基本計画・条例・ガイドラインの策定により、規制・誘導等の手段が整った。景観形成を推進するためには、まず市が主体となる公共施設等の景観形成が先

導的な役割を果たすことが重要だが、加えて市民・事業者が主体となる景観形成と一体的に行われることが必要である。そのためには、市民・事業者・市の協働体制が不可欠である。

規制・誘導を実施するに当たり、条例に基づく施策は法的な裏付けがあるため、最も実効性が高い。条例に基づき実施した施策は以下のとおりである。

(1) 景観づくり推進地区

市が主体となって重点的に景観形成を推進する制度。指定地区内における建築物の建築等の行為については、届出に対して地区の景観づくり推進計画に適合するよう助言・指導することにより、地区の特徴を生かしたまち並みづくりが可能となる。地区の住民等と様々な検討を重ね、これまでに2地区を指定した。

(2) 景観づくり協定地区

地区の住民等が主体となって景観形成を推進する制度。指定地区内における建築物の建築等の行為については、景観づくり推進地区と同様に、届出に対して地区の景観づくり推進計画に適合するよう助言・指導することにより、地区の特徴を生かしたまち並みづくりが可能となる。今後、三軒協定の認定を受けた地区が連なることにより、将来的には景観づくり協定地区に発展することが期待できる。

(3) 大規模建築物等行為届出

単体だが中・長期的に周辺へ与える影響が大きい大規模な建築物の建築等の行為について、届出により「建築物等デザインガイドライン」及び「まちの彩りガイドライン」に適合するよう助言・指導する制度。年間に約50件の届出がある。用途としては、共同住宅が最も多い。

(4) 三軒協定

連続する三軒以上の方々が、良好なまち並みの形成（建築物の協調、外構の緑化等）に関する協定を締結し、それを市が認定し、協定に基づく活動に対して支援（表7－2）する制度。これまでに延べ24地区（2008年10月31日現在）における協定が認定されている。

写真7－9　三軒協定の事例

表7－2　三軒協定補助金

区分	補助対象経費	補助率	補助限度額
建築物工事等	建築物の外壁塗装、修繕工事等に要する費用	1/2	50万円
工作物改修等	門、塀、柵、花壇等の築造、改造等に要する費用	1/2	30万円
花、苗木等の植栽等	花、苗木等の植栽、その他景観に寄与するものの設置に要する費用	1/2	10万円

(5) 景観アドバイザー制度

市が委嘱した専門家（「景観アドバイザー」という）が、景観形成に関する専門的助言を行う制度。市民・事業者・市の誰もが相談することができる。おおむね月1回程度開催している。

(6) 都市景観審議会

景観形成に関する重要事項について調査・審議する市長の附属機関として、公募による市民、各種団体の代表、学識経験者など、幅広い分野の方々により構成される。会議はおおむね年4回程度開催している。

このように、大規模建築物等行為届出や三軒協定による小単位の景観形成から、景観づくり推進地区・景観づくり協定地区による地区単位の景観形成まで幅広く対応しており、条例に基づき、状況に応じた適切な規制・誘導を図ることができる。さらに、景観アドバイザー制度により、適宜技術的な支援も可能である。

　このほかに、景観形成に与える影響が非常に大きい屋外広告物については、景観法とは別に屋外広告物法の規定があり、その委任条例である埼玉県屋外広告物条例に基づき、埼玉県から屋外広告物許可事務に関して権限移譲を受け、指導を実施している。

3 普及啓発・支援

　市民・事業者・市の協働で景観形成を推進するためには、各々の理解と協力が不可欠である。そのためには、市が積極的に普及啓発に必要な措置を講じる必要がある。戸田市が実施した施策は以下のとおりである。

(1) 市民参加の促進

　戸田市では計画策定や事業実施の際に、市民参加を積極的に取り入れている。事業として実施したものとしては、以下のとおりである。

① シティ・ガーデニング事業（都市の庭づくり）

　基本計画の重点施策1）で、都市全体を花や緑であふれる庭園のようにする事業。市民や事業者が中心となり、市が支援する。代表的なものとして、三軒協定による外構の緑化がある。

② 小さな顔づくり市民参加事業

　基本計画の重点施策2）で、身近なところから始める市民参加事業。代表的なものとして、緑のボランティア支援事業による休閑地の花壇の整備・維持管理がある。

(2) 市民活動に対する支援

市民・事業者が自ら実施する景観形成活動に対し、条例に表彰・助成制度を規定しており、市は積極的に支援する。

表彰制度としては、これまでにフォトコンテストを実施している。助成制度としては、三軒協定に基づく活動に対する三軒協定補助金や、景観づくり協定地区指定へ向けた検討に対する支援として、「戸田市都市まちづくり推進総合支援要綱」に基づく助成制度がある。また、三軒協定以外の景観形成活動に対する助成制度についても、今後検討する予定である。

技術面の支援としては、景観アドバイザー制度を活用することができる。

(3) 庁内推進体制の強化

公共施設等の景観形成が先導的な役割を果たすためには、庁内の推進体制の強化が不可欠である。戸田市における体制は以下のとおりである。

① 美しい都市づくり会議

事業担当部署の長等を委員とした会議で、景観行政全般について庁内調整等を行う。

② 景観形成推進スタッフ会議

事業担当部署の職員等(スタッフ)を委員とした会議で、景観形成の普及啓発等を行う。

③ 景観アドバイザー制度

公共施設等の計画・設計の際に専門的助言を受けると同時に、景観アドバイザーを交えて事業担当部署との調整を行う。

4 公共施設等の景観形成

道路、公園、河川などの公共施設等は、戸田市の景観形成の骨格であり、まちのイメージにもつながる重要な要素であるため、先導的な役割を果たすこと

が求められる。公共施設等の景観形成は、景観形成を主目的とするのではなく、公共事業を実施する際に景観に配慮するという形で行われる。

戸田市でこれまで実施した公共事業のうち、景観形成に大きな影響を及ぼす事業（「景観形成事業」という）は、基本計画の重点施策3）「大きな顔づくり事業」として、景観に配慮した環境空間の整備❸、市役所南通りの整備等が実施され、目に見える大きな成果を上げている（写真7－10）。

写真7－10　景観に配慮した環境空間(左)及び市役所南通り(右)の整備

このほかに、景観形成上影響が大きい公共施設等の一種として、公共サイン（案内・誘導看板等）があげられる。サインとは、情報を示すもの全般を指すが、とかく機能にのみ重点が置かれがちである。屋外に設置されるサインは、一つひとつは小規模でも不特定多数の目に触れられるため、景観への配慮が求められる。

公共サインは、これまでは個別に計画・設計されていたが、基礎調査やアンケート調査での結果を踏まえ、公共サインの基本となる考え方を整理し、屋外広告物（屋外に設置される広告物）の模範となるべく「戸田市公共サイン基本計画」を策定した。その後、モデル地区における整備を経て、公共サイン整備のマニュアル化を図っている。

❸　地域の環境保全のために、新幹線及び埼京線の両側に、おおむね20mずつ確保された緩衝地帯で、環境空間整備計画"戸田　華かいどう21"に沿って整備を進めている。

2 戸田市における景観行政の施策・事業の成果

これまで、戸田市独自の基本計画、条例、ガイドラインに基づき、短期間に様々な景観施策・事業を実施し、多くの成果を得ることができた。

ここでは、これまで実施した景観形成に関する施策・事業の主な成果を示す。

1 三軒協定により、全国から注目を集める

2002年度「都市景観の日」中央行事にて開催されたパネルディスカッション「住民参加・住民主体の景観づくりは可能か」に、神保市長がパネラーとして招かれ、三軒協定が紹介されたことを機に、一躍、戸田市の名前が全国に知れわたることとなった。それ以来、官民問わず、多数の視察、取材、問い合せ等があった。

たった一つの小さな施策だけで、全国の自治体から注目を浴びることは、当初理解できなかったが、後に振り返ると、すでに良好な景観を形成しているものを保全する、いわゆる「景観保全」については、これまでにも多くの自治体の実績があるが、景観的な特徴の少ない既成市街地における新たな景観づくりについては、多くの自治体が頭を悩ませており、そこに画期的な施策が登場したからではないかと思われる。三軒協定が誕生した経過は、以下のとおりである。

一般的に、既成市街地のまち並みは、建て替えや塗り替え等を機に長期的に変化するものであるため、短期間での目に見える形での良好なまち並みの形成は困難であると考えられている。そこで、戸田市では既成市街地が大部分を占めるため、短期間に効果が現れ、周辺への波及効果のあるまち並み形成について考えた。

まず、まち並み形成の単位であるが、最小単位である連続する二軒ではまち並みの形成としては効果が薄いが、連続する三軒以上ならある程度目に見える効果が期待できる。また、連続する三軒の組み合わせについては、単純に隣り合う三軒のみとはせず、「向こう三軒両隣」という古くからある地域コミュニティの単位に着目し、向こう三軒も含めた「連続する三軒」を三軒協定の認定の基本的な条件とした。

次に、良好なまち並みを形成するために必要な景観づくりとしては、建物及びその外構の協調、あるいは花や緑による緑化を想定しているが、住民にとって、継続的な景観づくりを行うには経費の負担が大きいため、促進するには補助制度が必要となる。

そこで、コミュニティの形成を図りながら景観づくりを推進させるために、新たな補助制度を創設し、経費の補助を行うことにより促進を図ることにした。

こうして、「向こう三軒両隣」の関係を基本とした連続する三軒以上の方々が、良好なまち並みの形成（建物の協調、外構の緑化等）に関する協定を締結し、協定に基づく活動に対して支援する仕組みを構築した。このように、非常に単純だが様々な効果を生みだす制度により、住民が自ら容易に景観づくりを行う環境が整った。

自らつくった良好な景観は、「守らなくてはいけない」という意識が生まれやすく、良好な景観の維持とともに、まちへの愛着が生まれることが期待できる。

2／公共施設等の景観が向上

これまでの公共施設等の整備は、各事業担当部署において計画・設計から施工まで実施していたが、景観アドバイザー制度を活用することにより、専門家からの助言が得られ、さらにその過程において庁内調整を図ることが可能となり、公共施設等の景観が目に見える形で向上した。このことにより、公共施設等の景観形成が先導的役割を果たしている。

また、戸田市の景観アドバイザーは実務経験が豊富なデザイナーであるため、直接指導を受けられることにより、景観形成の質の向上だけではなく、職員のレベルアップにつながるなど、様々な効果が現れている。

3／景観づくり推進地区に2地区指定

景観づくり推進地区第1号として、市役所南通り沿道地区を指定した。「戸田市都市マスタープラン」における都市軸であり、市のメインストリートでもある市役所南通りの周辺には、市役所、文化会館、後谷公園など、市を代表す

る公共施設等が集積している。また都市計画道路である市役所南通りの修景整備をきっかけに、沿道において良好なまち並みが形成されてきたことから、本地区を景観づくり推進地区に指定した。指定後は、指定地区内行為届出による規制・誘導、さらに地区内の景観形成事業の推進として、市民参加のもとに後谷公園街角広場等修景整備事業等を実施している。

写真7-11　戸田ボートコース周辺地区

景観づくり推進地区第2号として、戸田ボートコース周辺地区（写真7-11）を指定した。戸田市を代表する景観資源の一つである戸田ボートコースは、日本で唯一の静水のボートコースであり、一直線に伸びる水面が非常に美しい。また、その周辺には艇庫や合宿所が連なり、ほかにはない景観的な特徴を有する。これらの特徴を単に保全するのではなく、建替え等を機に、さらに魅力的な景観を「つくる」ように誘導を図るために、本地区を景観づくり推進地区に指定した。指定後は、指定地区内行為届出による規制・誘導等を実施している。

このように、市が積極的に景観づくりを推進することが、普及啓発をはじめ、様々な影響を及ぼすことにつながると考えている。

4　大規模建築物等行為届出により、少しずつ良い事例が増加

「建築物等デザインガイドライン」「まちの彩りガイドライン」に基づき、設計者等と協議を重ね、誘導を図ってきたが、開始当初と比べ、制度そのものはもとより、戸田市の景観形成に対する姿勢が事業者や設計者に浸透してきており、少しずつ良い事例が増加している。

また、景観アドバイザー制度の活用事例も増加しており、中には地域のランドマーク的な存在となっているものもある。戸田市の景観アドバイザーは、実務経験が豊富なデザイナーであるため、設計者の考えに即した具体的な助言ができることが大きな特徴である。

一方で、自主条例に基づく行政指導には強制力がないことから、今後は景観法に基づく届出に移行することにより実効性を高め、良い事例がさらに増えるよう、規制・誘導を図る。

5 市民・事業者の景観に対する意識が高まってきている

市民や事業者については、届出制度、市民参加の促進等によりかかわった方々には、景観に配慮することが浸透していることを実感している。また、2006年度に市民1,000人を対象として実施した「戸田市景観計画策定のためのアンケート調査」の結果（図7-10）においても、半数以上の市民が「以前よりも景観が良くなっている」と感じており、少しずつではあるが変化の兆しがみられる。

図7-10　戸田市の景観の変化

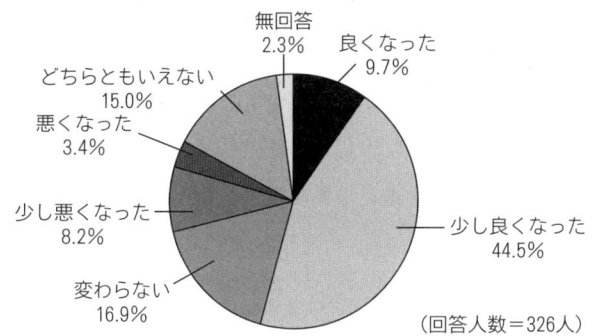

問3　この数年（おおむね10年）で、戸田市の景観は変わったと思いますか。
（1つを選択）

- 良くなった　9.7%
- 少し良くなった　44.5%
- 変わらない　16.9%
- 少し悪くなった　8.2%
- 悪くなった　3.4%
- どちらともいえない　15.0%
- 無回答　2.3%

（回答人数＝326人）

全体からみればまだ一部にすぎないが、短期間に浸透させることは難しいので、時間がかかっても普及啓発を継続して行うことが重要であると考える。

庁内については、景観行政に取り組み始めた当初は調整に時間を要することもあったが、現在は庁内の推進体制も整い、景観に配慮するということが定着している。

これまで、景観という定量的な取り扱いが難しい要素は法令になじみにくいと言われてきたが、景観法が公布され、「良好な景観は国民共通の資産である」

ことが明文化されたことなどから、今後景観に配慮することが当たり前になれば、よりスムーズに景観形成が推進されることになるだろう。

おわりに
● 「四季を彩るおしゃれな風景づくり」に向けて

これからは、これまでの市独自の「戸田市美しい都市づくりプラン」や「戸田市都市景観条例」を継承しつつ、景観法に基づく「戸田市景観計画」や「戸田市都市景観条例」（改正）を基本とし、特に新しい取り組みとして、以下のことに重点を置いて景観行政を進めていく。

① 夜間景観の形成（新規）

夜間の景観は照明等の光によって彩られ、昼間の景観とは考え方が異なる。これまでは昼間の景観が主な対象であったが、今後は夜間の景観についても、夜間景観ガイドラインの策定等の施策を検討する。

② 屋外広告物の景観形成（新規）

屋外広告物はまち並みを構成する要素であり、景観への配慮が求められるため、単なる量的な規制の強化ではなく、質的な向上が必要である。したがって、今後はデザインガイドラインの策定や市独自の屋外広告物条例の制定等の施策を検討する。

③ 景観形成の普及啓発（継続）

市民・事業者・市の協働で景観形成を推進するためには、各々の景観形成に対する意識の向上が不可欠である。今後も積極的に景観形成の普及啓発を継続していく。

市が積極的に景観形成を先導することはもちろん重要なことであるが、それだけでは良好な景観は形成されない。市民・事業者が主体となり、コミュニティの形成を図りながら継続的に景観形成を推進することが大切であり、それがまちの魅力につながるとともに、やがて「住んでよかった・これからも住み続け

たい」という「ふるさと戸田」への愛着につながると考える。このように、次世代に形として残せるもの、それが「景観」ではないだろうか。

　一般的に既成市街地の景観が短期間に変わることは難しいと言われているが、戸田市は新曽第一・第二土地区画整理事業、駅周辺整備等の新たなまちづくりも進めており、魅力的なまちへと大きな変貌を遂げるチャンスがある。このようなチャンスも生かしながら、市民・事業者・市の協働で継続的に景観形成を推進すれば、より魅力的なまちへと変わると考えている。

　こうした個々の取り組みの積み重ねが、やがておしゃれな風景へとつながる。これこそが、戸田市が目指す「四季を彩るおしゃれな風景づくり」である。これからも戸田市は「四季を彩るおしゃれな風景づくり」を目標として、積極的に景観形成を推進していく。

表7－3　景観形成に関する主な取り組み

1998年度	○「戸田市都市マスタープラン」（1998年11月）に都市景観の形成方針を位置づける
1999年度	○「戸田市美しい都市づくりプラン」（戸田市都市景観形成基本計画）策定（2000年3月）
2000年度	○「建築物等デザインガイドライン」策定（2001年3月）
2001年度	○「戸田市都市景観条例」制定（2001年12月） ○「公共施設等デザインガイドライン」策定（2002年3月）
2002年度	○「戸田市都市景観条例」施行（2002年7月） ○「埼玉県屋外広告物条例」許可事務権限委譲（新規〜継続中）
2003年度	○「戸田市まちの彩りガイドライン」策定（2004年3月）
2004年度	○「戸田市公共サイン基本計画」策定（2005年3月）
2005年度	○「景観法」に基づく景観行政団体となる（2005年5月1日）
2006年度	○景観づくり推進地区（市役所南通り沿道地区）：地区指定・景観誘導
2007年度	○景観づくり推進地区（戸田ボートコース周辺地区）：地区指定・景観誘導
2008年度	○「戸田市景観計画」策定（予定）
2009年度〜	○「戸田市景観計画」施行、「戸田市都市景観条例」改正・施行（予定） ○景観づくり推進地区（笹目川左岸沿川地区）：地区指定・景観誘導（予定） ○「（仮称）夜間景観ガイドライン」、「（仮称）戸田市屋外広告物条例」の検討・策定（予定）　等

4 地域の力による子育て支援を目指して

はじめに

● 子育て支援における動向

　ここ30年以上にわたり、わが国の出生率・出生数は低下傾向が続いており、急激に少子化が進んでいる。近年、合計特殊出生率の低下に歯止めがかかっているというものの、人口の減少に向かっている事実には変わりない。

　国では、1989年の合計特殊出生率が1.57となった、いわゆる「1.57ショック」を契機に、少子化を問題視し、仕事と子育ての両立支援など子どもを生み育てやすい環境づくりに向けての対策の検討を始めた。それから現在に至るまで、国と自治体は少子化対策として様々な施策を実施してきた。

　この間、2003年9月1日に少子化社会対策基本法が施行され、その前文及び第1条で現下の情勢の危機感を明言し、国をあげての取り組みを喫緊の課題と位置付けている。

　また、少子化社会対策基本法と時期を同じくして次世代育成支援対策推進法が制定され、自治体が次世代育成支援対策の実施に関する計画を策定し、そこに定められた措置を実施する部分が2005年4月1日から施行された。

● 本稿の目的

　こうした法整備を受けて、少子化社会対策の具体的施策として子育て支援策が国、地方一体で展開されているが、その施策の範囲は広範なものとなっている。「少子化社会対策大綱について」（平成16年6月4日閣議決定。以下、「少子化社会対策大綱」という）の「少子化の流れを変えるための4つの重点課題」によると、(1)若者の自立とたくましい子どもの育ち、(2)仕事と家庭の両立支援と働き方の見直し、(3)生命の大切さ、家庭の役割等についての理解、(4)子育ての新たな支え合いと連帯、といった4本柱が掲げられている。

　これらのものに含まれる各種施策は、国家的に行うものから地域の実情に合わせて必要な範囲で行うものまで様々である。「子育ての新たな支え合いと連

帯」の中にあっては、保育の充実、地域における子育て支援の拠点等の整備及び機能の充実、児童虐待防止対策、小児医療体制の充実、児童手当等の経済的支援など、施策メニューが関連しつつも多岐にわたっている。

　そこで、本稿では、「子育ての新たな支え合いと連帯」の中でも地域における子育て支援に視点を置き、戸田市の現状を紹介しながら、子育て支援の在り方について考え方を述べていくこととする。

1　子育て支援策の現状

⑴　戸田市の子育て支援事業

　戸田市は、埼玉県南部に位置し、荒川を挟んで東京都に隣接する人口12万人の都市である。年齢構成では、15歳未満の年少人口が老齢人口を上回り、年齢階層別では30歳代が最も多く若いまちである。また、2008年1月1日現在で住民の平均年齢が38.5歳と埼玉県内で最も低く、合計特殊出生率も2007年時点で1.36と全国平均1.34、埼玉県平均1.26をそれぞれ上回っている（埼玉県町（丁）字別人口調査結果報告）。したがって、県内の他自治体と比べて子育て世帯が多く、子育て支援を重点施策とする意義も大きいと言える。

　こうしたことを踏まえ、2005年3月に策定した戸田市次世代育成支援行動計画（以下、「行動計画」という）に基づき、各種施策を展開しているところである。行動計画では、施策の体系として7つの柱を設けており（図7－11）、それぞれ重要性において優劣なく、密接に関連し、「子どもが輝くまち　とだ～子どもとおとなでつくる確かな次代」という基本理念に収斂されるが、ここでは、施策の類型「成長を支えあう地域づくり」の中から現在行っている事業の主なものを紹介する。

図7-11　戸田市次世代育成支援行動計画施策の体系

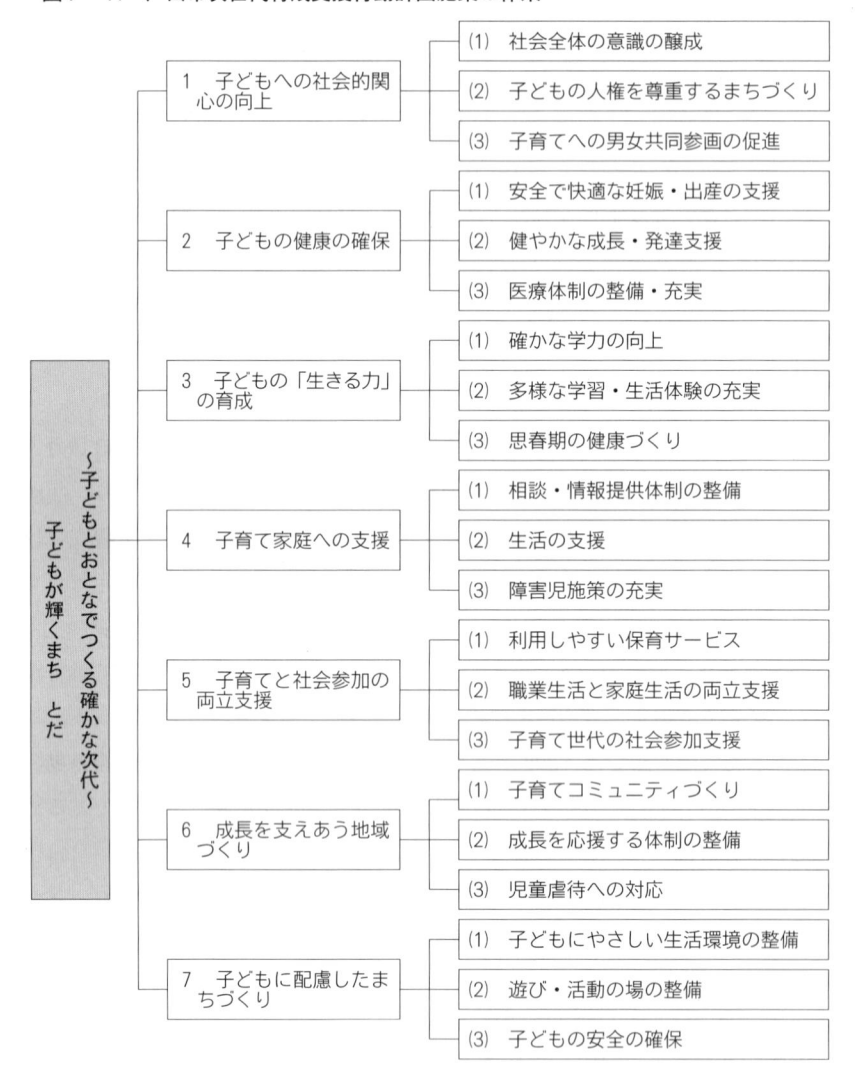

子どもが輝くまち　とだ
～子どもとおとなでつくる確かな次代～

- 1　子どもへの社会的関心の向上
  - (1) 社会全体の意識の醸成
  - (2) 子どもの人権を尊重するまちづくり
  - (3) 子育てへの男女共同参画の促進
- 2　子どもの健康の確保
  - (1) 安全で快適な妊娠・出産の支援
  - (2) 健やかな成長・発達支援
  - (3) 医療体制の整備・充実
- 3　子どもの「生きる力」の育成
  - (1) 確かな学力の向上
  - (2) 多様な学習・生活体験の充実
  - (3) 思春期の健康づくり
- 4　子育て家庭への支援
  - (1) 相談・情報提供体制の整備
  - (2) 生活の支援
  - (3) 障害児施策の充実
- 5　子育てと社会参加の両立支援
  - (1) 利用しやすい保育サービス
  - (2) 職業生活と家庭生活の両立支援
  - (3) 子育て世代の社会参加支援
- 6　成長を支えあう地域づくり
  - (1) 子育てコミュニティづくり
  - (2) 成長を応援する体制の整備
  - (3) 児童虐待への対応
- 7　子どもに配慮したまちづくり
  - (1) 子どもにやさしい生活環境の整備
  - (2) 遊び・活動の場の整備
  - (3) 子どもの安全の確保

(2) 地域子育て支援拠点事業

　総称すると地域子育て支援拠点事業（広義）ということになるが、戸田市では、子育て支援センター事業と親子ふれあい広場事業という名称で、それぞれ役割を若干異にして事業を行っている。これらは、都市化と核家族化が進行し、コミュニティ意識が希薄になることで、地域での子育て共助が失われている現

状に鑑(かんが)み、子育て中の家庭（乳幼児を対象）に交流の場を提供するものである。概要は、以下のとおりである。

① 子育て支援センター

地域子育て支援拠点のセンター型と言われるもので、市内の保育所（公立2か所、私立4か所）に併設されている。午前9時30分から午後4時の間、保育所に通っていない就学前の子どもとその保護者を対象に、子育て家庭の交流の場として開設している。ここではイベントを行った

写真7-12　子育て支援センター

り、子育てに関する相談に保育士が応じたり、子育てサークルの育成を促進するなど幅広く支援を行っている。1999年から実施している。

② 親子ふれあい広場

地域子育て支援拠点としての国の補助を受ける要件を満たしていないが、学童保育室4か所で空き時間を活用し、ひろば型に準ずる市単独事業として2006年度から実施している。学童保育室が使われていない平日午前9時30分から午後0時30分までを開室時間とし、対象は3歳未満の子

写真7-13　親子ふれあい広場

どもとその保護者で、時間内に自由に出入りでき、親子でくつろいだり、仲間をつくって語らったりする場としている。開室時間中は、アドバイザー1人が常駐し、軽易な相談に応ずるほか、2か月に1回程度保健師等がミニ講座を行っている。子育て支援センターに比べ、利用者の自由度が大きく、場の提供としての性質が強い。

(3) 地域子育て応援タウンの認定

2007年度から、埼玉県が「ゆとりとチャンスの埼玉プラン」の一環として、「子育て力のレベルアップ」を目指して、県内市町村を対象に「地域子育て応援タウン」認定制度を実施した。これは、2011年度末までに県内全市町村が認定を受けるよう、子育て支援策の充実を促すものである。そして、戸田市は、2007年11月21日付けで第1回認定（2市2町）を受けることができた。認定要件は、「子育ての総合支援窓口の設置」「中学校区数以上の地域子育て支援拠点の整備」「子育て支援ネットワークの構築」の3つであるが、戸田市ではこれらを既にクリアしていた。そして、これを補強するものとして、「産前産後支援ヘルプサービス事業の実施」「市民の編集による子育て情報誌の発行」などが特徴ある事業として採り上げられた。

写真7-14 地域子育て応援タウン認定式（左から2人目が神保・戸田市長）

写真7-15 地域子育て応援タウン認定証

特徴ある事業の一つである産前産後支援ヘルプサービス事業は、妊娠中または出産後6か月未満の者の家事及び育児を支援し、産前産後の者の身体的・精神的負担を軽減することを目的に、2007年度から実施したものである。

また、市民の編集による子育て情報誌は、2006年度に市民10名からなる編集委員で作成した32ページの冊子で、レイアウトや情報の配置など市民の感覚を随所に採り入れたものとなっている。

この認定制度は、埼玉県が独自に行っているものであるが、第1回目の認定を受けたということで、日本一の子育て県を目指す同県に戸田市の取り組みが高く評価されたものと自負している。

2　子育て支援策の効果と課題

(1)　子育て支援事業の整備による効果

　子育て支援策のメニューは、その必要性から国または県の補助事業として全国一律に行政主体で実施を求められているものが多い。よって、実施の時期に数年の違いはあれ、今や全国的にほとんど同様の事業を行っている。これは「少子化社会対策大綱に基づく重点施策の具体的実施計画について」（平成16年12月24日少子化社会対策会議決定）の具体的施策に掲げられているもののうち、地域における子育て支援拠点の整備や子育て短期支援事業の推進など、数値目標を設定されたものの整備を各自治体が義務的に行ってきたからである。

　こうして、行政主体で子育て支援策を行ってきたことの効用は、第一に施策を確実に実行できたことであり、第二に自治体のエリア全体をカバーできたことである。そして第三に、住民への周知を迅速かつ広範に行うことができたことである。これにより、他の自治体との差異が少なくなるとともに、自治体内での公平性も保たれた。導入における行政主体の事業整備は、他自治体との同時性、周知や公平性の確保、事業の必要性等の判断などの観点から効率的であったと言える。

　このように、戸田市においても財源及び人員確保の確実性を背景にして、まず行政が事業整備を行ってきたことで子育て支援策というものを住民に知らしめ、協力を得るための下地を形成したのである。こうして、事業のラインナップがそろった上で次のステップとして、住民等の意見を採り入れつつ自治体内の地域性を勘案した事業展開や新しい事業の必要性を検討し、また、事業実施後の需要の状況をみて既存事業の要否を判断することとなる。

　ここからが、住民や地域との協働の領域に入るわけだが、戸田市では行政主導の路線からどれだけシフトできるかが問題となる。

(2)　現状における課題

　行動計画の施策類型「成長を支えあう地域づくり」の事業として行っている前述の子育て支援センターと親子ふれあい広場は、行政主導で始め、子育てコミュニティの場として情報交換や仲間づくりに相当程度の効果を上げている。

2006年度から開始した親子ふれあい広場事業（2か所）は、当初の計画により2007年度に2か所増設したが、利用者その他からの要望もあって2008年度に更に1か所増やすことを予定している。事業そのものが好評であることで十分な成果があったと言えるが、市としては、仲間づくりから更に発展して自主的な交流の場が派生的に形成されることを期待している。しかし、現在のところそのような動きはほとんど見られない。行政がお膳立てした事業に、客として参加することが当たり前のような状況にある。

　行政主体の子育て支援事業の整備は、前項で述べたような効用がある一方、行政依存を助長し、自分たちでもできることを抑制している面もあると言える。単に参加するだけでよいという気軽さと、公的子育て支援に任せておけば安心であり、傍観者的な注文をつけやすいということが、自主的活動に向かわない要因ではないかと思う。そこに、行政として子育て支援策の充実を図るという重要課題を担いながらも、それが自主性を抑制し、地域主体の子育て支援を遅らせているのではないかというジレンマがある。

　しかし、こうした状況について、我々がこれまであまり地域主体ということを意識せず、子育て支援策は行政により推進するものと考えていた点を見逃すわけにはいかない。このことは、行動計画の「成長を支えあう地域づくり」の中で「子育てボランティアの活性化」という項目を掲げ、NPO法人化の支援、育成を標榜しているが、その機運にいまだ至っていないことと通ずるものである。

　今後、戸田市としては、行政主体の子育て支援事業の整備から、地域主体で子育て支援を行うための働きかけへと視座を転換することが肝要であると考える。

3　子育て支援策のあるべき方向性

(1) 課題の認識

　前述したことは、少子化社会対策大綱の「3　少子化の流れを変えるための4つの重点課題　(4) 子育ての新たな支え合いと連帯」の中で、次のようにまとめられている。

『すべての子育て家庭が利用できるよう身近な場所に地域での子育て支援の拠点を作り、子どもの育ちの段階に応じた「親と子の育ちの場」の提供を進め、親の成長と子育てを支援していく。その際には、身近な近隣地域レベルでの子育て支援で地域の力を生かす必要がある。幼稚園や保育所などを地域に開かれたものにしていくとともに、NPOなどの民間団体も含めた多様な主体が参加できるように、子育て支援の取組をきめ細かく推進する。』

　前段の部分については、既に実現され、利用実績などから相当程度の効果があったものと思われる。行動計画の前期に当たる5年間は、事業を実施し、これの周知と拡充（整備）に重きを置き、実施者としてある程度満足いくものでもあった。しかし、後段部分にある「地域の力を生かす」ことについては、自然に醸成されることを期待するにとどまり、そのための積極的な措置を講ずることはしなかった。我々は、まず、この意識を改める必要がある。なぜなら、行政主導の事業展開は、次の弊害が考えられるからである。
　まず、支援する側とされる側に二分化された構造により、両者に役割分担意識が生まれ、進展性を阻害すること。これにより、子育て当事者が、自分たちの地域で必要とする支援策のニーズを実現するための努力を怠るようになること。そして、自主的な活動を行わずに子育て期間を終えた場合、次に来る子育て世代に対し無関心となりやすいことである。このサイクルが繰り返されることで、地域コミュニティ全体がますます希薄化することが懸念されるところである。

(2) 地域における子育て支援の支援

　子育て支援を担当する者として、今後は地域での自主的な子育て支援事業を推進するための働きかけを施策として積極的に行うことを考えていきたい。これまでの経緯から、そうたやすくできるものではないだろうが、できるだけ行政の関与を少なくした上で、地域における子育て支援が充実するよう施策の方向性を転換する必要がある。
　そこで、まず、子育て当事者である市民をはじめ、子育て支援に関心のある人を地域子育て支援拠点などで募り、地域における子育て支援活動の実践をテー

マとした講習会を開催することとしたい。講師は、地域活動を現に行っている市内外のグループの構成員から選定し、複数回の講義及び演習を行う。こうして、ノウハウをある程度習得したところで、できる範囲内での実地体験をカリキュラムに組み込むこととしたい。これにより、まずは地域に子育て当事者によるサークルまたはボランティアグループが一つでも多く結成されるよう支援を行う。

次に、地域福祉の促進を体系的に事業化している戸田市の社会福祉協議会との連携を密にし、当協議会が地域で行っている事業に子育て支援事業をより多く組み込むよう共同で計画を策定することとしたい。この場合、子育て支援に特化したものに限らず、高齢者対象の事業に合流させるなど、異世代交流を意図したものも含めることとする。また、子育て当事者によるサークル等が、既存事業に積極的に参画することで、地域福祉の広がりに貢献できるものと考える。

このように、子育て支援事業のうち、地域子育て支援拠点事業に準ずるものを地域の力により行うことができるようになれば、単に参加者たちの充実感が得られるだけでなく、地域コミュニティの活性化に資するものとなるであろう。行政でなければできない部分は、従来どおり行政が行うこととするが、その境界線が行政関与の最小限となるよう今後努力をしていきたい。こうした支援の仕方が当然のこととなるよう、施策の在り方を方向付けることが肝要であり、行政としての使命であると考える。

おわりに

少子化社会対策を契機とする子育て支援策は、保健・医療・福祉のみならず教育・都市・産業など、その施策の範囲が行政分野のほとんどに及び、社会資源の相当部分を駆使して行わなければならないものである。そのため、国と自治体は、一体となって少子化社会対策基本法及び少子化社会対策大綱等に示されている考え方に基づいた内容で計画を策定し、総合的に施策を実行しているところである。

しかし、冒頭で述べたとおり、施策の中には国家的プロジェクトとして推進することが適当なものもあり、自治体単位としての実効性を考えれば限界のあ

るものも少なくないと思われる。

　そこで、基礎的自治体がその自主性を発揮しつつ、効果的に実施できる施策として、地域子育て支援拠点の整備事業を取り上げてみた。この事業については、量的な目標値は達成できたが、このままの運営方法で拡張を続けることに疑問を感じている。よって、次のステップとしてこれから実施する拠点的事業が地域主体での運営となるよう誘導したいと考え、本稿での提言となった。

　行政主導で行ってきた事業を地域の手で、と言葉でいうのはたやすいが、子育て支援に限らず従来の手法を転換することは困難を極めるものである。

　しかし、これが実現すれば、地域における子育て支援の成功にとどまらず、地域自体の変革と地域社会の発展につながると確信する。子育て支援策という具体的施策を契機に、地域の活性化を図るということは、住民と行政の協働の理想形であると考えるところである。

5 地域の力が原動力、住みよいまちづくりへの奮闘

はじめに
● 体感の安定を提供することが最大の使命

　過去の神話となった「安全はタダ」の時代を、もう一度蘇らせたい。

　近年の社会情勢は、急激な社会経済の変化に伴い、全国的にみても犯罪が高止まっている状況である。戸田市においても、犯罪は楽観できない状況にある。また、今日の「長屋の付き合い」が消滅した生活環境は、犯罪の機会を安易に与える場を提供している現状にある。

　社会環境を「善人」と「悪人」の二層として考えた場合、善人の社会参加により治安は保持されている。一方で、強い欲望を求めるが故の悪人の存在で、警察の取り締まりや防犯対策が強化されている。

　犯罪を防ぐ活動において、過去には「検挙に勝る防犯なし」と意識付けされた考えが存在した。しかし昨今では、警察の検挙活動にあわせ、犯罪の誘発要因を取り除くためには、警察・行政・地域が一体となった犯罪抑止活動が必要不可欠な情勢となってきた。

● 行政の役割

　埼玉県内では、2004年をピークに刑法犯認知件数が18万件を超す情勢になり、同年に実施された県政世論調査の結果では、「防犯の地域作り」の要望がトップとなった。

　このように行政においては、住民のニーズに沿った防犯対策が重要な課題の一つとなっている。そして、その防犯対策の主役である「住民」を巻き込んだ対策が必要不可欠である。しかしながら、社会風潮である個人主義が顕著である住民への自主防犯意識の定着は、行政において大きな課題となっていた。

　行政が支援する「安全・安心なまちづくり」の過程において、「戸田市に住

んでよかった、戸田に住み続けたい」という体感治安の安定を提供することが、行政の最大の使命である。そして、犯罪のないまちの実現に向け、組織の枠を超えた計画を着実に実行することを責務とした新たな防犯施策を目指している。

1 防犯行政の誕生

(1) 戸田市の防犯行政を取り巻く環境

　戸田市は、荒川を隔てて東京都板橋区と隣接する、約12万人の活気があるまちである。平均年齢は38.5歳と若く、地域環境は埼京線の開通、東京外郭環状道路の整備、首都高速道路の開通などにより、交通の利便性もあって今も発展を続けている。

　しかし、戸田市には年間のべ約2万人の転出入者があり、都内へ通勤する埼玉都民と称される在住者の多さなどから、地域コミュニティは希薄となっている。また、地域の自然監視がない生活空間などの要因から、人口1,000人で算出した人口比別犯罪発生率は、1994年から2003年まで埼玉県下全市町村の中でワースト1位で推移してきた状況にあった。

　戸田市において、2004年4月に実施した20歳以上1,000人を対象にした「後期基本計画づくりのための市民アンケート調査」では、前述の県政世論調査結果と同様に、最も関心度が高かったのが「防犯」であった。この結果において、市政の重要課題の一つとして、安全・安心な環境を早期に作り上げることも含め、行政を中心とした防犯事業の母体を設置するに至った。

(2) 防犯行政の体制

　2003年までの過去10年にわたり、戸田市は人口比別犯罪発生率が県内ワースト1位という最も不名誉な状況が続いていた。そのため埼玉県において、2003年7月には、埼玉県から防犯のまちづくり重点市町村に指定され、所轄の蕨警察署と連携し、防犯対策の組織を市民生活部生活安全課に設置した。

　しかし、戸田市内の犯罪の発生は依然として続き、早期の対策を求められた。そこで、まずは「行動」することと考え、同年8月から職員による市内巡回パトロールが開始された。同時に市議会においても、犯罪被害の減少を目的とし

た生活安全条例の制定が検討され、議員提案立法の手法を取り「戸田市みんなでつくる犯罪のないまち条例」(以下、「犯罪のないまち条例」という)が制定され、2004年4月に施行された。

また、緊急課題である「犯罪のない安心して生活ができるまちづくり事業」を積極的に推進するため、犯罪のないまち条例の施行と同時に「防犯対策室」を市民生活部に設置し、埼玉県警察本部からの派遣職員1名と市職員2名の体制により始動した。

(3) 防犯組織の設置

防犯対策室はプロジェクトとして発足した。プロジェクトとして防犯対策室が出発した意図は、既存組織では対応が困難な防犯という課題に早急に対応し、拘束を受けず自立した意思決定を行うという理由による。そして翌年(2005年)4月には、総務部に「安心まちづくり課」が設置され、行政としての防犯担当業務がより本格的に始動した。

写真7-16 防犯くらし交通課の課名表示

さらに、2008年4月には、総務部に所属していた防犯業務が再び市民生活部に移行され、所属名を「防犯くらし交通課」と改め、生活に密接する施策を重視する、住民のニーズにあった総合的プランの提供に応じる担当部署へと飛躍した。

2 安全・安心なまちづくりに向けた施策

(1) 防犯意識の拡大

犯罪のないまち条例を起爆剤として、2004年4月に戸田市の防犯行政が本格的にスタートした。そこでは、第一の目標を「市民防犯意識の拡大」とし、様々な防犯施策を推進した。この防犯施策の理念は「行動」に集約される。

特に市民活動の拡大を図るため、蕨警察署の協力を得ながら「町会（自治会）押しかけパトロール」を実施した。町会を中心とした地域では、これまで様々な防犯以外の活動が積極的に展開されていた。その動きに加えて、新たな「地域防犯意識」を向上させることにより、警察と協力し、日付を指定した防犯パトロールを開始した。

当初、困惑ぎみの町会もあった。しかし、防犯担当職員が各町会に防犯活動の趣旨を説明しながら、「官民一体」を合言葉に、地域パトロールに参加して防犯意識の拡大を図っていった。その結果、現在では市内46町会中、実に44町会がパトロールを実施するに至っている。さらに今日では、各町会が積極的にパトロールを実施し、隣接町会で刺激しあいながら確立された防犯団体が育っている。

(2) **防犯事業の取り組み**

当初、プロジェクトとして発足した防犯部署は、その後、着実に成長し、「防犯の意識啓発」→「地域活動の促進」→「活動の支援」→「防犯リーダーの育成」といった段階を経て、戦略的な施策を展開してきた。以下では、具体的な事業について概要を紹介する。

① **職員による防犯パトロールの実施**

前述のとおり、埼玉県から防犯のまちづくり重点市町村の指定を受け、第一に取り組んだことは「行動は力」をスローガンとした、市職員による防犯パトロールの実施である。この取り組みは、職員全体に防犯意識を定着させる意味でも効果的であった。また、地域住民への意識啓発を含め、「見せる防犯活動」として行動を示すものとなった。現在でも部長職以下の職員が、統一した蛍光色のキャップとベストの姿となり、市内5地区を指定して巡回パトロールを行っている。

写真7-17 パトロールの着装ベストとキャップ

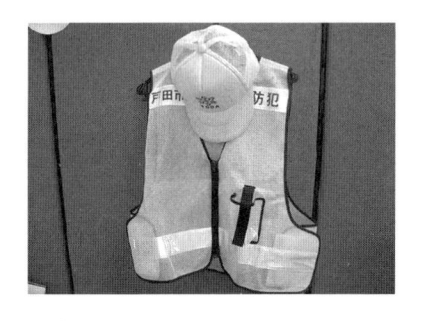

② 防犯対策ホームページの開始

　戸田市のホームページ上に防犯対策のホームページを作成し、最新の防犯情報や活動事例などの紹介を行い、意識啓発と情報発信を実施した。また、「防犯回覧板」を作成して、毎月テーマを決めた「防犯情報」を掲載するとともに、地域活動の写真を紹介するなどしたところ、主役となる地域住民の意識が飛躍的に高まる結果となった。

③ 青色回転灯付パトロールカーの導入

　これまで、徒歩または自転車で実施していた職員パトロールは、道路運送車両法の保安基準緩和措置に伴い、2005年1月に、埼玉県で第1号となる青色回転灯付車両（青パト車両）を導入し、職員の巡回パトロールに使用した。地域に密着した巡回パトロールは好評を得ており、機動力と広域性を確保した。

写真7－18　青パト車両

④ 地域安全ステーションの設置運営

　戸田市の犯罪状況を考慮し、町会を代表する市民防犯活動を支援する目的で、2005年7月、氷川町に「けやき」安全ステーションが誕生した。次いで同年10月には、上戸田に「ふれあい」安全ステーションが設置された。この安全ステーションには、警察官OBと委託警備員を配置して、防犯相談や市民パトロールの支援、防犯情報の発信、また住宅の防犯診断、出前講話などの業務を担当し、市民とともに活動を展開している。

写真7－19　ふれあいステーションの開所式

また、警察庁公募事業の「地域安全安心ステーションモデル事業」に応募した結果、南原町会が組織する南原町会防犯パトロール隊が選出された。今年で4年連続の認定を受け、自主防犯活動の意識付けと拡大の火付け役となっている。

写真7－20　南原町会防犯パトロール隊の活動状況

⑤　地域支援パトロールの開始

　2004年から進められている防犯活動啓発により、戸田市内の多くの町会が自主防犯パトロールを開始している。それらの支援活動として、戸田市の委託警備員による地域パトロールが開始された。この支援内容は、地域パトロールの同行に加え、児童の見守り活動を含め、犯罪多発地域の重点警戒など、2人1組の4班による委託警備隊員が市内の巡回を実施している。

⑥　防犯ボランティアリーダーカレッジの開校

　2005年7月から、戸田市と蕨警察署の共同開催による地域の防犯リーダーの育成を目的とした「防犯ボランティアリーダーカレッジ」が開校されている。同校は、全7～8回の講座から構成されており、地域での防犯リーダーとして必要な知識などを提供している。また、同校の卒業生は防犯リーダーとして、戸田市と協力し活躍していくため、人材の育成のカリキュラムもプログラムに入っている。

写真7－21　カレッジ開校式の状況

　同校は、警察との共催に特徴があり、既に4期108名の卒業生がそれぞれの地域に戻り、防犯リーダーとして活躍している。その結果、自主防犯意識の浸透に大きな役割を果たし、地域での即戦力となっている。

⑦ 犯罪情報システムの運用

　2004年に実施した総務省安全安心情報共有システム実証実験の発展的事業として、戸田市独自のシステムを構築し、広く市民に防犯情報の提供を行っている。安心して利用ができるシステムとして、利用登録者（情報提供者）のパソコンや携帯電話のアドレス登録を行い、警察や戸田市防犯協会、戸田市教育委員会などから入手した犯罪情報や不審者情報、さらには市民から提供される情報を防犯専用のホームページから、安全安心マップ、電子掲示板、電子メールで情報配信している。このように、市民がいつでも犯罪情報を収集できるように環境を整えた。

3　犯罪情勢の変化

(1)　防犯意識の浸透

　前述した戸田市の防犯施策の代表的な取り組み以外では、職員による一日警察署長や、市長と市民による防犯パトロール、そして安全まち歩き診断など様々な活動を行ってきた。

　犯罪を抑制する起爆剤は、市民の「防犯意識の定着」と指摘しても過言ではない。過去、町会における自主防犯パトロールは、「犯罪の防止は警察の仕事」という認識があり、必ずしも主体的な活動とはなっていなかった。しかし、戸田市における様々な防犯の取り組みをはじめ、警察や市職員の同行パトロール支援を契機に、地域での防犯意識が徐々に根付きはじめ、町会をはじめ地域住民が「主役」となり動き始めた。

　警察と行政が一体となった地域の後押しから、地域の自主防犯活動が起動し始め、その弾みを付けたのが、新聞やテレビなどの報道であった。「主役は市民」を浸透させた結果、各町会の「励み」につながり、「防犯」という共通の目的を持った「主役」の結束が深まる方向性を見出したと考えている。

　また、防犯くらし交通課において、毎月発行している防犯回覧板の中でも、「今月のパトロール隊さん」と題し、各町会のパトロール状況を掲載していることが自主防犯活動の励みにつながっているようだ。すなわち、地域を主役とした活動を宣伝広報することによる住民の「やる気」の喚起と、「活動の継続」

を高める意識付けと、浸透の重要性を痛感している。

(2) 犯罪情勢の変化

　防犯活動を継続する中で、その取り組みの評価を求め、その結果を認識することは今後の防犯活動の指針となる。また、実行する上で成果が良好であれば「励み」となる。戸田市の取り組みと地域の自主防犯活動により、刑法犯認知件数は減少に転じている。その結果から、行政と地域、そして警察との連携は強固になってきているものと実感している。

　前述のように、2003年までの間、埼玉県下全市町村の中で、人口比別犯罪発生率はワースト1であった。しかし、取り組みを開始した後は、2004年末ではワースト3位、そして2007年末には4位に好転している。刑法犯認知件数では、2003年の4,610件をピークに、その後4年連続の減少となっている。そして2007年末の刑法犯認知件数は2,776件と、ピーク時より1,834件もの減少結果となった。

　特に侵入盗（主に空き巣）においては、ピーク時は800件を超える勢いの発生であったが、2007年には「269件」まで減少している。また、市内で発生する「ひったくり」についても、ピーク時は96件だったが、昨年（2007年）は57件まで減少し、侵入盗とともに連続減少と良好な結果となっている。

　この数値は、行政や警察のほか、特に地道な活動を行ってきた地域住民による自主防犯パトロール活動の功労と言える。また、定着しつつある防犯意識が抑止力となっているとも断言できる。

　しかし、戸田市全体の刑法犯認知件数を分析すると、重要重大な犯罪発生がないものの、地域性と交通環境の要因から、一般に初期型犯罪と言われる乗り物盗が多発している。なかでも、自転車盗は年間被害数600件を超え、その数値は、ワースト順位を位置付ける要因となっている。そのため、今後重点的に取り組むべき犯罪と位置付けている（図7－12）。

図7-12　市内自転車盗発生件数の推移

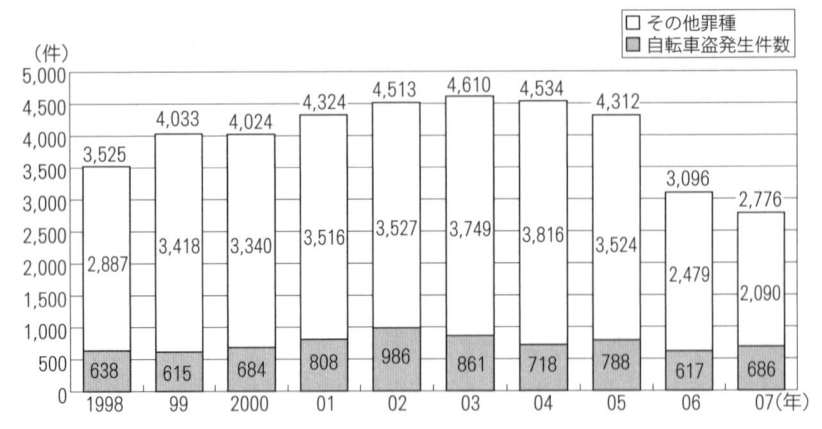

年	自転車盗発生件数	その他罪種	合計
1998	638	2,887	3,525
99	615	3,418	4,033
2000	684	3,340	4,024
01	808	3,516	4,324
02	986	3,527	4,513
03	861	3,749	4,610
04	718	3,816	4,534
05	788	3,524	4,312
06	617	2,479	3,096
07	686	2,090	2,776

資料：戸田市防犯くらし交通課

(3) 他機関との連携

　戸田市は埼玉県警察本部から警察職員の派遣を受け、埼玉県警察本部や蕨警察署とのパイプ役を担っている。また、警察の犯罪情報や、防犯対策に関する指導・助言を受け、各種の地域防犯対策を実施している。

　さらに、蕨警察署との連携による防犯施策として、自主防犯ボランティア団体などとの合同防犯パトロールを実施している。そして地域の防犯リーダーを育成する防犯ボランティアカレッジを開催するなど、地域防犯対策の推進に当たり、様々な形で連携を図っている。

　市長と警察署長間においても、安全で安心なまちづくりの実現に向けた協調体制が敷かれ、防犯対策について行政力と警察力の両輪を推進し、互いの利点を活用しながらの地域防犯対策がなされ、市民活動の弾みをつける関係を築いている。

　また、戸田市は地域企業である地元タクシー業界、市内の環境整備組合・建設業協会と地域内安全協定を締結し、事業活動中における防犯活動に協力を得る体制を整え、各種団体の防犯パトロールや啓発活動の協力体制を構築している。

おわりに

●担当職員の心構え

　現在も国や埼玉県において、行政における防犯の取り組みへの働きかけは積極的に行われ、埼玉県内市町村の防犯施策は、ある程度一定のレベルに達していると思われる。特に戸田市においては、これまで説明してきたとおり、防犯対策の強化が起動した2003年の防犯元年から今日に至るまで防犯行政が発展し続け、戸田市の人口が増加し生活環境が変化しているにもかかわらず、刑法犯認知件数は減少傾向となっている。

　戸田市においては、職員の自主パトロールからはじまり、安全ステーションの設置や防犯情報の発信、防犯リーダーの育成など様々な取り組みを展開してきた。これらの取り組みは、他市町村と比較しても、先行した高いレベルの防犯対策が実現されていると自負している。

　特に「職員によるパトロール活動」では、「悪は許さない」という強い市長の意志が職員全体に浸透しており、担当業務の合間の積極的な防犯パトロール活動を実施する姿は、担当として頭が下がる思いと心強ささえ感じている。

　また、担当職員の意識には、「やる気」と「行動」はもとより、「市民のために安全なまちをつくる」という確固たる姿勢がある。すなわち、「いま、市民が何を求めているのか」という命題について、五感の作用を働かせながら、他市町村に先行した取り組みを模索している。この「犯罪を起こさせない環境づくりには何が必要なのか」を追求する心構えを軸として、一歩進んだ防犯行政に取り組む姿勢を持ち続けている。

●今後の方向性

　行政による防犯対策は自治体が独自に行っているものであり、各市町村での取り組みは格差を生じている。ここで取り上げた犯罪という現実は、人間欲の属性のほかに地域環境も含め、密接な関係に基づき発生していくものである。地域住民が生活する「わがまち」において、どのような犯罪がどれくらい発生しているのかを正確に把握し、行政は地域住民がどのような防犯施策を求めているのかを的確に判断することが大切である。

　現在、戸田市で実施している様々な防犯施策については、今後も継続し成長

させていきたい。その中で重要なことは、活動の中心となる市民の防犯意識の拡大と、さらなる継続である。特に、子育て世代を中心とした若い世代への防犯意識の浸透が大切と考える。また、高齢社会に伴い、効果的な支援策を講じていくために、若年層を巻き込んだ施策の必要性を実感している。

● **信頼関係の保持**

　防犯行政の最終的な目的は、「犯罪被害の根絶と地域コミュニティの構築」である。この取り組みを行うにあたって、念頭に置いたことは「住民からの信頼」である。自治体が円滑な行政運営を行っていくためには、市民からの「信頼を得ること」が何よりも肝心である。自治体にとって歴史の浅い「防犯対策」は、人対人の関係を必要とし、取り組みを推進するに際して「心の通った対応」をすることで必ず築かれるものである。

　戸田市防犯元年から今日に至る防犯行政での基本理念は、机上の空論より、まずは「行動」であった。住民とともに防犯活動を行ってきたことが、犯罪の減少に大きく寄与したことは間違いないことである。住民と一緒にパトロールを行う、これは一見単純な行為ではあるが、住民との大きな信頼関係を構築し、また計り知れない威力を発揮しており、市民と行政の間に、強い絆が結ばれる結果となっている。

　最後に、自治体を取り巻く社会情勢は常に変化している。その潮流の中で、従来の事務処理の慣習を脱却し、変化に適応する「打てば響く」体質を忘れることなく、市民への奉仕を全うしたいと考える。

　なお、筆者は埼玉県警察本部から派遣され、防犯行政を日々勉強しながら取り組みを行っている。この過程で多くの方々に支えられていることに、心から感謝するとともに、本稿執筆にあたり、浅学非才ながらも機会を与えていただいたことに御礼を申し上げ、文末としたい。

第8章 政策研究・政策開発から得られる知見

　第Ⅱ部では戸田市政策研究所の政策事業の取り組みと、戸田市の政策展開の実際を紹介した。

　まず、第5章において戸田市政策研究所の組織概要について言及した後、第6章では戸田市政策研究所が取り組んでいる6つの研究事業の概要を記した。第Ⅱ部で記している研究事業は、今年度（2008年度）の事業であるため、原稿執筆時においては最終的な成果は導出されていない。そこで第Ⅱ部では「問題提起」という意味も含めて、読者に投げかけている。最終的な成果に関心のある読者は、2009年4月以降に研究所に問い合わせていただきたい。

　次いで、第7章では戸田市が進めている先進的な5つの政策展開について記述した。第Ⅱ部で記した戸田市の先進的な政策展開の各内容については、戸田市の公式見解ではなく、原則として、執筆者の個人的考えである。本書において執筆者が思うことを自由に書いてもらうことが、読者にも貢献すると判断し、そのようなスタイルをとっている。

　さて、簡単に各章を振り返っておきたい。第6章では、まず「戸田市の現状と課題」を述べた。これは読者に戸田市の概要を知ってもらいたいという意図があった。また、戸田市が実施している政策をSWOT分析の手法を活用して解剖した。このSWOT分析は、戦略的な見地から政策を開発していくのに参考になると思われる。

　次いで、「ネーミングライツの導入」について記述した。このネーミングライツは、財政難に悩む地方自治体の一つの切り札になる可能性がある。また、地方自治体の存在を内外にアピールしていくのには、よい手段と思われる。

　続いて、「イケチョウ貝を活用した水質浄化」を記している。この政策企画は、国の「地方の元気再生事業」に認定されたものである。極めてユニークな取り組みであり、従来の地方自治体の発想ではありえなかった事業である。この発想を学びとってもらえれば幸いである。

また、「共働き家庭のための子育て支援」についても言及した。この政策企画は、多方面から調査を実施し、幅広く概要を記してある。そのため、地方自治体の基礎資料として大いに参考になるだろう。

　そして、「電子自治体の方向性」についても議論した。現在進行形で進みつつある電子政府の動向は、地方自治体においても電子自治体を志向しなくてはいけない状況になりつつある。この波は戸田市も例外ではない。そこで電子申告・納税のメリット・デメリットの研究を通して、戸田市における望ましい電子自治体像を明らかにしている。

　最後に、「シティセールスの可能性」を検討した。都市間競争に勝ち抜くには、地方自治体の名前を知ってもらわなくてはいけない。その一手段がシティセールスである。確かにシティセールスは一手段にすぎないが、実は大きな可能性を秘めている最も重要な手段である。この政策研究は、2年間を想定しているため、成果は2009年度に導出される。

　続いて第7章では、戸田市が進めている先進的な政策展開の実際を言及している。最初に「自主勉強会『戸田ゼミ』」について記した。同ゼミの目的は、戸田市職員の政策形成能力の確立と向上である。そのことにより、戸田市が都市間競争の中で、より光り輝く地方自治体に変貌していくことを目指している。

　次に、「サステナブル都市に向けた取り組み」を紹介している。日本経済新聞社が全国市区を対象に「サステナブル都市調査」を行い、戸田市は総合評価全国第3位にランキングされた。その要因を戸田市の視点から考察した。

　そして、「景観行政」を示している。戸田市の景観行政は、全国的にも独創的な「三軒協定」が有名である。同協定により、戸田市の名前が全国に知れわたることとなった。この協定が成立した背景に加え、現在進行中の先進的な景観行政を記した。

　続いて「子育て家庭にやさしいまちづくり」の内容を紹介している。戸田市が実施している「子育ての新たな支え合いと連帯」の中でも、地域における子育て支援に視点を置き、戸田市の子育て支援の在り方について、その根底に流れる思想を述べている。

　最後に、しばしば最近のトピックスとしてあげられる「犯罪のないまちづくり」である。これは冒頭の「過去の神話となった『安全はタダ』の時代を、も

う一度蘇らせたい」という熱いメッセージに集約される。この熱い思いのもと、様々な利害関係者を巻き込み、犯罪をなくすため多方面にわたる施策・事業が展開されてきた。熱い物語である。

　これらの具体的な実際の政策展開は、読者に対して様々な示唆（その示唆は「よい示唆」だけでなく「反面教師」としても）を与えると思っている。

　現在、日本の各地方自治体は「縮小都市」の様相を強めている。縮小都市とは、人口増加を前提とした地域づくりを行うのではなく、人口減少を見据えて地域をつくっていくことである。日本は人口減少社会に突入しており、今後は、この「縮小都市」という概念も踏まえた地域づくりをしていかなくてはいけない地方自治体もあるだろう。

　現在の戸田市は、縮小都市に該当しない。短期的には戸田市は人口が増加していく。しかしながら、戸田市も遅くない時期に、この縮小都市の波が押し寄せる。そこで戸田市は先手を打って、様々な政策を開発し展開しているところである。

　縮小都市の時代に生き残っていく方向性は、大きく2つある。第1に、「人口が減っても元気な都市」を実現していくことである。第2に、「人口獲得競争に勝ち、人口を維持させていく」という道である。どの方向性を採用するかは、各地方自治体により異なると思われる。その際の参考事例として、本書で記した戸田市政策研究所の政策開発の現状と、戸田市の政策展開の取り組みは、大いに参考になると思われる。なぜならば、現在の戸田市は、その双方を見据えて政策開発と政策展開を進めていると判断できるからである。

　本書で記すことのできなかった、そのほかの戸田市の先進的な取り組みは、別の機会に言及していきたいと思う。また、戸田市政策研究所の取り組みも、次年度は様々な展開をみせようとしている。この研究所にも注目してほしい。

※戸田市と戸田市政策研究所のホームページは次のとおりである。
戸田市　　　http://www.city.toda.saitama.jp/index.html
戸田市政策研究所　　http://www.city.toda.saitama.jp/438/437464.html

コラム ★☆★ 研究補助員の感想 ★☆★

●法政大学社会学部3年　寺田　恭典

　私が、今回の戸田市へのインターンシップに参加した理由は、大学生活の中で夏休みという長いチャンスを使うことで、しっかりしたものを残したいという思いからでした。最終的に、このようなしっかりとした形で成果を残せたのは、私の人生の中で大きく残るものだと思います。

　実際の職場では、職員の方々のスムーズに電話に対応する姿や、いろいろな視点から質問や意見を述べる様子がとても印象的でした。そして、その姿を見ることによって、自分が伸ばしていかなければいけない力が分かりました。

　それは、チームで作業するためのコミュニケーション能力、自分の意見を正確な形で伝える情報伝達の能力、そしてスケジュールを管理する能力です。この力を伸ばすことを意識して、これからの大学生活を送りたいと思います。

　最後に、インターンシップに受け入れてくださった市長、副市長、政策秘書室の皆さんには大変お世話になりました。ありがとうございました。

●法政大学社会学部3年　二ノ宮　真輝

　夏季のインターンシップでは、主に、集計作業とアンケート調査を行いました。また、インターンシップの最後には「戸田市のシティセールスについて学生の立場からの提案」をテーマに、市長、副市長の前で発表をしました。それをもとに、報告書の作成をしました。

　1か月半という短い間ではありましたが、戸田市において実際に政策を立案する機関である政策秘書室でのインターンであったこと、戸田市について深く知ることが出来たこと、実際に外に出て調査することが可能であったという点から、大変有意義な時間を過ごすことが出来ました。

　今回、出版物の編集において、集計作業、アンケート調査、事業提案の3点において、微力ながら協力出来たことを大変うれしく思います。戸田市の発展と活性化、シティセールスの成功を祈っています。

●法政大学社会学部2年　渡辺　俊哉

　2008年の夏休みの時間を利用して、僕は戸田市政策秘書室で実施したインターンシップに参加しました。以前から、漠然と公務員という職業に興味はありましたが、その業務内容は、なかなかイメージしづらい面もありました。約1か月半という期間ですが、実際の職場の中に入れたことは、この上なく貴重な経験になりました。

　そして、期間中には職員の方々と一緒に様々な体験をさせていただきました。その中でも特に印象深かったのが、「市内親子公共施設巡り」でした。

夏休みの期間を利用して参加された市民の方々と一緒に、博物館、下水処理施設などの市内公共施設を巡るという企画なのですが、施設を巡る中で市民の方々と直に触れ合いが持てたことは、緊張の中にも楽しさや充実感がありました。
　その他、炎天下の中でのボートコースアンケートや、各種アンケートの集計作業など、実に様々な体験をさせていただきましたが、この体験は公務員全体の業務の中では、ほんのごく一部に過ぎません。実際には、もっと多種多様な業務があります。しかし、その一部でも自ら体験できたことが、今回のインターンシップでの一番の収穫だと思います。

おわりに

　本書は前半に政策開発の手法を記し、後半は戸田市における政策開発の実践について述べている。前半は政策開発を進めるための視点として、ノウハウ的な要素を持たせた。一方、後半は戸田市を事例として、具体的な自治体政策に言及している。本書は、いくつか変化を持たせているため、読者は飽きることなく読んでいただくことができると思う。

　読者層としては、自治体職員や地方議員、そして大学や研究機関に勤務する方々に加え、自治体職員を目指す学生などを主に想定している。そして何よりも、戸田市民の皆様に読んでいただきたい内容である。

　本書の作成中にうれしい知らせが届いた。日本経済新聞社が実施した「第6回行政サービス調査」において、戸田市は行政サービス水準の全国第8位にランクインした。また同調査によると、埼玉県の市の中で、戸田市は総合トップとなっている。昨今では、ほかにも戸田市に高い評価を与えるデータが多々ある。現在、戸田市はダイナミズムを発揮している地方自治体の一つであると言えるのではないか。

　話は変わるが、アメリカでは「マイクロポリタン」という概念がある。コスモポリタンが人口250万以上の大都市を指すのに対し、マイクロポリタンは人口1万人から5万人前後の都市を指している。アメリカでは、このマイクロポリタンの躍動が目覚ましい。
　人口12万人強の戸田市は、このマイクロポリタンの定義からは外れる。しかし、アメリカでいうマイクロポリタンと同義ではないかと考えている。
　感覚としては、地方自治体の規模は人口10万人前後くらいまでが望ましいと考えている。理由は、「顔のみえる自治体政策」が実現できるからである。この規模であれば、地方自治体と住民一人ひとりが話し合いながら、協働して政策を開発していくことが可能であろう。本書では、これらに該当すると思われる戸田市における政策開発の手法や実践を記したところが、一つの特徴となっている。

一方で、戸田市の取り組みだけを取り上げても、読者は退屈に感じてしまうかもしれない。そこで少し変化を持たせるために、政策開発を進める視点として、ノウハウ的な要素にも言及した。

　本書が、これからの自治体職員の政策形成能力の向上と、地方自治体における政策形成力の拡充に、多少なりとも貢献できれば幸いである。

　最後に、本書を出版するにあたり東京法令出版株式会社取締役・星沢卓也氏と編集者・湯浅崇氏に大変にお世話になりました。記して感謝いたします。

2009年2月

戸田市政策研究所
　　所　長　　　　　　　　山田　一彦
　　政策形成アドバイザー　牧瀬　稔

執筆者一覧

牧瀬　　稔	政策研究所政策形成アドバイザー	（第Ⅰ部、第Ⅱ部第5章、第8章）
山本　哲史	政策研究所　研究員	（第Ⅱ部第6章1、第7章1）
林　　英一	政策研究所　研究員	（第Ⅱ部第6章2、第7章1）
梶山　　浩	政策研究所　主任研究員	（第Ⅱ部第6章3）
川原　綾乃	政策研究所　研究員	（第Ⅱ部第6章4）
小林　由佳	政策研究所　研究員	（第Ⅱ部第6章5）
山本　義幸	政策研究所　主任研究員	（第Ⅱ部第6章6）

＜まちづくり戦略会議メンバー＞　　（第Ⅱ部第6章1）

川村　順一	教育委員会事務局次長
中村美喜雄	総務部次長
熊木　保衛	政策秘書室長
本間　幹雄	財務部次長
岡田　至正	市民生活部次長
曽我部　茂	福祉部次長
鈴木　敏貞	こども青少年部次長
中村　龍一	都市整備部次長
須山　梅子	医療保健センター次長
野口　　武	水道部次長
矢口　　弘	消防本部次長

＜戸田ゼミメンバー＞　　（第Ⅱ部第7章1）

石塚　明也	消防本部総務課　主任
小山　哲治	消防本部総務課　主任
尾里　篤史	市民生活部経済振興課　主任
山道　敏雄	教育委員会教育総務課　主任
鈴木　政徳	総務部情報統計課　主任
高橋　信介	消防本部予防課　主事
渡邉　雅之	福祉部福祉総務課　主事
大森　美紀	市民生活部コミュニティ推進課　主事
矢作　圭翼	市民生活部コミュニティ推進課　主事

川角　一郎	財務部収税推進室	主事
今泉　良太	財務部管材検査課	主事
長谷川昌之	都市整備部土地区画整理事務所	主事
平野　圭郎	財務部税務課	主事
重信　雄太	市民生活部市民課	主事補
冨田　健二	総務部人事課	主事補
宇津木　渉	都市整備部河川課	主事補
梅島　盛生	財務部収税推進室	主事補
川田　哲朗	市民生活部防犯くらし交通課	主事補
細川健太郎	財務部収税推進室	主事補

小須田　始	市民生活部環境クリーン室	副主幹	（第Ⅱ部第7章2）
松本　丈也	都市整備部都市計画課	技師	（第Ⅱ部第7章3）
熊谷　尚慶	こども青少年部こども家庭課	主幹	（第Ⅱ部第7章4）
三澤　順一	市民生活部防犯くらし交通課	課長	（第Ⅱ部第7章5）
佐藤　健治	政策秘書室	副主幹	（デザイン、第Ⅱ部写真、コラム）
石原　亮	政策秘書室	主事	（デザイン、第Ⅱ部写真、コラム）
寺田　恭典	法政大学社会学部3年		（第Ⅱ部第8章コラム）
二ノ宮真輝	法政大学社会学部3年		（第Ⅱ部第8章コラム）
渡辺　俊哉	法政大学社会学部2年		（第Ⅱ部第8章コラム）

＜編集事務局＞

山田　一彦	政策研究所	所長	（戸田市副市長）
熊木　保衛	政策研究所	副所長	（政策秘書室　室長）
山本　義幸	政策研究所	主任研究員	（政策秘書室　担当課長）
梶山　浩	政策研究所	主任研究員	（政策秘書室　副主幹）
山本　哲史	政策研究所	研究員	（政策秘書室　主事）
金箱　葉子	政策秘書室	臨時職員	

編著者紹介

牧瀬　稔

戸田市政策研究所政策形成アドバイザー・(財)地域開発研究所研究部研究員
法政大学大学院博士課程人間社会研究科修了、博士（人間福祉）。横須賀市都市政策研究所、(財)日本都市センター研究室を経て現職。法政大学現代福祉学部兼任講師、法政大学大学院政策科学研究科兼任講師、東京農業大学国際食料情報学部非常勤講師を兼ねる。

公的活動としては、内閣府「『家族・地域のきずな』の取り組みに関する研究会」委員、文部科学省「総合的な放課後対策推進のための調査研究」委員会委員、三浦市総合計画審議会委員など多数。

著書に『議員が提案する政策条例のポイント－政策立案の手法を学ぶ』（東京法令出版、単著）、『地域魅力を高める「地域ブランド」戦略－自治体を活性化した16の事例－』（東京法令出版、編著）、『「B級グルメ」の地域ブランド戦略』（新評論、共著）など多数。

http://homepage3.nifty.com/makise_minoru/

戸田市政策研究所

2008年4月に戸田市政策秘書室内に設置された組織（自治体シンクタンク）である。副市長が所長、政策秘書室長が副所長を務め、専任の研究員（1名）と共に、兼任として主任研究員（政策秘書室担当課長1名、副主幹1名）、研究員（政策秘書室秘書担当及び広報・広聴担当の職員3名）が配属されている。（合計8名）

政策秘書室・政策研究所はどの部局にも属さない市長直轄の組織であることから、研究成果を政策に効果的に反映させることが可能であること、研究員（市職員）の併任と庁内職員から構成されるプロジェクト・チームの設置等により、少ない経費で運営されていること、広聴機能のある政策秘書室内に設置したことで、市民の声を政策に反映させる可能性を持つこと等が特徴として挙げられる。

http://www.city.toda.saitama.jp/438/437464.html

政策開発の手法と実践
－自治体シンクタンク「戸田市政策研究所」の可能性－

平成21年2月25日　初版発行

編著者　牧瀬　稔
　　　　戸田市政策研究所
発行者　星沢哲也
発行所　東京法令出版株式会社

112-0002	東京都文京区小石川5丁目17番3号	03(5803)3304
534-0024	大阪市都島区東野田町1丁目17番12号	06(6355)5226
060-0009	札幌市中央区北九条西18丁目36番83号	011(640)5182
980-0012	仙台市青葉区錦町1丁目1番10号	022(216)5871
462-0053	名古屋市北区光音寺町野方1918番地	052(914)2251
730-0005	広島市中区西白島町11番9号	082(516)1230
810-0011	福岡市中央区高砂2丁目13番22号	092(533)1588
380-8688	長野市南千歳町1005番地	

〔営業〕TEL 026(224)5411　FAX 026(224)5419
〔編集〕TEL 03(5803)3304　FAX 03(5803)2624
http://www.tokyo-horei.co.jp/

© MINORU MAKISE, TODASHI SEISAKUKENKYÛJYO
Printed in Japan, 2009
　本書の全部又は一部の複写、複製及び磁気又は光記録媒体への入力等は、著作権法上での例外を除き禁じられています。これらの許諾については、当社までご照会ください。

　落丁本・乱丁本はお取替えいたします。
ISBN978-4-8090-4047-4